JN086574

実用韓国語文法 初級

安辰明・李炅雅・韓厚英

実用韓国語文法・初級 by Darakwon, Inc.
Copyright © 2012, 安辰明・李炅雅・韓厚英
（Ahn Jean-myung, Lee Kyung-ah, Han Hoo-young）
All rights reserved.

Japanese print and distribution right © 2021, IBC Publishing, Inc.
This Japanese version is print and distribution rights by arrangement with
Darakwon, Inc.

編　　集　李淑姫・鄭恩暎・徐智賢・丁熙淑
レイアウト　咸東春
イラスト　Wishingstar
声　　優　金成坤・丁マリ・山野内扶

ISBN978-4-7946-0678-5

●無料音声一括ダウンロード●

本書の朗読音声（MP3形式）を下記URLとQRコードから無料でPCなどに一括ダウンロードすること
ができます。

https://www.ibcpub.co.jp/audio_dl/0678/

※ダウンロードしたファイルはZIP形式で圧縮されていますので、解凍ソフトが必要です。
※PCや端末、ソフトウェアの操作・再生方法については、編集部ではお答えできません。
　製造元にお問い合わせいただくか、インターネットで検索するなどして解決してください。

KOREAN GRAMMAR IN USE

実用韓国語文法

初 級

安辰明・李炅雅・韓厚英

吉本一・中島仁＝訳

IBCパブリッシング

序文

한국어를 가르치면서 학생들로부터 한국어가 어렵다는 이야기를 많이 듣습니다. 한국어는 다른 외국어와는 달리 어미와 조사가 상당히 많고 복잡하여 한국어를 오래 배운 고급 학습자들도 문법·문형을 종종 틀리는 것을 보게 됩니다. 의미는 비슷한데 뉘앙스에서 조금 차이가 나 어색하게 사용하거나 의미는 맞게 사용했는데 제약이 있어 비문을 만들기도 합니다. 그래서 학생들로부터 문법을 따로 공부할 수 있는 책이 있느냐는 질문들을 많이 받아 왔습니다. 1급부터 배운 수많은 문법들을 한눈에 볼 수 있는 책, 한국어의 비슷비슷한 문법들이 어떻게 다른지 설명하고 있는 책을 구하고 싶어 했습니다. 그러나 외국인을 위한 한국어 교재는 대부분 통합 교재이고 외국인 학습자들이 쉽게 한국어 문법만을 공부할 수 있는 책은 찾아볼 수 없었습니다. 그래서 문법 공부를 심도 있게 하고 싶은 학생들은 한국인을 대상으로 하는 책을 보는 경우도 있지만 이러한 책들은 복잡한 문법 설명과 예문으로 한국인조차 이해하기가 쉽지 않은 실정입니다. 이런 학생들의 상황에 대해 교사로서 항상 미안하고 안타까운 마음이 들었습니다.

본 교재는 이러한 마음에서 출발하였습니다. 본 교재에서는 한국의 대학 기관과 학원에서 가르치고 있는 교재의 1~2급에 나오는 문법들을 정리하여 초급 한국어 문법을 한눈에 볼 수 있게 하였습니다. 쓰임과 의미가 비슷한 문법들을 서로 비교해 놓아 학습자들이 혼동하는 문법 항목들을 쉽게 찾아볼 수 있도록 하였습니다. 이를 통해 학생들은 의미가 비슷한 문법 항목들을 정리할 수 있는 동시에 한 가지 상황에 대해 다르게 표현하는 것을 배울 수 있을 것입니다. 또한 문법의 뜻은 알아도 문법적인 제약을 모르고 사용해 어색한 문장을 만드는 경우가 많기 때문에 '문법적인 주의'를 요하는 부분도 책에 첨가하였습니다.

그동안 한국어 문법을 어려워했던 많은 학생들이 이 책을 통하여 한국어 문법에 좀 더 쉽게 접근할 수 있었으면 합니다. 더불어 본 교재를 공부하면서 학생들이 한국어를 좀 더 자연스럽고 다양하며, 정확하게 구사할 수 있게 되기를 바랍니다. 또한 학생들 못지않게 한국어 문법을 가르치는 것에 어려움이 많은 교사들 역시 이 책을 통해 수많은 문법 사항을 정리하고 비교하는 데 도움을 받을 수 있기를 진심으로 바랍니다.

또한 이 책의 번역을 맡아 주신 나카지마 히토시 교수님, 요시모토 하지메 교수님과 책에 대해 여러 가지 조언을 해 준 학생들과 친구들에게도 고마움을 전합니다.

저자 일동

韓国語を教えていると、学生たちから韓国語は難しいという話をよく聞きます。韓国語は他の外国語とは違い、語尾と助詞の数がかなり多く複雑で、韓国語を長く学んだ上級の学習者でも、文法や文型を時々間違えて使うのを目にすることがあります。意味は似ていても、ニュアンスに少し差があるために不自然な使い方になったり、意味は合っているのに制約があるために非文になることもあります。そのため、学生たちから文法を別途に勉強できる本はないのかという質問を多く受けて来ました。彼らは初級から学んだ数多くの文法を一目で見ることができる本、韓国語の似通った文法がどのように違うのかについて説明している本を欲しがっていました。しかし、外国人のための韓国語教材は大部分が統合教材であり、外国人学習者が容易に韓国語の文法のみを勉強することができる本を見つけることができませんでした。そのため、文法の勉強を深くしたいという学生たちの中には、韓国人を対象にした本を見る人もいますが、このような本は文法説明と例文が複雑なため、韓国人ですら理解が容易でないのが実情です。このような学生たちの状況に対して、教師として常に申し訳なく、もどかしい気持ちでいました。

　この教材は、このような気持ちから出発しました。本教材では韓国の大学機関と学院で教えている教材の1－2級（初級）に出てくる文法を整理し、初級韓国語文法を一目で見ることができるようにしました。用法と意味が似ている文法を比較し、学習者が混同しやすい項目を簡単に調べられるようにしました。これを通じ、学生たちは意味が似ている文法項目を整理することができるのと同時に、ひとつの状況に対する異なる表現を学ぶことができるでしょう。また、文法の意味は分かっても、文法的な制約を知らずに使用してしまい、不自然な文になることが多いので、「文法的な注意」に関する部分も本に付け加えました。

　これまで、韓国語文法に苦しんでいた多くの学生たちが、この本を通じて、韓国語の文法にもう少し容易に接近することができればと考えています。合わせて、本教材で勉強しつつ、学生たちが韓国語をもう少し自由に、多様に、正確に使いこなすことができるようになればと思っています。また、学生たちに劣らず、韓国語を教えることに難しさを感じる多くの教師たちにとっても、多くの文法事項を整理し比較するのに、この本が役立つことを心から祈っています。

　この本の翻訳を引き受けてくださった中島仁先生、吉本一先生と、本に対して様々な助言をくれた学生と友人たちにも感謝を伝えたいと思います。

著者一同

この本の使い方

소제목 (예) N때, A/V-(으)ㄹ때

'N'은 '명사', 'A'는 '형용사', 'V'는 '동사'를 가리키고, 'A/V-(으)ㄹ때'로 표기될 경우, 형용사와 동사와만 결합하는 것을 의미한다. 종종 동사만 결합되는 것에 형용사를 결합하기도 하여 오류를 만들기도 하는데, 그러한 것들을 틀리지 않게 하기 위해 결합 정보를 표시한 것이다.

도입 예문

목표 문법 학습 전 그림과 함께 제시된 문장 속에서 먼저 목표 문법의 의미를 추측할 수 있는 부분이다. 목표 문법이 잘 드러나면서 실생활에서 사용하는 문장으로 구성되었고, 대화의 맥락을 함축하여 제시된 그림을 통해 어렵게 느끼는 문법에 보다 쉽게 접근할 수 있다.

文法解説

문법에 대한 일반적인 지식과 문법적 제약을 학습하는 부분으로 문법 사용 시 범하는 오류를 줄일 수 있다. 학생들이 틀리기 쉬운 활용 방법이 자주 사용하는 품사(명사, 동사, 형용사)와 함께 표로 제시되었다.

· ○은 맞다는 것을 의미하고, ✕는 틀리다는 것을 의미한다.

---

03 못 V-아/어요 (V-지 못해요)

저는 수영을 못해요.
(= 저는 수영하지 못해요.)
私は水泳ができません。

오늘은 술을 못 마셔요.
(= 오늘은 술을 마시지 못해요.)
今日はお酒が飲めません。

저는 노래를 못 불러요.
(= 저는 노래를 부르지 못해요.)
私は歌を歌えません。

文法解説

この表現は主体にあることをする能力がない場合や外部条件によって主体の希望や望みがかなわない場合に使われる。日本語では「～できない」の意味である。動詞の前に못をつけたり、動詞の語幹に-지 못해요をつけた形で使用される。しかし、名詞+하다の場合は名詞の後に못が来て、名詞+못하다の形で使う。

(参照: 6課 能力と可能 01 V-(으)ㄹ 수 있다/없다 p.160)

못 + 가다 → 못 가요	가다 + -지 못해요 → 가지 못해요
못 + 요리하다 → 요리 못해요 (○) 못 요리해요 (✕)	

基本形	못 -아/어요	-지 못해요
타다	못 타요	타지 못해요
읽다	못 읽어요	읽지 못해요
숙제하다	숙제 못해요	숙제하지 못해요
*쓰다	못 써요	쓰지 못해요
*듣다	못 들어요	듣지 못해요

* 印は不規則

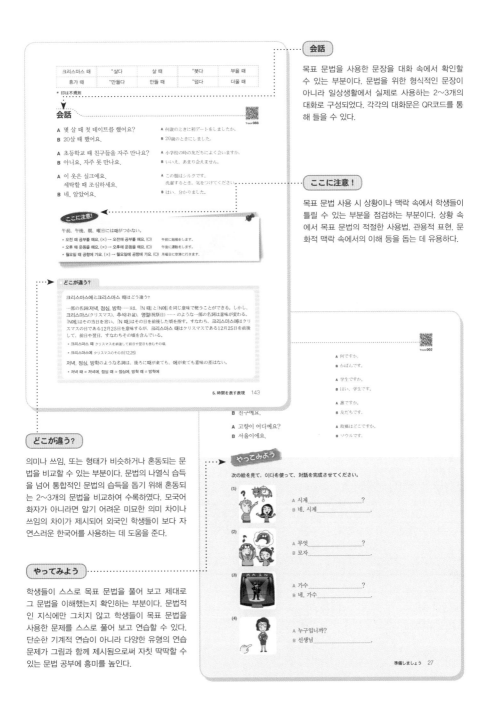

크리스마스 때	*살다	살 때	*붓다	부을 때
휴가 때	*만들다	만들 때	*웁다	더울 때

* 印は不規則

会話

A 몇 살 때 첫 데이트를 했어요?
B 20살 때 했어요.

A 何歳のときに初デートをしましたか。
B 20歳のときにしました。

A 초등학교 때 친구들을 자주 만나요?
B 아니요, 자주 못 만나요.

A 小学校の時の友だちによく会いますか。
B いいえ、あまり会えません。

A 이 옷은 실크예요.
　세탁할 때 조심하세요.
B 네, 알았어요.

A この服はシルクです。
　洗濯するとき、気をつけてください。
B はい、分かりました。

ここに注意!

午前、午後、朝、晩、曜日には때がつかない。
- 오전 때 공부를 해요. (×) → 오전에 공부를 해요. (○) 　午前に勉強をします。
- 오후 때 운동을 해요. (×) → 오후에 운동을 해요. (○) 　午後に運動をします。
- 월요일 때 공항에 가요. (×) → 월요일에 공항에 가요. (○) 　月曜日に空港に行きます。

どこが違う?

크리스마스에와 크리스마스 때는 어떻게 다를까?

一部の名詞(저녁、점심、방학……)は [N 때] と [N에] を同じ意味で使うことができる。しかし、크리스마스(クリスマス)、추석(お盆)、명절(祝祭日)……のような一部の名詞は意味が変わる。
[N에]はその当日を言い、[N 때]はその日を前後した頃を指す。すなわち、크리스마스에はクリスマスの日である12月25日を意味するが、크리스마스 때はクリスマスである12月25日を前後して、前日や翌日、すなわちその頃をさんでいる。
- 크리스마스 때 クリスマスを前後して前日や翌日その頃その時。
- 크리스마스에 クリスマスのその日(12.25)

저녁、점심、방학のような名詞は、後ろに때が来ても、에が来ても意味の差はない。
- 저녁 때 = 저녁에、점심 때 = 점심에、방학 때 = 방학에

5. 時間を表す表現　143

会話

목표 문법을 사용한 문장을 대화 속에서 확인할 수 있는 부분이다. 문법을 위한 형식적인 문장이 아니라 일상생활에서 실제로 사용하는 2~3개의 대화로 구성되었다. 각각의 대화문은 QR코드를 통해 들을 수 있다.

ここに注意!

목표 문법 사용 시 상황이나 맥락 속에서 학생들이 틀릴 수 있는 부분을 점검하는 부분이다. 상황 속에서 목표 문법의 적절한 사용법, 관용적 표현, 문화적 맥락 속에서의 이해 등을 돕는 데 유용하다.

どこが違う?

의미나 쓰임, 또는 형태가 비슷하거나 혼동되는 문법을 비교할 수 있는 부분이다. 문법의 나열식 습득을 넘어 통합적인 문법의 습득을 돕기 위해 혼동되는 2~3개의 문법을 비교하여 수록하였다. 모국어 화자가 아니라면 알기 어려운 미묘한 의미 차이나 쓰임의 차이가 제시되어 외국인 학생들이 보다 자연스러운 한국어를 사용하는 데 도움을 준다.

やってみよう

학생들이 스스로 목표 문법을 풀어 보고 제대로 그 문법을 이해했는지 확인하는 부분이다. 문법적인 지식에만 그치지 않고 학생들이 목표 문법을 사용한 문제를 스스로 풀어 보고 연습할 수 있다. 단순한 기계적 연습이 아니라 다양한 유형의 연습 문제가 그림과 함께 제시됨으로써 자칫 딱딱할 수 있는 문법 공부에 흥미를 높인다.

A 何ですか。
B かばんです。

A 学生ですか。
B はい、学生です。

A 誰ですか。
B 友だちです。

A 故郷はどこですか。
B ソウルです。

B 친구예요.
A 고향이 어디예요?
B 서울이에요.

やってみよう

次の絵を見て、이다を使って、対話を完成させてください。

(1)
A 시계_____?
B 네, 시계_____.

(2)
A 무엇_____?
B 모자_____.

(3)
A 가수_____?
B 네, 가수_____.

(4)
A 누구입니까?
B 선생님_____.

準備しましょう　27

この本の使い方

小見出し（例）N때, A/V-(으)ㄹ 때

Nは「名詞」、Aは「形容詞」、Vは「動詞」を指す。A/V-(으)ㄹ 때と表記された場合、形容詞と動詞とのみ結合するということを意味する。動詞にのみ結合するものを形容詞と結合させる間違いもよく見られるが、そのような間違いをなくすため、結合情報を表示した。

---

03 못 V-아/어요 (V-지 못해요)

저는 수영을 못해요.
(= 저는 수영하지 못해요.)
私は水泳ができません。

오늘은 술을 못 마셔요.
(= 오늘은 술을 마시지 못해요.)
今日はお酒が飲めません。

저는 노래를 못 불러요.
(= 저는 노래를 부르지 못해요.)
私は歌を歌えません。

文法解説

この表現は主体にあることをする能力がない場合や外部条件によって主体の希望や望みがかなわない場合に使われる。日本語では「~できない」の意味である。動詞の前に못をつけたり、動詞の語幹に-지 못해요をつけた形で使用される。しかし、名詞+하다の場合は名詞の後に못が来て、名詞+못하다の形で使う。
(参照. 6課 能力と可能 01 V-(으)ㄹ 수 있다/없다 p.160)

못 + 가다 → 못 가요		가다 + -지 못해요 → 가지 못해요
못 + 요리하다 →요리 못해요 (〇)		요리하요 (✕)

基本形	못 -아/어요	-지 못해요
타다	못 타요	타지 못해요
읽다	못 읽어요	읽지 못해요
숙제하다	숙제 못해요	숙제하지 못해요
*쓰다	못 써요	쓰지 못해요
*듣다	못 들어요	듣지 못해요

* 印は不規則

2. 否定表現 65

導入例文

目標文法の学習前に、絵と共に提示された文章によって、まず目標文法の意味を推測することができる部分である。目標文法がよく示されると同時に実生活で使用する文で構成されている。そして、対話の流れと提示された絵を通じて、難しく感じる文法によりやさしく接近できる。

文法解説

文法に対する一般的な知識と、文法的制約を学習する部分で、文法使用時に犯す間違いを減らすことができる。学生たちが間違いやすい活用方法が、よく使う品詞（名詞、動詞、形容詞）と共に表で提示されている。

- 〇 は正しいことを意味し、
  ✕ は間違いであることを意味する。

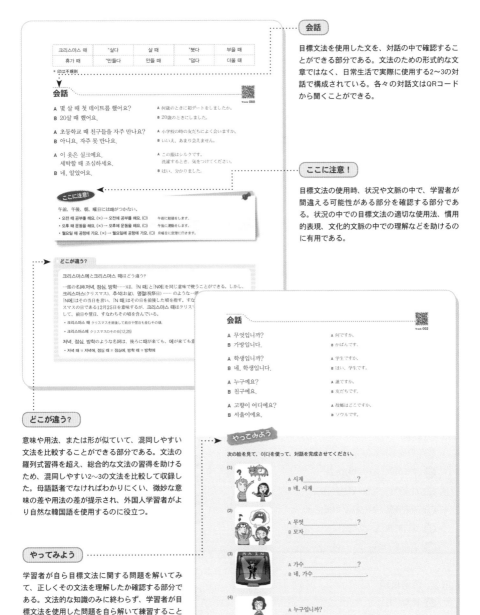

会話

目標文法を使用した文を、対話の中で確認することができる部分である。文法のための形式的な文章ではなく、日常生活で実際に使用する2～3の対話で構成されている。各々の対話文はQRコードから聞くことができる。

ここに注意！

目標文法の使用時、状況や文脈の中で、学習者が間違える可能性がある部分を確認する部分である。状況の中での目標文法の適切な使用法、慣用的表現、文化的文脈の中での理解などを助けるのに有用である。

どこが違う？

意味や用法、または形が似ていて、混同しやすい文法を比較することができる部分である。文法の羅列式習得を超え、総合的な文法の習得を助けるため、混同しやすい2～3の文法を比較して収録した。母語話者でなければわかりにくい、微妙な意味の差や用法の差が提示され、外国人学習者がより自然な韓国語を使用するのに役立つ。

やってみよう

学習者が自ら目標文法に関する問題を解いてみて、正しくその文法を理解したか確認する部分である。文法的な知識のみに終わらず、学習者が目標文法を使用した問題を自ら解いて練習することができる。単純で機械的な練習ではなく、多様な類型の練習問題が絵と共に提示されることにより、ともすれば堅苦しくなりがちな文法の勉強に興味を持たせる。

目次

韓国語の概要

1. 韓国語の文章構造

　　韓国語の文は、主語 + 述語(あるいは動詞)または主語 + 目的語 + 述語(あるいは動詞)で構成される。

캐럴이　가요.
主語　+　述語

キャロルが行きます。

캐럴이　자요.
主語　+　述語

キャロルが寝ています。

에릭이　사과를　먹어요.
主語　+　目的語　+　述語

エリックがりんごを食べています。

에릭이　도서관에서　책을　읽어요.
主語　+　目的語　+　述語

エリックが図書館で本を読んでいます。

　　名詞の後ろには助詞が来るが、助詞はその名詞が文の中で、どのような役割をするのかを表す。文の主語の後ろには**이**や**가**が来て、目的語の後ろには**을**や**를**が来る。**에**や**에서**が来ると、文の副詞語になる。

(参照：3課 助詞 p.67)

에릭**이**　사과**를**　먹어요.
主格助詞　目的格助詞

에릭**이**　도서관**에서**　책**을**　읽어요.
主格助詞　　　副詞格助詞　目的格助詞

述語は常に文の最後に来るが、主語、目的語、副詞語等の順序は話す人の意図により位置が変わることもある。しかし、位置が変わっても名詞の後ろに現れる助詞によって、何が主語で、目的語であるかがわかる。

사과를	에릭이	먹어요.	책을	도서관에서	에릭이	읽어요.
目的語 +	主語 +	動詞	目的語 +	副詞語 +	主語 +	動詞
りんごを	エリックが	食べています。	本を	図書館で	エリックが	読んでいます。

また、文脈の中で主語が明確な場合、主語が省略されることもある。

A 에릭이 뭐 해요?　　　　　エリックは何をしてるんですか?

B (에릭이) 사과를 먹어요.　　(エリックは) りんごを食べています。

A 어디에 가요?　　　　　　どこに行くんですか。

B 학교에 가요.　　　　　　学校に行きます。

2. 動詞・形容詞の活用

韓国語の動詞と形容詞は時制、尊敬表現、受け身、使役、発話スタイル等によって、活用するという特徴がある。動詞と形容詞は語幹と語尾から構成されるが、動詞と形容詞の基本形は単語の意味を担う語幹に다がついており、「辞書形」とも言う。従って、辞書をひくと基本形である가다(行く)、오다(来る)、먹다(食べる)、입다(着る)等の形になっている。活用するときには語幹は変化せず다が落ち、다の位置(動詞・形容詞語尾)に話者の意図によって他の形態がつく。

● **動詞**

基本形	
가 다 ↑　↑ 語幹　語尾 (行く)	갑니다 (行きます) 가(다) + ㅡㅂ니다 (現在形格式体の語尾)
	가십니다 (お行きになります) 가(다) + ㅡ시ㅡ (尊敬形) + ㅡㅂ니다 (現在形格式体の語尾)
	갔습니다 (行きました) 가(다) + ㅡ았ㅡ (過去形) + ㅡ습니다 (現在形格式体の語尾)

● 形容詞

基本形	
좋 다 ↑ ↑ 語幹 語尾 (よい)	좋습니다 (いいです) 좋(다) + −습니다 (現在形、格式体の語尾)
	좋았습니다 (よかったです) 좋(다) + −았− (過去形) + −습니다 (現在形、格式体の語尾)
	좋겠습니다 (よさそうです) 좋(다) + −겠− (推測) + −습니다 (現在形、格式体の語尾)

3. 文の接続

韓国語には文をつなげる方法が2種類ある。接続副詞(그리고, 그렇지만, 그래서)を使用してつなげる方法と、連結語尾を使用する方法である。

(1) そして

接続副詞で連結	바람이 불어요. 그리고 추워요. 風が吹いています。そして、寒いです。
連結語尾で連結	바람이 불고 추워요. 風が吹いて寒いです。

(2) だけど

接続副詞で連結	김치는 맵습니다. 그렇지만 맛있습니다. キムチは辛いです。だけど、おいしいです。
連結語尾で連結	김치는 맵지만 맛있습니다. キムチは辛いけどおいしいです。

(3) それで

接続副詞で連結	눈이 와요. 그래서 길이 많이 막혀요. 雪が降っています。それで、道がとても混んでいます。
連結語尾で連結	눈이 와서 길이 많이 막혀요. 雪が降って道がとても混んでいます。

接続副詞でつなげるときには、文と文の間に接続副詞を入れればよいが、連結語尾を使うときには語幹に連結語尾をつけて文をつなげる。

(1) 바람이 불다 + -고 + 추워요 → 바람이 불고 추워요.
(2) 김치가 맵다 + -지만 + 맛있어요 → 김치가 맵지만 맛있어요.
(3) 눈이 오다 + -아서 + 길이 많이 막혀요 → 눈이 와서 길이 많이 막혀요.

(参照：お役立ちメモ 4 接続副詞 p.351)

4. 文章の種類

韓国語の文の種類は大きく平叙文、疑問文、命令文、勧誘文の4種類に分けられる。これらの文は、発話が行われる場所や発話の相手によって、格式体と非格式体(パンマルを含む)に分けられる。

格式体-(스)ㅂ니다は、軍隊やニュース、発表、会議、講義のような格式的、公式的状況で多く使われる。非格式体-아/어요は、日常生活で多く使われる丁寧語の形である。格式体に比べ、やわらかく非公式的で、家族や友だちの間など、普通親しい間柄で多く使われる。格式体の場合、平叙文、疑問文、命令文、勧誘文の形が全て異なる。しかし、非格式体は格式体とは異なり、平叙文、疑問文、命令文、勧誘文の形が同じで、対話の状況とイントネーションで区別され、非格式体は格式体に比べて簡単である。非格式体のうちパンマル-아/어は、親しい友だちや後輩、目下の家族に対して主に使われ、知らない人や親しくない人に使うと失礼になる。ここでは格式体と非格式体の文の形のみ見ることにする。

(1) 平叙文

何かについて、説明したり質問に答えたりするときに使う。
(参照：1課 時制 01, 02 現在時制 p.42, 45)

① 格式体

格式体の平叙文は語幹に-(스)ㅂ니다をつける。

- 저는 학교에 갑니다.　　私は学校に行きます。
- 저는 빵을 먹습니다.　　私はパンを食べます。

② 非格式体

非格式体の平叙文は語幹に-아/어요をつける。

- 저는 학교에 가요.　　私は学校に行きます。
- 저는 빵을 먹어요.　　私はパンを食べます。

(2) 疑問文

質問するときに使う。
(参照：1課 時制 01, 02 現在時制 p.42, 45)

① 格式体

格式体の疑問文は語幹に-(스)ㅂ니까?をつける。

- 학교에 갑니까?　　　　　学校に行きますか。
- 빵을 먹습니까?　　　　　パンを食べますか。

② 非格式体

非格式体の疑問文は語幹に-아/어요?をつける。平叙文と形は同じで、文末のイントネーションを上げれば疑問の形になる。

- 학교에 가요?　　　　　学校に行きますか。
- 빵을 먹어요?　　　　　パンを食べますか。

(3) 命令文

命令をしたり忠告をしたりするときに使う。
(参照：7課 命令と義務, 許可と禁止 01 V-(으)세요 p.166)

① 格式体

格式体の命令文は、語幹に-(으)십시오をつけて作る。

- 공책에 쓰십시오.　　　ノートに書いてください。
- 책을 읽으십시오.　　　本を読んでください。

② 非格式体

非格式体の命令文は他の文の形のように、語尾の後ろに-아/어요をつけてもよいが、-(으)세요が-아/어요より丁寧な感じを与えるため、-(으)세요を使う方がよい。

- 공책에 쓰세요.　　　　ノートに書いてください。
- 책을 읽으세요.　　　　本を読んでください。

(4) 勧誘文

提案をしたり、ある提案に同意したりするときに使う。
(参照：12課 意見を尋ねる, 提案する 03 V−(으)ㅂ시다 p.214)

① **格式体**

格式体の勧誘文は、語幹に−(으)ㅂ시다をつけて作る。−(으)ㅂ시다は相手が話者より下か、同じくらいの年や地位にある場合に使え、目上の人には使えない。目上の人に使うと、失礼な表現になる。

- 11시에 만납시다.　　　11時に会いましょう。
- 여기에서 점심을 먹읍시다.　ここでお昼ごはんを食べましょう。

② **非格式体**

非格式体の勧誘文は、非格式体の他の文の形と同じく、語幹に−아/어요をつけて作る。

- 11시에 만나요.　　　11時に会いましょう。
- 여기에서 점심을 먹어요.　ここでお昼ごはんを食べましょう。

動詞가다を例に、文の種類を整理すると次の通りである。主語は状況と文脈によって省略されることがある。

	格式体	非格式体
平叙形	갑니다.	가요. ↘ 行きます。
疑問形	갑니까?	가요? ↗ 行きますか。
命令形	가십시오.	가세요. ↓ 行ってください。
勧誘形	갑시다.	가요. → 行きましょう。

（※ 赤い矢印は文末における音の高低変化を表す。）

5. 尊敬表現

　　韓国は儒教的な考え方の影響で、年齢、家族関係、社会的地位、社会的距離(親しさ)によって相手を高めたり低めたりする。

(1) 文の主語を高める方法

　　文に現れる主体が話者より年上の時、家族の長である時、社会的地位が高い人であるときは、尊敬語を使う。形容詞や動詞の語幹に、尊敬を表す−(으)시−をつけて使う。動詞の語幹が母音で終わる場合は−시−をつけ、子音で終わる場合は−으시−をつける。

가다 (行く)

가 + −시− + −ㅂ니다	→ 가십니다
가 + −시− + −어요	→ 가세요
가 + −시− + −었어요	→ 가셨어요
가 + −시− + −(으)ㄹ 거예요	→ 가실 거예요

읽다 (読む)

읽 + −으시− + −ㅂ니다	→ 읽으십니다
읽 + −으시− + −어요	→ 읽으세요
읽 + −으시− + −었어요	→ 읽으셨어요
읽 + −으시− + −(으)ㄹ 거예요	→ 읽으실 거예요

- 선생님께서 한국말을 가르치십니다.　先生が韓国語をお教えになります。
- 아버지께서는 작년에 부산에 가셨어요.　父は去年、釜山に行かれました。

(2) 聞き手を高める方法

　　聞き手が話者より年上か社会的地位が高い場合、また相手と同じ年か年下であっても親しくない場合には丁寧語を使う。終結語尾により丁寧さが表現されるが、格式体、非格式体がその形態である。
(参照：韓国語の概要 4 文章の種類 p.17)

도와주셔서 감사합니다. (格式体)

도와주셔서 감사해요. (非格式体)

※ 도와줘서 고마워. is an informal plain style

(3) その他の尊敬法

① いくつかの動詞は、動詞の語幹に-(으)시-をつけず、他の形の動詞に変えて尊敬を表現する。

基本形	尊敬	基本形	尊敬
자다 (寝る)	주무시다	죽다 (死ぬ)	돌아가시다
말하다 (言う)	말씀하시다	데려가다 (連れて行く)	모셔가다
먹다 (食べる)	잡수시다/드시다	있다 (いる(人))	계시다
마시다 (飲む)	드시다	있다 (ある(事物))	있으시다

- 어머니께서 집에 안 계세요. 母が家にいらっしゃいません。
- 내일 시간 있으세요? 明日、お時間おありですか。

② 尊敬の意味を持っている名詞を使う。

基本形	尊敬	基本形	尊敬
나이 (年齢)	연세	생일 (誕生日)	생신
말 (言葉)	말씀	집 (家)	댁
밥 (ごはん)	진지	이름 (名前)	성함
사람 (人)	분	아내 (妻)	부인

- 할아버지, 진지 잡수세요. おじいさん、お食事召し上がってください。
- 부인께서도 안녕하십니까? 奥様もお元気でいらっしゃいますか。

③ 人を指し示す名詞の後ろに尊敬を表す助詞をつける。

이/가 → 께서   은/는 → 께서는   에게(한테) → 께

- 동생**이** 친구에게 선물을 줍니다.
  弟/妹が友だちにプレゼントをあげます。

- 할아버지**께서** 동생에게 선물을 주십니다.
  おじいさんが弟/妹にプレゼントをくださいます。

- 저**는** 딸기를 좋아해요.　　　　　　私はイチゴが好きです。

- 할머니**께서는** 딸기를 좋아하세요.　おばあさんはイチゴがお好きです。

④ 名詞の後ろに**-님**をつけて、人を表す名詞を高める。

基本形	尊敬	基本形	尊敬
선생 (先生)	선생님	교수 (教授)	교수님
사장 (社長)	사장님	박사 (博士)	박사님
목사 (牧師)	목사님	원장 (院長, 園長)	원장님

- 저희 사장**님**은 마음이 넓으십니다.
  うちの社長は心が広くていらっしゃいます。

- 목사**님**, 기도해 주셔서 감사합니다.
  牧師様、お祈りしてくださってありがとうございます。

⑤ 聞き手や行為を受ける相手を高める場合、次の単語を使う。

基本形	尊敬	基本形	尊敬
말하다 (言う)	말씀드리다	묻다 (尋ねる)	여쭙다
주다 (あげる)	드리다	보다/만나다 (会う)	뵙다

- 아버지께 **말씀드릴까요**?　　父にお話ししましょうか。

- 할아버지께 이 책을 **드리세요**.　おじいさんにこの本を差し上げてください。

⑥ 話者が聞き手を高めず、話者自身を低めて相手を高める方法もある。

나 → 저 私　　우리 → 저희 私たち　　말 → 말씀 お話

- 저도 그 소식을 들었어요.　　　　私もその知らせを聞きました。
- 저희 집에 한번 놀러 오세요.　　　私たちの家に一度遊びに来てください。
- 부장님, 드릴 말씀이 있습니다.　　部長、お話があります。

(4) 敬語を使うときの注意点

① 韓国語では誰かに対して話をしたり、その人を呼んだりするとき、당신(あなた)、너(お前, 君)、그(彼)、그녀(彼女)、그들(彼ら)などの表現を使わず、名前や呼称を繰り返し使う。

"요코 씨, 어제 회사에서 재준 씨를 만났어요? 재준 씨가 요코 씨를
　　　　　　　　　　　　　　　　　　그가(×)　　　당신을(×)
찾았어요. 그러니까 요코 씨가 재준 씨한테 전화해 보세요."
　　　　　　당신이(×)　　　　그에게(×)

「洋子さん、昨日、会社でチェジュンさんに会いましたか。チェジュンさんが洋子さんを探していましたよ。だから、洋子さんがチェジュンさんに電話してみてください。」

당신は主に夫婦間の呼称として使われ、他の人を呼ぶときには使わない。너は親しい友だち間の呼称として使われる。

- 여보, 아까 당신이 나한테 전화했어요?
  ねえ、さっきあなた私に電話した?
- 너는 오늘 뭐 하니? お前は今日何すんの?

② 自分より年上や社会的地位が高い相手、または、知らない人の名前や年を尋ねるときは、성함이 어떻게 되세요?, 연세가 어떻게 되세요?などの表現を使う。

- 할아버지, 성함이 어떻게 되세요? (○)
  おじいさん、お名前は何とおっしゃいますか。
  할아버지, 이름이 뭐예요? (×)

- 사장님 연세가 어떻게 되세요? (○) 社長、おいくつですか。
  사장님 나이가 몇 살이에요? (×)

③ 目上の人の年を言うときは、**살**(歳)を使わない場合が多い。

> **A** 캐럴 씨, 할아버지 **연세**가 어떻게 되세요?
> キャロルさん、おじいさんはおいくつですか。
>
> **B** 올해 일흔다섯이세요. (○)
> 今年75です。
>
> 올해 일흔다섯 살이세요. (×)

④ **주다**の敬語**드리다**と**주시다**
　行動の主体が相手より年下の場合**드리다**(さしあげる)を使い、行動の主体が相手より年上の場合**주시다**(くださる)を使う。

> • 나는 선물을 어머니께 **드렸어요**.
> 私はプレゼントを母に差し上げました。
>
> • 어머니께서 나에게 선물을 **주셨어요**.
> 母が私にプレゼントをくださいました。
>
> • 나는 동생에게 선물을 **주었어요**.
> 私は弟/妹にプレゼントをあげました。

準備しましょう

A 무엇입니까? (= 뭐예요?)
何ですか。

B 의자입니다. (= 의자예요.)
椅子です。

Track 001

A 한국 사람입니까? (= 한국 사람이에요?)
韓国人ですか。

B 네, 한국 사람입니다. (= 한국 사람이에요.)
はい、韓国人です。

A 어디입니까? (= 어디예요?)
どこですか。

B 한국입니다. (= 한국이에요.)
韓国です。

文法解説

名詞の後について、その名詞を文の述語にする。主語と述語が同一であることを表したり、物事を指定したりする。格式体の場合、平叙形は**입니다**であり、疑問形は**입니까?**である。非格式体の平叙形と疑問形は**예요/이에요**で形が同じである。**예요/이에요**は平叙形、末尾のイントネーションを上げた**예요?/이에요?**は疑問形である。前の名詞が母音で終わるときは**예요**、子音で終わるときは**이에요**を使う。否定形は**아니다**である。

(参照：2課 否定表現 01 語彙否定 p.60)

非格式体		格式体
母音で終わるとき	子音で終わるとき	
예요	이에요	입니다
사과**예요**. 나비**예요**. 어머니**예요**.	책상**이에요**. 연필**이에요**. 학생**이에요**.	사과**입니다**. : 책상**입니다**. 나비**입니다**. : 연필**입니다**. 어머니**입니다**. : 학생**입니다**.

会話

A 무엇입니까?   A 何ですか。

B 가방입니다.   B かばんです。

A 학생입니까?   A 学生ですか。

B 네, 학생입니다.   B はい、学生です。

A 누구예요?   A 誰ですか。

B 친구예요.   B 友だちです。

A 고향이 어디예요?   A 故郷はどこですか。

B 서울이에요.   B ソウルです。

やってみよう

次の絵を見て、이다を使って、対話を完成させてください。

(1)

A 시계＿＿＿＿＿＿＿＿＿?

B 네, 시계＿＿＿＿＿＿＿＿＿.

(2)

A 무엇＿＿＿＿＿＿＿＿＿?

B 모자＿＿＿＿＿＿＿＿＿.

(3)

A 가수＿＿＿＿＿＿＿＿＿?

B 네, 가수＿＿＿＿＿＿＿＿＿.

(4)

A 누구입니까?

B 선생님＿＿＿＿＿＿＿＿＿.

⓪2 있다 (ある, いる)

Track 003

개가 의자 위에 있어요.
(= 개가 의자 위에 있습니다.)
犬が椅子の上にいます。

우리 집이 신촌에 있어요.
(= 우리 집이 신촌에 있습니다.)
私たちの家は、新村にあります。

남자 친구가 있어요.
(= 남자 친구가 있습니다.)
彼氏がいます。

文法解説

1   事物が位置する場所を表す。日本語では「ある, いる」の意味である。N이/가 N(場所)에 있다の
    形で使われる。このとき、N(場所)에 N이/가 있다のように主語と場所の位置が変わってもか
    まわない。反対語は없다(ない, いない)である。N에 있다が位置を表すとき、これと共に使用
    される位置名詞には、次のようなものがある。

앞, 뒤, 위, 아래 (= 밑), 옆 (오른쪽, 왼쪽), 가운데, 사이, 안, 밖

① 책상 위   ② 책상 아래 (= 책상 밑)   ③ 책상 앞   ④ 책상 뒤
机の上   机の下   机の前   机の後ろ

⑤ 책상 옆
机の横

⑥ 책상 왼쪽
机の左

⑦ 책상 오른쪽
机の右

⑧ 사이
間

⑨ 책상 가운데
机の真ん中

⑩ 집 안
家の中

⑪ 집 밖
家の外

① 책상 위에 컴퓨터가 있어요. 　机の上にコンピューターがあります。

② 책상 아래 (=책상 밑에) 구두가 있어요. 　机の下に靴があります。

③ 책상 앞에 의자가 있어요. 　机の前に椅子があります。

④ 책상 뒤에 책장이 있어요. 　机の後ろに本棚があります。

⑤ 책상 옆에 화분하고 옷걸이가 있어요. 　机の横に植木鉢とコート掛けがあります。

⑥ 책상 왼쪽에 화분이 있어요. 　机の左に植木鉢があります。

⑦ 책상 오른쪽에 옷걸이가 있어요. 　机の右にコート掛けがあります。

⑧ 화분과 옷걸이 사이에 책상이 있어요. 　植木鉢とコート掛けの間に机があります。

⑨ 책상 가운데에 인형이 있어요. 　机の真ん中に人形があります。

⑩ 집 안에 강아지가 있어요. 　小屋の中に犬がいます。

⑪ 집 밖에 고양이가 있어요. 　小屋の外に猫がいます。

2　있다는 N이/가 있다のように使われ、所有の意味を表すこともある。日本語では「ある, いる」の
意味である。反対語は **없다**(ない, いない)である。(参照：2課 否定表現 01 語彙否定 p.60)

- 나는 언니가 있어요. 동생이 없어요.
  私は姉がいます。弟/妹がいません。

- 자전거가 있어요. 차가 없어요.
  自転車があります。車がありません。

会話

Track **004**

A 책이 어디에 있어요?　　　　　　A 本はどこにありますか。
B 가방 안에 있어요.　　　　　　　B かばんの中にあります。

A 은행이 어디에 있어요?　　　　　A 銀行はどこにありますか。
B 학교 옆에 있어요.　　　　　　　B 学校の横にあります。

A 한국 친구가 있어요?　　　　　　A 韓国の友だちがいますか。
B 네, 한국 친구가 있어요.　　　　B はい、韓国の友だちがいます。

A 컴퓨터가 있어요?　　　　　　　A コンピューターがありますか。
B 네, 있어요.　　　　　　　　　　B はい、あります。

やってみよう

この部屋を描写してみてください。例のように適切な単語を使って、文を完成させてください。

> 例　전화가 텔레비전 **옆** 에 있어요.

(1) 텔레비전 _____에 꽃병이 있어요.　　(2) 이민우 씨 _____에 캐럴 씨가 있어요.

(3) _____ 씨 왼쪽에 가방이 있어요.　　(4) 가방 _____에 책이 있어요.

(5) 신문이 가방 _____에 있어요.　　　(6) 이민우 씨가 _____ 오른쪽에 있어요.

03 数

漢数詞

Track 005

0	1	2	3	4	5	6	7	8	9	10
영/공	일	이	삼	사	오	육	칠	팔	구	십
11	20	30	40	50	60	70	80	90	100	
십일	이십	삼십	사십	오십	육십	칠십	팔십	구십	백	

1,000	10,000	100,000	1,000,000
천	만	십만	백만

文法解説

韓国語で数を表すには、2つの方法がある。ひとつは漢数詞で、もうひとつは固有数詞である。そのうち、漢数詞は電話番号・バスの番号・身長・体重・部屋番号・年度・月・時間の分と秒、物の値段などを表すときに使用される。

공일공 사칠팔삼의[에] 삼이칠오

(010-4783-3275)

백육십삼 번
(163番)

백오십 센티미터
사십팔 킬로그램

삼 층
(3階)

오백일 호

이백십삼 동
사백십이 호
(213棟, 412号)

팔만 삼천 원

이백삼십칠만 원

ここに注意!

❶ 韓国語では日本語と同じように、数字を千の単位ではなく、万の単位で区切って読む。
そのため、354,970は35/4970(35万4970 → 삼십오만 사천구백칠십)と読み、
6,354,790は6,35/4,790(635万4790 → 육백삼십오만 사천칠백구십)と読む。

- 26354790 → 2635/4790

  이천육백삼십오만 사천칠백구십

❷ 数字が1(일)で始まるときの言い方は日本語とほぼ同じだが、一万の場合は일を付けず、単に만
と言う点が異なる。

- 10: 십 〔일십 (×)〕　　　　　110: 백십 〔일백십 (×)〕
- 1,110: 천백십 〔일천백십 (×)〕　11,110: 만 천백십 〔일만 천백십 (×)〕

❸ 16, 26, 36……96は [심뉵]、[이심뉵]、[삼심뉵]……[구심뉵]と発音する。

❹ 0は공や영と読むが、電話番号や携帯電話の番号は主に공と読む。

- 6508-8254 → 육오공팔의[에] 팔이오사
- 010-4783-0274 → 공일공 사칠팔삼의[에] 공이칠사

❺ 電話番号を読むときは、2つの方法がある。

- 7804-3577 → 칠팔공사의[에] 삼오칠칠

  → 칠천팔백사 국의[에] 삼오백칠십칠 번

* このとき、의は[의]と発音せず、[에]と発音する。

会話

Track 006

A 사무실이 몇 층이에요?　　　　　A 事務室は何階ですか。

B 9층이에요. (구 층)　　　　　　　B 9階です。

A 전화번호가 뭐예요?　　　　　　A 電話番号は何番ですか。

B 019-8729-9509예요.　　　　　 B 019-8729-9509です。
  (공일구 팔칠이구의[에] 구오공구)

A 몇 번 버스를 타요?　　　　　　A 何番のバスに乗りますか。

B 705번 버스를 타요. (칠백오 번)　B 705番のバスに乗ります。

A 책이 얼마예요?　　　　　　　　A 本はいくらですか。

B 25,000원이에요. (이만 오천 원)　B 25,000ウォンです。

例のように、次の数字を韓国語で書いてください。

> **例** A 전화번호가 뭐예요?
>
> · B <u>2734-3698</u>이에요.
>
> (이칠삼사의 삼육구팔)이에요.

(1) A 휴대전화가 있어요?

　B 네, 있어요. <u>010-738-3509</u>예요.

　　(　　　　　　　　　　　　)예요.

(2) A 몸무게가 몇 킬로그램(kg)이에요?

　B <u>34</u>킬로그램(kg)이에요.

　　(　　　　)킬로그램(kg)이에요.

(3) A 키가 몇 센티미터(cm)예요?

　B <u>175</u>센티미터(cm)예요.

　　(　　　　　)센티미터(cm)예요.

(4) A 치마가 얼마예요?

　B <u>62,000</u>원이에요.

　　(　　　　　　)원이에요.

韓国の固有数詞

1	2	3	4	5	6	7	8	9	10
하나 (= 한)	둘 (= 두)	셋 (= 세)	넷 (= 네)	다섯	여섯	일곱	여덟	아홉	열
11	20	30	40	50	60	70	80	90	100
열하나	스물(= 스무)	서른	마흔	쉰	예순	일흔	여든	아흔	백

한 분	두 마리	세 명	네 권	다섯 개	여덟 장

여섯 병	세 잔	두 대	한 살	열 송이	한 켤레

文法解説

韓国の固有数詞は事物や人を数えるとき、単位を表す名詞と共に使用するが、固有数詞の後ろに명(人)、마리(匹)、개(個)、살(歳)、병(〔瓶など〕本)、잔(杯)……のような単位名詞をつけて使う。このとき、数詞の後ろに単位名詞が来ると、하나 → 한, 둘 → 두, 셋 → 세, 넷 → 네, 스물 → 스무に変わり、학생 한 명(学生1人)、개 두 마리(犬2匹)、커피 세 잔(コーヒー3杯)、콜라 네 병(コーラ4本)、사과 스무 개(りんご20個)……のような形になる。

하나 + 개		**한** 개
둘 + 개		**두** 개
셋 + 개		**세** 개
넷 + 개	→	**네** 개
다섯 + 개		다섯 개
여섯 + 개		여섯 개
일곱 + 개		일곱 개
여덟 + 개		여덟 개

아홉 + 개		아홉 개
열 + 개		열 개
열하나 + 개		**열한** 개
열둘 + 개	→	**열두** 개
……		……
스물 + 개		**스무** 개
스물한 + 개		**스물한** 개
스물둘 + 개		**스물두** 개

単位名詞

1	**한** 명	**한** 분	**한** 마리	**한** 권	**한** 개	**한** 병
2	**두** 명	**두** 분	**두** 마리	**두** 권	**두** 개	**두** 병
3	**세** 명	**세** 분	**세** 마리	**세** 권	**세** 개	**세** 병
4	**네** 명	**네** 분	**네** 마리	**네** 권	**네** 개	**네** 병
5	다섯 명	다섯 분	다섯 마리	다섯 권	다섯 개	다섯 병
6	여섯 명	여섯 분	여섯 마리	여섯 권	여섯 개	여섯 병
7	일곱 명	일곱 분	일곱 마리	일곱 권	일곱 개	일곱 병
8	여덟 명	여덟 분	여덟 마리	여덟 권	여덟 개	여덟 병
9	아홉 명	아홉 분	아홉 마리	아홉 권	아홉 개	아홉 병
10	열 명	열 분	열 마리	열 권	열 개	열 병
11	**열한** 명	**열한** 분	**열한** 마리	**열한** 권	**열한** 개	**열한** 병
……	……	……	……	……	……	……
20	**스무** 명	**스무** 분	**스무** 마리	**스무** 권	**스무** 개	**스무** 병
?	몇 명	몇 분	몇 마리	몇 권	몇 개	몇 병

会話

Track 008

A 가족이 몇 명이에요?
B 우리 가족은 네 명이에요.

A 家族は何人ですか。
B うちの家族は4人です。

A 동생이 몇 살이에요?
B 남동생은 스물세 살이에요.
　여동생은 스무 살이에요.

A 弟/妹は何歳ですか。
B 弟は23歳です。妹は20歳です。

A 여기 사과 세 개, 콜라 한 병 주세요.
B 네, 모두 오천육백 원입니다.

A こちらにりんご3個、コーラ1本ください。
B はい、全部で5,600ウォンです。

次の絵を見て、適切な韓国語の数詞を使って、文を完成させてください。

> 例　남자가 **두 명**, 여자가 <u>세 명</u> 있어요.

(1) 개가 _____ 있어요.

(2) 텔레비전이 _____, 컴퓨터가 _____ 있어요.

(3) 의자가 _____ 개, 사과가 _____ 있어요.

(4) 콜라가 _____, 주스가 _____ 있어요.

(5) 책이 _____ 있어요. 꽃이 _____ 송이 있어요.

04 日にちと曜日

2012년 6월 7일 목요일

몇 년? (何年)

2010년: 이천십 년, 1998년: 천구백구십팔 년, 1864년: 천팔백육십사 년

몇 월? (何月)

1월	2월	3월	4월	5월	6월	7월	8월	9월	10월	11월	12월
일월	이월	삼월	사월	오월	**유월**	칠월	팔월	구월	**시월**	십일월	십이월

며칠? (何日)

1일	2일	3일	4일	5일	6일	7일	8일	9일	10일
일일	이일	삼일	사일	오일	육일	칠일	팔일	구일	십일

11일	12일	13일	14일	15일	16일	17일	18일	19일	20일
십일일	십이일	십삼일	십사일	십오일	십육일 [심뉴길]	십칠일	십팔일	십구일	이십일

21일	22일	23일	24일	25일	26일	27일	28일	29일	30일	31일
이십일일	이십이일	이십삼일	이십사일	이십오일	이십육일 [이심뉴길]	이십칠일	이십팔일	이십구일	삼십일	삼십일일

무슨 요일? (何曜日)

일	월	화	수	목	금	토
일요일	월요일	화요일	수요일	목요일	금요일	**토요일**

会話

Track 010

A 오늘이 며칠이에요?　　　　　　A 今日は何日ですか。

B 5월 5일(오월 오일)이에요.　　　B 5月5日です。

A 오늘이 무슨 요일이에요?　　　　A 今日は何曜日ですか。

B 화요일이에요.　　　　　　　　　B 火曜日です。

A 언제 결혼했어요?　　　　　　　A いつ結婚しましたか。

B 2001년(이천일 년)에 결혼했어요.　B 2001年に結婚しました。

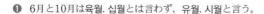

ここに注意!

❶ 6月と10月は육월、십월とは言わず、유월、시월と言う。

❷ 年を尋ねるときは몇 년と言い、月を尋ねるときは몇 월と言う。しかし、日にちを尋ねるときは
몇 일と書かず、며칠と書く。

• 오늘이 몇 일이에요? (×) → 오늘이 며칠이에요? (○) 今日は何日ですか。

やってみよう

次の絵を見て、例のように日付をハングルで書いてください。

例  1994.3.25.(금) : <u>천구백구십사 년 삼월 이십오 일</u>　<u>금</u>요일

(1)  2009.6.6.(토)　:　_____　____요일

(2) 1987.11.15.(일) :　_____　____요일

(3) 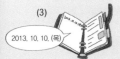 2013.10.10.(목) :　_____　____요일

05 時間

한 시 　두 시 　세 시 　네 시 　다섯 시 　여섯 시

일곱 시 　여덟 시 　아홉 시 　열 시 　열한 시 　열두 시

한 시 오 분 　한 시 십오 분 　한 시 삼십 분 = 한 시 반 　한 시 삼십오 분

한 시 사십 분 　한 시 사십오 분 　한 시 오십 분 = 두 시 십 분 전 　한 시 오십오 분 = 두 시 오 분 전

文法解説

時刻は**한 시**, **두 시**, **세 시**, **네 시**, **다섯 시**, **여섯 시**, **일곱 시**, **여덟 시**, **아홉 시**, **열 시**, **열한 시**, **열두 시**のように固有数詞を使い、分は**일 분**, **이 분**, **십 분**……のように漢数詞を使う。動作が行われた時刻を言うときは、時刻の後に助詞**에**をつける。(例：**일곱 시에 일어나요.**)

A.M.は**오전**、P.M.は**오후**だが、韓国では普通**오전**(午前)と言えば、**아침 시간**(朝の時間)を、**오후** (午後)と言えば**낮 시간**(昼の時間)を指す。そして、韓国では普通**새벽**(明け方)、**아침**(朝)、**점심** (昼食, 昼どき)、**저녁**(夕方)、**밤**(夜)などの単語を用いて時間を細分化して言う。

会話

Track 012

A 지금 몇 시예요?
B 오전 아홉 시 십 분이에요. (9:10 A.M.)

A いま何時ですか。
B 午前9時10分です。

A 지금 몇 시예요?
B 두 시 십 분 전이에요.
　(= 한 시 오십 분이에요.) (1:50)

A いま何時ですか。
B 2時10分前です。(=1時50分です。)

A 몇 시에 일어나요?
B 아침 일곱 시에 일어나요. (7:00)

A 何時に起きますか。
B 朝7時に起きます。

やってみよう

次の絵を見て、例のように時刻をハングルで書いてください。

例

오전 일곱 시

(1)

_____

(2)

_____

(3)

_____

(4)

_____

(5)

_____

(6)

저녁 _____

(7)

밤 _____

(8)

밤 _____

Unit 1.

時制

안녕하십니까?
こんばんは。

9시 뉴스입니다.
9時のニュースです。

Track 013

질문 있습니까?
質問ありますか。

A 이것을 어떻게 생각합니까?
　これをどう思いますか。

B 좋습니다.
　いいです。

文法解説

韓国語の現在時制は格式体の場合、語幹に–(스)ㅂ니다をつけるが、格式体は軍隊やニュース、発表、会議、講義のような格式的、公式的な状況で多く使われる。

	語幹が母音やㄹで終わるとき	語幹がㄹ以外の子音で終わるとき
平叙文	–ㅂ니다	–습니다
疑問文	–ㅂ니까?	–습니까?

語幹が母音やㄹで終わるとき	가다 行く	가 +	–ㅂ니다 → 갑니다 （平叙） –ㅂ니까? → 갑니까? （疑問）
	오다 来る	오 +	–ㅂ니다 → 옵니다 （平叙） –ㅂ니까? → 옵니까? （疑問）

語幹がㄹ以外の子音で終わるとき	먹다 食べる	먹 +	**−습니다** → 먹습니다 （平叙） **−습니까?** → 먹습니까? (疑問)
	앉다 座る	앉 +	**−습니다** → 앉습니다 （平叙） **−습니까?** → 앉습니까? (疑問)

	基本形	平叙文	疑問文
語幹が母音やㄹで終わるとき ＋ −ㅂ니다 　−ㅂ니까?	자다	잡니다	잡니까?
	예쁘다	예쁩니다	예쁩니까?
	이다	입니다	입니까?
	아니다	아닙니다	아닙니까?
	*만들다	만듭니다	만듭니까?
語幹がㄹ以外の子音で終わるとき ＋ −습니다 　−습니까?	읽다	읽습니다	읽습니까?
	작다	작습니다	작습니까?
	있다	있습니다	있습니까?
	없다	없습니다	없습니까?

＊ 印は不規則

会話

Track **014**

A 학교에 갑니까?　　　　　　A 学校に行きますか。
B 네, 학교에 갑니다.　　　　　B はい、学校に行きます。

A 아침을 먹습니까?　　　　　A 朝食を食べますか。
B 네, 먹습니다.　　　　　　　B はい、食べます。

A 운동을 합니까?　　　　　　A 運動をしますか。
B 네, 운동을 합니다.　　　　　B はい、運動をします。

次の絵を見て、例のように対話を完成させてください。

例

A 갑니까?
B 네, 갑니다.

(가다)

例

A 뭐 합니까?
B 운동합니다.

(운동하다)

---

(1)

A 햄버거를 _____?
B _____.

(먹다)

(2)

A 뭐 합니까?
B 친구를 _____.

(기다리다)

(3)

A 신문을 _____?
B _____.

(읽다)

(4)

A 뭐 합니까?
B 친구를 _____.

(만나다)

(5)

A 뭐 합니까?
B 일기를 _____.

(쓰다)

(6)

A 책을 _____?
B _____.

(사다)

Track 015

A 맛있어요?
おいしいですか。

B 네, 맛있어요.
はい、おいしいです。

A 어디에 가요?
どこに行くんですか。

B 학교에 가요.
学校に行きます。

사랑해요, 캐럴 씨.
愛しています、キャロルさん。

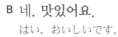

文法解説

非格式体は格式体に比べ、日常生活で多く使われる丁寧語の形である。格式体に比べてやわらかく非公式的であり、家族や友だちの間など、通常親しい間柄で多く使われる。非格式体は平叙形と疑問形が同じ形である。文末のイントネーションを下げれば平叙形になり、上げれば疑問形になる。

1. −아요	語幹がㅏやㅗで終われば 아요が来る。 ① 語幹が子音で終わる場合、ただ−아요をつければよい。 　앉다 + **아요** → 앉아요　　받다 → 받아요, 살다 → 살아요 ② 語幹が母音ㅏで終わる場合、ㅏが1つ脱落する。 　가다 + 아요 → 가요　　자다 → 자요, 만나다 → 만나요, 끝나다 → 끝나요 ③ 語幹が子音で終わらず、母音で終わると縮約される。 　오다 + **아요** → 와요 (오 + ㅏ요 → 와요)　　보다 → 봐요

2. -어요	語幹が ㅏ, ㅗ 以外の母音で終わる場合、어요が来る。

語幹が ㅏ, ㅗ 以外の母音で終わる場合、어요が来る。

① 語幹が子音で終わる場合、ただ-어요をつければよい。

읽다 + **어요** → 읽어요   먹다 → 먹어요, 입다 → 입어요

② 語幹が母音 ㅐ, ㅓ, ㅕ で終わる場合-어요の어が脱落する。

보내다 + ⑭⑭ → 보내요   지내다 → 지내요, 서다 → 서요, 켜다 → 켜요

③ 語幹が母音 ㅜ で終わる場合、ㅜと어요の어が合わさり ㅝ になる。

배우다 + **어요** → 배워요 (배우 + ㅓ요 → 배워요)   주다 → 줘요, 바꾸다 → 바꿔요

④ 語幹が母音 ㅣ で終わる場合、ㅣと어요の어が縮約され ㅕ になる。

마시다 + **어요** → 마셔요 (마시 + ㅓ요 → 마셔요)

기다리다 → 기다려요, 헤어지다 → 헤어져요

---

3. -여요 → 해요

動詞や形容詞が하다で終わる場合、하다を해요に変えればよい。(元々하다の場合は 여요が来て하여요になり、하여요は縮約されて해요になる。)

말하다 → 말**해요**

공부하다 → 공부해요, 전화하다 → 전화해요, 여행하다 → 여행해요, 일하다 → 일해요

---

4. 예요/ 이에요

이다는예요/이에요になる。前に来る単語が母音で終わる場合예요、子音で終わる場 合이에요が来る。

① 前の単語が母音で終わる場合: 의사**예요** (의사 + 예요)

사과이다 → 사과예요, 어머니이다 → 어머니예요

② 前の単語が子音で終わる場合: 회사원**이에요** (회사원 + 이에요)

책상이다 → 책상이에요, 선생님이다 → 선생님이에요

基本形	-아요	基本形	-어요	基本形	해요
앉다	앉아요	읽다	읽어요	말하다	말해요
살다	살아요	꺼내다	꺼내요	전화하다	전화해요
가다	가요	서다	서요	운동하다	운동해요
만나다	만나요	배우다	배워요	일하다	일해요
오다	와요	마시다	마셔요	숙제하다	숙제해요

이다	母音で終わる名詞	예요	간호사예요	의자예요	우유예요
	子音で終わる名詞	이에요	학생이에요	책상이에요	빵이에요

会話

A 지금 뭐 해요?   A 今、何してますか。

B 숙제해요.   B 宿題しています。

A 몇 시에 점심을 먹어요?   A 何時にお昼ごはんを食べますか。

B 보통 1시에 점심을 먹어요.   B 普通、1時にお昼ごはんを食べます。

A 민우 씨는 직업이 뭐예요?   A ミヌさんは職業は何ですか。

B 선생님이에요.   B 先生です。

ここに注意!

<現在時制の形の特徴>

❶ 韓国語の現在時制の形は現在のみならず、進行形、そして明らかに起こる未来の事柄にも使用できる。

- **現在** – 저는 대학교에 다닙니다/다녀요.   私は大学に通っています。
- **進行** – 저는 지금 공부를 합니다/해요.   私は今、勉強をしています。
- **未来** – 저는 내일 학교에 갑니다/가요.   私は明日、学校に行きます。

❷ 普遍的な真理や、習慣的に繰り返される事実も現在時制で表現する。

- 지구는 태양 주위를 돌아요.   地球は太陽のまわりを回っています。
- 저는 아침마다 달리기를 해요.   私は毎朝ジョギングをします。

やってみよう

1 例のように、対話を完成させてください。

> **例**
>
> (의자)
>
> A 의자예요?
> B 네, 의자예요.

(1)
(학생)

A ＿＿＿＿＿＿＿?
B ＿＿＿＿＿＿＿.

(2)
(의사)

A ＿＿＿＿＿＿＿?
B ＿＿＿＿＿＿＿.

(3)
(책상)

A ＿＿＿＿＿＿＿?
B ＿＿＿＿＿＿＿.

(4)
(사과)

A ＿＿＿＿＿＿＿?
B ＿＿＿＿＿＿＿.

2 例のように、対話を完成させてください。

> **例**
>
> (자다)
>
> A 자요?
> B 네, 자요.

> **例**
>
> (만나다)
>
> A 뭐 해요?
> B 친구를 만나요.

(1)
(보다)

A 텔레비전을 ＿＿＿＿?
B 네, 텔레비전을 ＿＿＿.

(2)
(전화하다)

A 뭐 해요?
B ＿＿＿＿＿＿＿.

(3)
(읽다)

A 책을 ＿＿＿＿＿?
B 네, 책을 ＿＿＿＿.

(4)
(먹다)

A 냉면을 ＿＿＿＿＿?
B 네, 냉면을 ＿＿＿＿.

(5)
(공부하다)

A 뭐 해요?
B ＿＿＿＿＿＿＿.

(6)
(마시다)

A 물을 ＿＿＿＿＿?
B 네, 물을 ＿＿＿＿.

03 過去時制 A/V-았/었어요

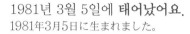

Track 017

1981년 3월 5일에 **태어났어요**.
1981年3月5日に生まれました。

2004년 2월에 대학교를 **졸업했어요**.
2004年2月に大学を卒業しました。

2004. 2.25

작년에 **결혼했어요**.
去年、結婚しました。

文法解説

形容詞や動詞の語幹に**-았/었-**をつけて過去形を作る。語幹末の母音が ト または ⊥ であれば**-았어요**を、それ以外であれば**-었어요**をつける。**하다**で終わる動詞や形容詞は**-였어요**がついて**하+였어요**になり、これが縮約され**했어요**になる。格式体の場合は**-았/었습니다, 했습니다**である。

語幹末の母音が ト または ⊥ のとき	語幹末の母音が ト または ⊥ 以外のとき	하다で終わるとき
앉다 + **-았어요** → 앉았어요	먹다 + **-었어요** → 먹었어요	공부하다 → 공부했어요

基本形	-았어요	基本形	-었어요	基本形	했어요
보다	봤어요	씻다	씻었어요	청소하다	청소했어요
만나다	만났어요	*쓰다	썼어요	입학하다	입학했어요
닫다	닫았어요	있다	있었어요	운동하다	운동했어요
팔다	팔았어요	열다	열었어요	요리하다	요리했어요

잡다	잡았어요	*줍다	주웠어요	숙제하다	숙제했어요
*모르다	몰랐어요	*부르다	불렀어요	게임하다	게임했어요

이다	母音で終わる名詞	였어요	간호사였어요
	子音で終わる名詞	이었어요	학생이었어요
아니다	母音で終わる名詞	가 아니었어요	간호사가 아니었어요
	子音で終わる名詞	이 아니었어요	학생이 아니었어요

* 印は不規則

会話

Track **018**

A 어제 뭐 했어요?

B 공부했어요.

A 土曜日に映画を見ましたか。

A 昨日、何をしましたか。

B 勉強しました。

A 토요일에 영화를 봤어요?

B 네, 봤어요. 재미있었어요.

A 土曜日に映画を見ましたか。

B はい、見ました。おもしろかったです。

A 주말에 뭐 했어요?

B 음악을 들었어요.

A 週末に何しましたか。

B 音楽を聞きました。

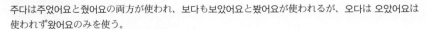

ここに注意!

주다는 주었어요と줬어요の両方が使われ、보다も보았어요と봤어요が使われるが、오다は 오았어요は
使われず왔어요のみを使う。

• 주다 + −었어요 → 주었어요 (○) 줬어요 (○)
• 보다 + −았어요 → 보았어요 (○) 봤어요 (○)
• 오다 + −았어요 → 왔어요 (○) 오았어요 (×)

キャロルさんは昨日何をしましたか。カレンダーを見て、適切な単語を選び、-았/었어요を使って、文を完成させてください。

> 가다　　　만나다　　　맛있다　　　먹다　　　보다　　　부르다
> 　　사다　　　싸다　　　아프다　　　재미있다　　　청소하다

• 12월 7일: (1) 친구를 _____.
     (2) 피자를 _____.
     (3) 피자가 _____.

• 12월 8일: (4) 백화점에 _____.
     (5) 구두를 _____.
     (6) 구두가 _____.

• 12월 9일: (7) 머리가 _____. 병원에 갔어요.

• 12월 10일: (8) 노래를 _____.

• 12월 11일: (9) _____.

• 12월 12일: (10) 영화를 _____.
      (11) 영화가 _____.

04 未来時制 V-(으)ㄹ 거예요 ①

Track 019

2년 후에 차를 살 거예요.
2年後に車を買うつもりです。

주말에 낚시를 할 거예요.
週末に釣りをするつもりです。

방학에 중국에 갈 거예요.
休みに中国に行くつもりです。

文法解説

未来の計画や予定を表すときに使い、日本語では「～つもりです」という意味である。動詞の語幹に **-(으)ㄹ 거예요** をつけるが、語幹が母音やㄹで終わる場合は **-ㄹ 거예요** を、子音で終わる場合は **-을 거예요** をつける。

語幹が母音やㄹで終わるとき	語幹がㄹ以外の子音で終わるとき
가다 + -ㄹ 거예요 → 갈 거예요	먹다 + -을 거예요 → 먹을 거예요

基本形	-ㄹ 거예요	基本形	-을 거예요
보다	볼 거예요	입다	입을 거예요
주다	줄 거예요	받다	받을 거예요
만나다	만날 거예요	씻다	씻을 거예요
공부하다	공부할 거예요	*듣다	들을 거예요
*살다	살 거예요	*붓다	부을 거예요
*만들다	만들 거예요	*돕다	도울 거예요

* 印は不規則

会話

Track 020

A 언제 고향에 돌아갈 거예요?
B 내년에 돌아갈 거예요.

A 주말에 뭐 할 거예요?
B 자전거를 탈 거예요.

A いつ故郷に帰るつもりですか。
B 来年、帰るつもりです。

A 週末に何をするつもりですか。
B 自転車に乗るつもりです。

やってみよう

次はワンジンさんの手帳です。ワンジンさんは、今週何をするつもりですか。適切な単語を選び、-(으)ㄹ 거예요を使って、文章を完成させてください。

| 가다 | 공부하다 | 놀다 | 먹다 | 부르다 | 쉬다 | 타다 |

오늘은 5월 4일이에요. 내일은 5월 5일 '어린이날'이에요. 그래서 내일 학교에 안 가요. 내일 나는 롯데월드에 (1)_____. 롯데월드에서 친구들하고 같이 (2)_____. 스케이트를 (3)_____. 목요일에 한국어 시험이 있어요. 그래서 수요일에 학교 도서관에서 (4)_____. 금요일은 캐럴 씨의 생일이에요. 우리는 불고기를 (5)_____ 그리고 노래방에서 노래를 (6)_____. 토요일은 집에서 (7)_____.

Track 021

댄 씨가 지금 음악을 듣고 있어요.
ダンさんがいま音楽を聞いています。

민우 씨가 지금 집에 가고 있어요.
ミヌさんがいま家に向かっています。

어제 친구가 웨슬리 씨한테 전화했어요.
그때 웨슬리 씨는 자고 있었어요.
昨日、友だちがウェスリーさんに電話しました。
そのとき、ウェスリーさんは寝ていました。

文法解説

ある動作が進行していることを表す表現であり、日本語では「〜している」にあたる。動詞の語幹に−고 있다をつける。過去のあるときに動作が進行していたこをと表す場合は、動詞語幹の後ろに−고 있었다をつける。

가다 + −고 있다 → 가고 있다　　　먹다 + −고 있었다 → 먹고 있었다

基本形	−고 있어요	基本形	−고 있어요
사다	사고 있어요	찾다	찾고 있어요
보다	보고 있어요	만들다	만들고 있어요
만나다	만나고 있어요	일하다	일하고 있어요
오다	오고 있어요	공부하다	공부하고 있어요

会話

Track 022

A 왕징 씨, 지금 시장에 같이 가요.

B 미안해요. 지금 숙제를 하고 있어요.

A 왜 아까 전화를 안 받았어요?

B 샤워하고 있었어요.

A 지금 어디에서 살고 있어요?

B 서울에서 살고 있어요.

A ワンジンさん、いま市場に一緒に行きましょう。

B すみません。いま宿題をしているんです。

A どうしてさっき電話に出なかったんですか。

B シャワーしていたんです。

A いまどこで暮らしていますか。

B ソウルで暮らしています。

ここに注意！

単純に過去にした動作を表すときには、単純過去-았/었어요を使う。

A 어제 뭐 했어요?　　　　　　　　　　昨日、何しましたか。

B 집에서 쉬고 있었어요. (×) → 집에서 쉬었어요. (○)　家で休みました。

やってみよう

次の絵を見て、例のように対話を完成させてください。

例　

A 지금 뭐 해요?

B __피아노를 치고 있어요.__
　　(피아노를 치다)

(1)

A 지금 뭐 해요?

B _____.
　(세수하다)

(2)

A 요즘 뭐 해요?

B _____.
　(한국어를 배우다)

(3)

A 운룡 씨가 지금 공부를 해요?

B 아니요, _____.
　　　　　(밥을 먹다)

(4)

A 무엇을 찾고 있었어요?

B _____.
　(반지를 찾다)

1. 時制　55

06 過去完了時制 A/V−았/었었어요

미국에 **갔었어요.**
アメリカに行っていました。
(アメリカに行って、帰ってきました。)

Track 023

중국에서 **살았었어요.**
中国で暮らしていました。
(今は中国で暮らしていません。)

아버지가 **뚱뚱했었어요.**
父が太っていました。
(今は太っていません。)

文法解説

過去に起こったことや状況が、その後は続いておらず、現在と異なるときや、発話時点よりかなり前の時間に起こり、現在と断絶していることを表現するときに使う。日本語では「～していました，～でした」などに相当する。動詞や形容詞の語幹末の母音が ト または ⊥ であれば**−았었어요**、それ以外の母音であれば**−었었어요**が来る。**하다**で終わる動詞や形容詞は**했었어요**に変る。

語幹末の母音が ト または ⊥ のとき	語幹末の母音が ト または ⊥ 以外のとき	하다で終わるとき
살다 + **−았었어요** → 살았었어요	먹다 + **−었었어요** → 먹었었어요	공부하다 → 공부했었어요

基本形	−았/었었어요	基本形	−았/었었어요
가다	갔었어요	많다	많았었어요
사다	샀었어요	싸다	쌌었어요
배우다	배웠었어요	길다	길었었어요
읽다	읽었었어요	친절하다	친절했었어요

일하다	일했었어요	한가하다	한가했었어요
*듣다	들었었어요	*어렵다	어려웠었어요

* 印は不規則

会話

Track 024

A 담배를 안 피워요?
B 작년에는 담배를 피웠었어요.
　그렇지만 지금은 안 피워요.

A 요즘 바다에 사람이 없어요.
B 여름에는 사람이 많았었어요.

A 주말에 뭐 했어요?
B 롯데월드에 갔었어요.
　아주 재미있었어요.

A タバコを吸わないんですか。
B 去年は吸っていました。
　でも、今は吸いません。

A 最近、海に人がいません。
B 夏は人が多かったですよ。

A 週末、何しましたか。
B ロッテワールドに行っていました。
　とても楽しかったです。

どこが違う？

−았/었어요	−았/었었어요
単にある事態や行動が過去に起こったことや過去の行為や状態が続いていることを表す。	現在とつながっていない過去の事柄を表す。

・댄 씨는 작년에 한국에 왔어요.
　ダンさんは去年韓国に来ました。
　（韓国に来た状態が継続している。韓国に来た後、どうなったかは分からない。今は韓国ではない違う場所にいる。）

・댄 씨는 서울에서 1년 동안 살았어요.
　ダンさんはソウルで1年暮らしました。
　（ダンさんは以前、ソウルで1年間暮らしたことがある。ソウルで1年間暮らした後、現在どこで暮らしているかは分からない。）

・댄 씨는 작년에 한국에 왔었어요.
　ダンさんは去年韓国に来ていました。
　（韓国に来て、帰って、今は韓国にいない。）

・댄 씨는 서울에서 1년 동안 살았었어요.
　ダンさんはソウルで1年間暮らしていました。
　（ダンさんは以前、ソウルで1年間暮らしたが、現在はソウルで暮らしていない。）

ハヨンさんは10年前どうでしたか。次の絵を見て、例のように文を完成させてください。

例

(10년 전 / 현재)

하영 씨는 **안경을 안 썼었어요.**
　　　　　(안경을 안 쓰다)

(1)

(10년 전 / 현재)

하영 씨는 _____.
　　　　　(키가 작다)

(2)

(10년 전 / 현재)

하영 씨는 _____.
　　　　　(머리가 길다)

(3)

(10년 전 / 현재)

하영 씨는 _____.
　　　　　(고기를 안 먹다)

(4)

(10년 전 / 현재)

하영 씨는 _____.
　　　　　(치마를 안 입다)

否定表現

01 語彙否定

Track 025

한국 사람이에요.
韓国人です。

한국 사람이 **아니에요**.
韓国人ではありません。

돈이 있어요.
お金があります。

돈이 **없어요**.
お金がありません。

안녕하세요?

안녕하세요?

한국말을 알아요.
韓国語が分かります。

한국말을 **몰라요**.
韓国語が分かりません。

文法解説

韓国語の否定文には、その文章を否定の形にする場合と、語彙で否定をする場合がある。語彙を使用して否定文を作る場合、**이다**(〜だ, 〜である)は**아니다**(〜ではない)を、**있다**(ある, いる)は**없다**(ない, いない)を、**알다**(分かる, 知っている)は**모르다**(分からない, 知らない)を使う。このうち、**아니다**は**이/가 아니다**の形で使われるが、口語体では**이/가**が省略されることもある。**아니다**の場合、**N1이/가 아니라 N2이다**(N1ではなくN2だ)の表現で使われもする。

	格式体	非格式体
아니다 ↔ 이다	**아닙니다**	아니에요
없다 ↔ 있다	**없습니다**	없어요
모르다 ↔ 알다	**모릅니다**	몰라요

会話

Track 026

A 민우 씨가 학생이에요?

B 아니요, 학생이 아니에요. 선생님이에요.
 (= 아니요, 학생이 아니라 선생님이에요.)

A 오늘 시간 있어요?

B 아니요, 오늘 시간 없어요. 바빠요.

A 일본어를 알아요?

B 아니요, 몰라요.

A ミヌさんは学生ですか。

B いいえ、学生ではありません。先生です。
 (= いいえ、学生ではなく先生です。)

A 今日、時間ありますか。

B いいえ、今日は時間がありません。忙しいです。

A 日本語が分かりますか。

B いいえ、分かりません。

次の絵を見て、例のように、対話を完成させてください。

> **例**
>
> A 미국 사람이에요?
> B 아니요, 미국 사람<u>이 아니에요</u>. 영국 사람이에요.

(1)

A 남자 친구예요?

B 아니요, 남자 친구_____. 동생이에요.

(2)

A 집에 개가 있어요?

B 아니요, 개_____.

(3)

A 교실에 댄 씨가 있어요?

B 아니요, 댄 씨_____.

(4)

A 선생님의 전화번호를 알아요?

B 아니요, 저는 선생님의 전화번호를 _____.
 요코 씨가 알아요.

02 안 A/V-아/어요 (A/V-지 않아요)

저는 오징어를 안 먹어요.
(= 저는 오징어를 먹지 않아요.)
私はイカを食べません。

그 구두는 안 예뻐요.
(= 그 구두는 예쁘지 않아요.)
その靴はかわいくありません。

방이 안 넓어요.
(= 방이 넓지 않아요.)
部屋が広くありません。

文法解説

動詞や形容詞について、行為や状態を否定する。日本語では「〜しない，〜くない，〜ではない」にあたる。動詞や形容詞の前に**안**をつけたり、動詞や形容詞の語幹に**-지 않아요**をつけたりする。

안 + 가다 → 안 가요	가다 + **-지 않아요** → 가지 않아요
안 + 크다 → 안 커요	크다 + **-지 않아요** → 크지 않아요

하다で終わる動詞の場合、「名詞+**하다**」の構造であるため、動詞の前に**안**を使い「名詞+**안 하다**」の形で使う。しかし、形容詞は「**안**+形容詞」の形で使う。ただし、動詞**좋아하다**と**싫어하다**の場合は、「N+**하다**」の形ではない1つの動詞であるため、**안 좋아하다/좋아하지 않다, 안 싫어하다/싫어하지 않다**の形で使う。

안 + 일하다 → 일 안 해요	일하다 + **-지 않아요** → 일하지 않아요
안 + 친절하다 → 안 친절해요	친절하다 + **-지 않아요** → 친절하지 않아요
안 + 좋아하다 → 안 좋아해요/좋아하지 않아요 (○) 좋아 안 해요 (×)	

基本形	안 -아/어요	-지 않아요
타다	안 타요	타지 않아요
멀다	안 멀어요	멀지 않아요
불편하다	안 불편해요	불편하지 않아요
공부하다	공부 안 해요	공부하지 않아요
*덥다	안 더워요	덥지 않아요
*걷다	안 걸어요	걷지 않아요

* 印は不規則

안や**-지 않다**は叙述文と疑問文には使われるが、命令文や勧誘文には使われない。

- 안 가십시오 (×), 가지 않으십시오 (×)
  → 가지 마십시오 (○) 行かないでください。
- 안 먹읍시다 (×), 먹지 않읍시다 (×)
  → 먹지 맙시다 (○) 食べないでください。

会話

Track 028

A 불고기를 좋아해요?　　　　A ブルコギが好きですか。

B 아니요, 저는 고기를 안 먹어요.　　B いいえ、私はお肉を食べません。

A 토요일에 회사에 가요?　　　A 土曜日に会社に行きますか。

B 아니요, 토요일에는 가지 않아요.　　B いいえ、土曜日には行きません。

A 집이 멀어요?　　　　　　A 家が遠いですか。

B 아니요, 안 멀어요. 가까워요.　　B いいえ、遠くありません。近いです。

次の絵を見て、例のように、対話を完成させてください。

例

A 교회에 다녀요?

B 아니요, <u>안 다녀요. / 다니지 않아요.</u>

---

(1)

A 오늘 영화를 봐요?

B 아니요, _____.

(2)

A 매일 운동해요?

B 아니요, _____.

(3)

A 물이 깊어요?

B 아니요, _____.

(4)

A 식당 아저씨가 친절해요?

B 아니요, _____.

저는 수영을 못해요.
(= 저는 수영하지 못해요.)
私は水泳ができません。

Track 029

오늘은 술을 못 마셔요.
(= 오늘은 술을 마시지 못해요.)
今日はお酒が飲めません。

저는 노래를 못 불러요.
(= 저는 노래를 부르지 못해요.)
私は歌を歌えません。

文法解説

この表現は主体にあることをする能力がない場合や外部条件によって主体の希望や望みがかなわない場合に使われる。日本語では「～できない」の意味である。動詞の前に못をつけたり、動詞の語幹に-지 못해요をつけた形で使用される。しかし、名詞+하다の場合は名詞の後に못が来て、名詞+못하다の形で使う。

(参照: 6課 能力と可能 01 V-(으)ㄹ 수 있다/없다 p.160)

못 + 가다 → 못 가요　　　　　　가다 + -지 못해요 → 가지 못해요
못 + 요리하다 → 요리 못해요 (○)　못 요리해요 (×)

基本形	못 -아/어요	-지 못해요
타다	못 타요	타지 못해요
읽다	못 읽어요	읽지 못해요
숙제하다	숙제 못해요	숙제하지 못해요
*쓰다	못 써요	쓰지 못해요
*듣다	못 들어요	듣지 못해요

* 印は不規則

会話

A 운전해요?

B 아니요, 운전 못해요.
　운전을 안 배웠어요.

A 왜 밥을 안 먹어요?

B 이가 아파요. 그래서 먹지 못해요.

Track 030

A 運転しますか。

B いいえ、運転できません。
　運転を習っていません。

A どうしてごはんを食べないんですか。

B 歯が痛いんです。それで、食べられません。

どこが違う?

안 (−지 않다)	못 (−지 못하다)
❶ 動詞と形容詞に使われる。 • 학교에 안 가요. (○) 学校に行きません。 • 치마가 안 예뻐요. (○) 　スカートがかわいくありません。 ❷ 外部条件と関係なく、あることをしないことを表現。 • 저는 운전을 안 해요. 私は運転をしません。 　(この人は運転ができるが、運転することを望んでいない。) • 오늘은 쇼핑을 하지 않아요. 　今日はショッピングをしません。 　(外部の状況と関係なく、この人は今日はショッピングすることを望んでいない。)	❶ 動詞と使われる。形容詞とは使うことができない。 • 학교에 못 가요. (○) 学校に行けません。 • 치마가 못 예뻐요. (×) ❷ 何かをする能力がない場合や不可能である場合。 • 저는 운전을 못해요. 私は運転ができません。 　(この人は運転をしたいが、運転のしかたを知らないか、足をけがしたなどの状況によってすることができない。) • 오늘은 쇼핑을 하지 못해요. 今日はショッピングができません。(この人は今日ショッピングをすることを望んでいるが、お金が足りないなどの状況や理由によって行くことができない。)

やってみよう

次の絵を見て、例のように못を使って、対話を完成させてください。

例

A 요코 씨, 술을 마셔요?

B 아니요. <u>못 마셔요.</u> /
　<u>마시지 못해요.</u>

(1)

A 숙제 다 했어요?

B 아니요, _____.
　어려워요.

(2)

A 티루엔 씨의 생일 파
　티에 가요?

B 아니요, _____.
　바빠요.

(3)

A 어제 영화 봤어요?

B 아니요, _____.
　표가 없었어요.

Unit 3.

助詞

01 N이/가

Track 031

날씨가 좋아요.
天気がいいです。

옛날에 공주가 있었어요.
昔、お姫さまがいました。

저기 재준 씨가 와요.
あそこにチェジュンさんが来ています。

文法解説

1 이/가がついた言葉が文の主語であることを表す。母音で終わる単語には가が、子音で終わる単語には이がつく。

- 조엘 씨가 빵을 먹어요.　　　　ジョエルさんがパンを食べています。
- 과일이 너무 비싸요.　　　　　果物がすごく高いです。

2 이/가の前に来る言葉を特別に選んで指摘するという意味を表す。

A 누가 음식을 준비할 거예요?　　誰が食べ物を準備しますか。
B 준호 씨가 음식을 준비할 거예요.　チュノさんが食べ物を準備します。
　　　　　　　　　　　　　　　　（他の人ではなくチュノさんがという意味）

A 누가 안 왔어요?　　　　　　　誰が来ていないんですか。
B 요코 씨가 안 왔어요.　　　　　洋子さんが来ていません。

3 文の新情報を表すのに使われる。すなわち、新しい話題を導入するときに使う。

- 옛날에 한 남자가 살았어요. 그 남자는 아이들이 두 명 있었어요.
  昔、1人の男が住んでいました。その男には子どもが2人いました。
- 저기 민우 씨가 와요.
  あそこにミヌさんが来ています。

母音で終わる名詞 + 가	子音で終わる名詞 + 이
친구**가** 바빠요.	선생님**이** 키가 커요.
학교**가** 가까워요.	방**이** 작아요.
준호**가** 학교에서 공부해요.	동생**이** 지금 자요.

会話

Track 032

A 누가 제이슨 씨예요?
B 저 사람이 제이슨 씨예요.

A 誰がジェイソンさんですか。
B あの人がジェイソンさんです。

A 어디가 아파요?
B 배가 아파요.

A どこが痛いですか。
B おなかが痛いです。

A 넥타이가 멋있어요.
B 고맙습니다.

A ネクタイがすてきですね。
B ありがとうございます。

ここに注意!

나, 저, 누구と가が結合するとき、次のようになる。

나 + **가** → 내가 　　저 + **가** → 제가 　　누구 + **가** → 누가

- 내가 리처드예요. 私がリチャードです。
  나가 리처드예요. (×)
- 제가 할게요. 私がやります。
  저가 할게요. (×)
- 누가 청소하겠어요? 誰が掃除しますか。
  누구가 청소하겠어요? (×)

やってみよう

1 友だちが集まってパーティーの準備をします。下の人たちは何をするでしょうか。
次の絵を見て、이または가を使って、対話を完成させてください。

(1) A 누가 사진을 찍을 거예요?

　　 B ＿＿＿＿＿＿＿＿＿ 사진을 찍을 거예요.

(2) A 누가 케이크를 만들 거예요?

　　 B ＿＿＿＿＿＿＿＿＿ 케이크를 만들 거예요.

(3) A 그럼, 누가 음료수를 살 거예요?

　　 B 아, ＿＿＿＿＿＿＿＿＿ 음료수를 살 거예요.

(4) A 그리고 누가 음악을 준비할 거예요?

　　 B ＿＿＿＿＿＿＿＿＿ 음악을 준비할 거예요.

2 次の絵を見て、이または가を使って、文を完成させてください。

(1)

날씨＿＿＿＿ 더워요.

(2)

비빔밥＿＿＿＿ 맛있어요.

(3)

드라마＿＿＿＿
재미없어요.

(4)

꽃＿＿＿＿ 예뻐요.

02 N은/는

Track 033

안녕하세요? 저는 댄이에요.
こんにちは。私はダンです。

형은 키가 커요. 동생은 키가 작아요.
兄は背が高いです。弟は背が低いです。

부디 씨는 운동을 잘해요. 그렇지만 공부는 못해요.
ブディさんは運動が得意です。だけど、勉強はできません。

文法解説

1 은/는の前に来る言葉が、その文で話そうとしている主題、説明の対象であることを表す。
○○에 대해서 말하면(〜について言えば)のような意味である。単語が母音で終わる場合は는、
子音で終わる場合은을使う。

- 저는 한국 사람입니다. 　　私は韓国人です。
- 리처드 씨는 29살입니다. 　　リチャードさんは29歳です。
- 제 직업은 변호사입니다. 　　私の職業は弁護士です。

2 前に話したことを再び話したり、対話している人がすでに知っていることを話したりするときに
使う。つまり、旧情報を表すのに用いる。(参照：3課 助詞 01 N이/가 p.68)

- 저는 내일 요코 씨를 만나요. 요코 씨는 일본에서 왔어요.
  私は明日、洋子さんに会います。洋子さんは日本から来ました。
- 저는 작년에 뉴욕에 갔어요. 뉴욕은 정말 아름다웠어요.
  私は去年、ニューヨークに行きました。ニューヨークは本当に美しかったです。
- 옛날에 한 남자가 살았어요. 그 남자는 아이들이 두 명 있었어요.
  昔、1人の男が住んでいました。その男には子どもが2人いました。

3. 助詞　71

3 2つを対照したり比較したりするときに使うが、主語の位置だけではなく、目的語や他の語の位置にも使うことができる。

- 에릭은 미국 사람이에요. 그렇지만 준호는 한국 사람이에요.
  エリックはアメリカ人です。しかし、チュノは韓国人です。(主語を比較)
- 저는 축구는 좋아해요. 그렇지만 야구는 좋아하지 않아요.
  私はサッカーは好きです。しかし、野球は好きではありません。(目的語の対照)
- 서울에는 눈이 왔어요. 그렇지만 부산에는 눈이 오지 않았어요.
  ソウルには雪が降りました。しかし、釜山には雪が降りませんでした。(場所の対照)

A 사과 있어요?   りんごありますか。

B 아니요, 배는 있어요.   いいえ、梨はあります。(りんごはないが、梨はある)

母音で終わる名詞＋는	子音で終わる名詞＋은
소냐는 겨울을 좋아해요. 제주도는 섬이에요.	제이슨은 의사예요. 서울은 한국에 있어요.

会話

Track 034

A 부모님 직업이 뭐예요?
> A ご両親の職業は何ですか。

B 아버지는 회사원이에요.
그리고 어머니는 선생님이에요.
> B 父は会社員です。
> そして、母は先生です。

A 도쿄가 어때요?
> A 東京はどうですか。

B 도쿄는 많이 복잡해요.
> B 東京はすごくごみごみしています。

A 안녕하세요? 저는 댄입니다.
> A こんにちは。私はダンです。

B 안녕하세요? 저는 캐럴이에요.
미국 사람이에요.
> B こんにちは。私はキャロルです。
> アメリカ人です。

1 次はティルエンさんの自己紹介です。下の文章を読みながら、은や는を使って、文章を完成させてください。

　　안녕하세요? (1) 제 이름_____ 티루엔이에요. (2) 저_____ 베트남 사람이에요.

(3) 제 고향_____ 하노이예요. (4) 하노이___ 아주 복잡해요. 저는 가족이 3명 있

어요. (5) 아버지_____ 회사원이에요. (6) 그리고 어머니_____ 선생님이에요.

(7) 동생_____ 학생이에요. (8) 동생_____ 음악을 좋아해요. (9) 저____ 운동을 좋아

해요. 그래서 운동을 많이 해요. (10) 그렇지만 수영_____ 못해요.

2 次の絵を見て、은や는を使って、文を完成させてください。

(1) 이 사람_____ 왕징 씨예요.

(2) 왕징 씨_____ 중국 베이징에서 왔어요.

(3) 한국_____ 겨울이에요.

(4) 시드니_____ 여름이에요.

(5) 작년에 파리에 갔었어요. 파리_____ 아름다웠어요.

부디 씨가 영화를 봐요.
ブディさんが映画を見ています。

Track 035

아버지가 신문을 읽어요.
父が新聞を読んでいます。

요코 씨가 음악을 들어요.
洋子さんが音楽を聞いています。

文法解説

名詞の後ろについて、その名詞が文の目的語であることを表す。名詞が母音で終わる場合は를、子音で終わる場合は을をつける。目的格助詞を必要とする動詞としては、먹다(食べる)、마시다 (飲む)、좋아하다(好む)、읽다(読む)、보다(見る)、만나다(会う)、사다(買う)、가르치다(教える)、배우다(学ぶ)、쓰다(書く, 使う)などがある。口語では目的格助詞の을/를を省略して言うこともある。

母音で終わる名詞 + 를	子音で終わる名詞 + 을
커피를 마셔요.	물을 마셔요.
영화를 봐요.	신문을 봐요.
친구를 만나요.	선생님을 만나요.
구두를 사요.	옷을 사요.
노래를 들어요.	음악을 들어요.

会話

Track 036

A 무슨 운동을 좋아해요?　　A どんな運動が好きですか。

B 축구를 좋아해요.　　　　B サッカーが好きです。

A 무엇을 배워요?　　　　　A 何を習っていますか。

B 한국어를 배워요.　　　　B 韓国語を習っています。

A 오늘 누구를 만나요?　　　A 今日、誰に会いますか。

B 여자 친구를 만나요.　　　B 彼女に会います。

ここに注意!

❶ N + 하다 → N하다

공부를 하다(勉強をする)、수영을 하다(水泳をする)、운동을 하다(運動をする)、산책을 하다(散歩をする)などは、助詞을/를を省略すると、공부하다(勉強する)、수영하다(水泳する)、운동하다(運動する)、산책하다(散歩する)のように1つの動詞になる。しかし、좋아하다(好む)、싫어하다(嫌う)は좋아−、싫어−が名詞ではないため、좋아하다や싫어하다自体が1つの動詞である。

❷ 뭐 해요?

疑問代名詞무엇が縮約されて무어になり、これがさらに縮約されて뭐になる。そのため、무엇을 해요?が뭐를 해요?になり、これがさらに뭘 해요?になり、これが뭐 해요?になる。뭐 해요?は会話体で多く使われる。

- 무엇 → 무어 → 뭐
- 무엇을 해요? → 뭐를 해요? → 뭘 해요? → 뭐 해요?

やってみよう

次の絵を見て、을/를を使って、対話を完成させてください。

(1)
A 민우 씨가 무엇을 해요?
B 노래＿＿＿＿ 불러요.

(2)
A 웨슬리 씨가 뭐를 해요?
B 한국어＿＿＿＿ 배워요.

(3)
A 요코 씨가 뭐 해요?
B ＿＿＿＿＿＿＿＿.

(4)
A 티루엔 씨가 뭐 해요?
B ＿＿＿＿＿＿＿＿.

저는 수박**과** 딸기를 좋아해요.
私はスイカとイチゴが好きです。

(= 저는 딸기**와** 수박을 좋아해요.)
私はイチゴとスイカが好きです。

Track 037

어제 가방**이랑** 모자를 샀어요.
昨日、かばんと帽子を買いました。

(= 어제 모자**랑** 가방을 샀어요.)
昨日、帽子とかばんを買いました。

햄버거**하고** 콜라 주세요.
ハンバーガーとコーラください。

文法解説

1 複数の物や人を羅列する意味を表し、日本語では「~と」に相当する。**와/과**は主に文章や発表、演説などで用いられ、**(이)랑**と**하고**は日常的な対話で使用される。母音で終わる名詞には**와**, **랑**を使い、子音で終わる名詞には**과**, **이랑**を使う。**하고**はパッチムの有無と関係なく使われる。

母音で終わる単語 + 와/랑/하고	子音で終わる単語 + 과/이랑/하고
의자**와** 책상이 있습니다.	신문**과** 잡지를 봅니다.
엄마**랑** 아빠는 회사에 가요.	동생**이랑** 저는 아이스크림을 좋아해요.
불고기**하고** 비빔밥을 먹어요.	옷**하고** 운동화를 살 거예요.

2 行為を共にする主体であることを表し、日本語では「~と」に相当する。行為を共にする主体を表すときは、主に**같이**や**함께**などとよく使われる。

- 내일 친구**하고** **같이** 영화를 볼 거예요.　　明日、友だちと一緒に映画を見るつもりです。
- 가족**과** **함께** 여행을 가고 싶어요.　　家族と一緒に旅行に行きたいです。
- 우리 선생님**하고** **같이** 식사할까요?　　先生と一緒に食事しましょうか。

会話

A 교실에 누가 있습니까? 　　A 教室に誰がいますか。
B 선생님과 학생들이 있습니다.　B 先生と学生がいます。

A 무슨 음식을 좋아해요?　　　A どんな食べ物が好きですか。
B 냉면이랑 김밥을 좋아해요.　 B 冷麺とのり巻きが好きです。

ここに注意!

❶ 列挙の機能として使われるとき、(이)랑と하고は最後に連結される名詞の後ろに使われることもあるが、와/과は最後に連結される名詞の後ろに使うことはできない。

- 바지랑 가방을 샀어요. (O)　　　• 바지하고 가방을 샀어요. (O)　　　• 바지와 가방을 샀어요. (O)
  ズボンとかばんを買いました。

- 옷이랑 가방이랑 사요. (O)　　　• 옷하고 가방하고 사요. (O)　　　• 옷과 가방과 사요. (×)
  服とかばんとを買います。

❷ 와/과, (이)랑, 하고はどれも列挙する機能を持っているが、これらを混ぜて使わない。

- 저는 딸기와 바나나하고 귤이랑 감을 좋아해요. (×)
- 저는 딸기와 바나나와 귤과 감을 좋아해요. (O)　私はイチゴとバナナとみかんと柿が好きです。
- 저는 딸기하고 바나나하고 귤하고 감을 좋아해요. (O)
- 저는 딸기랑 바나나랑 귤이랑 감을 좋아해요. (O)

やってみよう

次の絵を見て、와/과や(이)랑または하고を使って、対話を完成させてください。

(1) 　　A 무엇을 좋아해요?
　　　　　　　　　　　　B 비빔밥_____ 불고
　　　　　　　　　　　　　기를 좋아해요.

(2) 　　A 어제 집에서 뭘 했어요?
　　　　　　　　　　　　B 청소_____ 빨래를
　　　　　　　　　　　　　했어요.

(3) 　　A 누구하고 여행을 할
　　　　　　　　　　　　　거예요?
　　　　　　　　　　　　B _____ 여행을
　　　　　　　　　　　　　할 거예요.

(4) 　　A 누구랑 살아요?
　　　　　　　　　　　　B _____같이
　　　　　　　　　　　　　살아요.

나　재준

이것은 웨슬리의 책이에요.
(= 이것은 웨슬리 책이에요.)
これはウェスリーの本です。

Track 039

이분은 부디 씨의 선생님입니다.
(= 이분은 부디 씨 선생님입니다.)
この方はブディさんの先生です。

제 이름은 요코입니다.
(= 저의 이름은 요코입니다.)
私の名前は洋子です。

文法解説

後ろの単語が、前の単語の所有になることを表す言葉で、日本語では「〜の」の意味である。
의が所有の意味の場合、의の発音は[의]と[에]の両方が可能であるが、普通[에]と発音されること
が多い。口語では助詞의が省略されることが多い。人を表す名詞나、저、너の場合には나의 → 내、
저의 → 제、너의 → 네のように縮約され、普通의は省略されない。所有者と所有物の間に의を入
れて示す。

名詞 + 의
리처드의 어머니 (= 리처드 어머니)
우리의 선생님 (= 우리 선생님)
나의 친구/내 친구
저의 이름/제 이름
너의 책/네 책

会話

Track 040

A 이것은 누구의 우산입니까?　　　A これは誰の傘ですか。

B 재준 씨의 우산입니다.　　　　　B チェジュンさんの傘です。

A 이분은 누구예요?　　　　　　　A この方は誰ですか。

B 제이슨 씨의 어머니예요.　　　　B ジェイソンさんのお母さんです。

A 이름이 뭐예요?　　　　　　　　A 名前は何ですか。

B 제 이름은 이민우예요.　　　　　B 私の名前はイ・ミヌです。

ここに注意!

韓国では自分が所属している団体(家・家族・会社・国・学校)については、나より우리/저희という言葉を使う。また、家族の構成員に対しても제, 내の代りに우리という言葉を多用する。しかし、動生の場合は우리 동생よりは내 동생あるいは제 동생を多く使う。

- 내 집 (私の家)　　　　　　→ 우리 집 (私たちの家)
- 내 가족 (私の家族)　　　　 → 우리 가족 (私たちの家族)
- 제 회사 (私の会社)　　　　 → 우리 회사 (私たちの会社)
- 제 나라 (私の国)　　　　　→ 우리나라 (私たちの国)
- 제 학교 (私の学校)　　　　 → 우리 학교 (私たちの学校)
- 내 어머니 (私の母)　　　　 → 우리 어머니 (私たちの母)
- 제 아버지 (私の父)　　　　 → 우리 아버지 (私たちの父)
- 제 언니 (私の姉)　　　　　→ 우리 언니 (私たちの姉)
- 제 남편/아내 (私の夫/妻)　 → 우리 남편/아내 (私たちの夫/妻)
- 제 딸/아들 (私の娘/息子)　 → 우리 딸/아들 (私たちの娘/息子)

* 제 동생/내 동생 (私の弟/妹)

自分を低めて表現する時は、우리の謙譲語である저희を使って저희 어머니, 저희 아버지のように言う。しかし、国について話す時は、저희 나라とは言わず、우리나라と言う。

次の絵を見て、의を使って、対話を完成させてください。

(1)

A 이것은 누구의 가방이에요?

B _____ 가방이에요.
     (저)

(2)

A 그것은 누구의 지갑이에요?

B _____ 지갑이에요.
     (부디 씨)

(3)

A 저 남자분은 누구세요?

B _____.
     (김 선생님, 남편)

(4)

A 이분은 누구세요?

B 이분은 _____.
     (우리, 어머니)

06 N에 ①

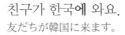

친구가 한국에 와요.
友だちが韓国に来ます。

Track **041**

동생이 대학교에 다녀요.
弟が大学に通っています。

다음 달에 고향에 돌아가요.
来月に故郷に帰ります。

文法解説

1 에は主に**가다**(行く)、**오다**(来る)、**다니다**(通う)、**돌아가다**(帰る)、**도착하다**(到着する)、**올라가다**(上がる)、**내려가다**(下がる)などの動詞と結合して、行動が行われる方向を表す。日本語では「〜に」に相当する。

名詞 + 에 가다/오다
매일 회사**에** 가요.
우리 집**에** 오세요.
교회**에** 다녀요.

2 **있다**(ある、いる)や**없다**(ない、いない)と結合して、人が存在する場所や事物が位置する場所を表す。日本語では「〜に」に相当する。(参照：準備しましょう 02 있다 p.28)

- 소파 위에 강아지가 있어요.
  ソファーの上に犬がいます。
- 지금 집에 어머니와 동생이 있어요.
  いま家に母と弟/妹がいます。

会話

(QR code)

Track 042

A 어디에 가요?	A どこに行きますか。
B 백화점에 가요.	B デパートに行きます。
A 요코 씨가 생일 파티에 와요?	A 洋子さんが誕生日のパーティーに来ますか。
B 아니요, 안 와요.	B いいえ、来ません。
A 오늘 오후에 뭐 해요?	A 今日、午後に何しますか。
B 서점에 가요.	B 本屋に行きます。

やってみよう

次の絵を見て、에を使って、対話を完成させてください。

(1)

A 캐럴 씨가 어디에 가요?

B _____.

(2)

A 운룡 씨가 학교를 졸업했어요?

B 네, 졸업했어요. 요즘 _____.

(3)

A 지금 동생이 어디에 있어요?

B _____.

(4)

A 전화기가 어디에 있어요?

B _____.

07 N에 ②

저는 아침 8시에 일어나요.
私は朝8時に起きます。

Track 043

3월 2일에 한국에 왔어요.
3月2日に韓国に来ました。

토요일에 만나요.
土曜日に会いましょう。

文法解説

에は時間を表す名詞と結合して、ある行動や事態、状態が起こる時間や時を表し、日本語では「～に」に相当する。助詞는, 도と結合して、에는, 에도のように使われることもある。

時間を表す名詞 + 에	
년/해 (年)	2009년에, 작년에, 올해에, 내년에
월/달 (月)	4월에, 지난달에, 이번 달에, 다음 달에
날 (日)	4월 18일에, 생일에, 어린이날에, 크리스마스에
요일 (曜日)	월요일에, 토요일에, 주말에
시간 (時間)	한 시에, 오전에, 오후에, 아침에, 저녁에
계절 (季節)	봄에, 여름에, 가을에, 겨울에

時間を表す単語のうち、**그제(그저께)**(一昨日)、**어제(=어저께)**(昨日)、**오늘**(今日)、**내일**(明日)、**모레**(明後日)、**언제**(いつ)などには에を使わない。

- 어제에 친구를 만났어요. (×) → 어제 친구를 만났어요. (○)
  昨日、友だちに会いました。

- 내일에 영화를 볼 거예요. (×) → 내일 영화를 볼 거예요. (○)
  明日、映画を見るつもりです。

- 언제에 일본에 가요? (×) → 언제 일본에 가요? (○)
  いつ日本に行きますか。

会話

Track **044**

A 보통 몇 시에 자요?　　　　　A 普通、何時に寝ますか。

B 보통 밤 11시에 자요.　　　　B 普通、夜11時に寝ます。

A 언제 고향에 돌아갈 거예요?　A いつ故郷に帰るつもりですか。

B 내년 6월에 돌아갈 거예요.　　B 来年の6月に帰るつもりです。

A 주말에 시간이 있어요?　　　　A 週末に時間がありますか。

B 네, 주말에 시간이 있어요.　　B はい、週末に時間があります。

ここに注意!

時間を表すとき、時間表現が重なる場合には、最後に1度だけ에を使う。

- 다음 주에 토요일에 오전에 10시 30분에 만나요. (×)
- → 다음 주 토요일 오전 10시 30분에 만나요. (○)
  来週土曜日、午前10時30分に会いましょう。

次の絵を見て、에を使って、対話を完成させてください。

(1)

A 일요일 몇 시에 만나요?

B _____.

(2)

A 한국에 언제 왔어요?

B _____.

(3)

A 댄 씨의 생일 파티를 언제 해요?

B _____.

(4)

A 부디 씨는 언제 결혼해요?

B _____.

학교에 가요. 학교에서 공부를 해요.
学校に行きます。学校で勉強をします。

Track 045

극장에 갔어요. 극장에서 영화를 봤어요.
映画館に行きました。映画館で映画を見ました。

식당에 갈 거예요. 식당에서 밥을 먹을 거예요.
食堂に行くつもりです。食堂でごはんを食べるつもりです。

文法解説

名詞の後ろに**에서**をつけて、ある行為や動作がなされている場所を表す。日本語では「〜で」に相当する。

場所名詞 + 에서
백화점에서 쇼핑해요.
도서관에서 공부해요.
우체국에서 편지를 보내요.
커피숍에서 커피를 마셔요.
헬스클럽에서 운동해요.

会話

A 어디에서 살아요?　　　　　A どこで暮らしていますか。

B 서울에서 살아요.　　　　　B ソウルで暮らしています。

A 어제 뭐 했어요?　　　　　A 昨日、何しましたか。

B 명동에서 친구를 만났어요.　B 明洞で友だちに会いました。

A 내일 뭐 할 거예요?　　　　A 明日、何するつもりですか。

B 도서관에서 공부할 거예요.　B 図書館で勉強するつもりです。

ここに注意!

動詞살다の前には、助詞에と에서のどちらも使うことができるが、助詞에と에서が動詞살다と共に使われると意味の差がほぼなくなる。

- 저는 서울에 살아요. (○)　（ソウルに居住していたり、存在しているという意味。）
- 저는 서울에서 살아요. (○)（ソウルで暮らしているという動作や行動を強調する意味。）

どこが違う?

에	에서
人や事物の動作・状態が現れる地点を指し示すため、主に移動や存在を表す動詞と共に使われる。	ある行為や動作が行われている場所であることを表すため、様々な動詞と共に使われる。
• 시청은 서울에 있어요. (○) 市庁はソウルにあります。	• 시청은 서울에서 있어요. (×)
• 집에 에어컨이 없어요. (○) 家にエアコンがありません。	• 집에서 에어컨이 없어요. (×)
• 식당에 밥을 먹어요. (×)	• 식당에서 밥을 먹어요. (○) 食堂でご飯を食べます。
• 학교에 한국어를 배웠어요. (×)	• 학교에서 한국어를 배웠어요. (○) 学校で韓国語を習いました。

やってみよう

次の絵を見て、에서を使って、対話を完成させてください。

(1)

A 어디에서 일해요?

B _____.

(2)

A 어디에서 기차를 타요?

B _____.

(3)

A 토요일에 뭐 할 거예요?

B _____.

(4)

A 어제 저녁에 뭐 했어요?

B _____.

학교에서 집까지 걸어왔어요.
学校から家まで歩いて来ました。

Track 047

서울에서 부산까지 시간이 얼마나 걸려요?
ソウルから釜山まで時間がどれくらいかかりますか。

오전 9시부터 오후 5시까지 일해요.
午前9時から午後5時まで働きます。

文法解説

あることや行為が起こる場所や時間の範囲を表現し、日本語では「〜から〜まで」に相当する。場所を表すときは普通N에서 N까지を使い、時間の範囲を表すときはN부터 N까지を使う。ときにはこの2つを区別せず使うこともある。

場所에서 場所까지 (場所の範囲)	時間부터 時間까지 (時間の範囲)
집에서 학교까지 버스로 20분쯤 걸려요.	점심시간은 오후 1시부터 2시까지입니다.
한국에서 일본까지 배로 갈 수 있어요.	월요일부터 금요일까지 학교에 가요.
여기에서 저기까지 몇 미터(m)예요?	7월부터 8월까지 방학이에요.
(= 여기부터 저기까지 몇 미터(m)예요?)	(= 7월에서 8월까지 방학이에요.)

会話

Track **048**

A 여기에서 학교까지 멀어요?

B 네, 버스로 한 시간쯤 걸려요.

A この図書館は土曜日に開いていますか。

A 이 도서관은 토요일에 문을 엽니까?

B 네, 토요일은 오전 10시부터
오후 4시까지 엽니다.

A ここから学校まで遠いですか。

B はい、バスで1時間くらいかかります。

A この図書館は土曜日に開いていますか。

B はい、土曜日は午前10時から午後4時まで
開いています。

A 명동에서 동대문까지 어떻게 가요?

B 지하철 4호선을 타고 가세요.

A 明洞から東大門までどうやって行きますか。

B 地下鉄4号線に乗って行ってください。

やってみよう

次の絵を見て、NからNまでやNからNまでを使って、対話を完成させてください。

(1)

A 서울_____ 제주도_____ 얼마나 걸립니까?

B 비행기로 1시간 걸립니다.

(2)

A _____ 얼마나 걸려요?

B 자전거로 10분 걸려요.

(3)

A 몇 시부터 몇 시까지 점심시간이에요?

B 오후 1시_____ 2시_____ 점심시간입니다.

(4)

A 언제부터 언제까지 학교 축제예요?

B _____ 학교 축제예요.

(10. 8~10. 10)

10 N에게/한테

재준 씨가 캐럴 씨에게 선물을 줍니다.
チェジュンさんがキャロルさんにプレゼントをあげます。

Track 049

선생님이 학생들에게 한국어를 가르칩니다.
先生が学生たちに韓国語を教えます。

동생이 개한테 밥을 줘요.
妹が犬にごはんをあげます。

文法解説

人や動物を表す名詞について、その名詞がある行動の対象であることを表す。**에게**より**한테**の方が口語的表現である。先行名詞が人や動物である場合には**에게/한테**を使い、人や動物ではない場合(植物・物・場所など)には**에**を使う。

全ての動詞に助詞**에게/한테**を使えるわけではなく、制限された動詞にのみ使われる。**에게/한테**を使う動詞としては、**주다**(あげる、くれる)、**선물하다**(プレゼントする)、**던지다**(投げる)、**보내다**(送る)、**부치다**(送る)、**쓰다**(書く、使う)、**전화하다**(電話する)、**묻다**(尋ねる)、**가르치다**(教える)、**말하다**(言う)、**팔다**(売る)、**가다**(行く)、**오다**(来る)などがある。

人 · 動物 + 에게/한테	物 · 植物 · 場所 + 에
개에게 줘요	나무에 물을 줘요
친구에게 소포를 보내요	중국에 소포를 보내요
선생님한테 물어봐요	회사에 물어봐요
친구한테 전화해요	사무실에 전화해요
아기가 엄마한테 와요	친구가 우리 집에 와요

会話

A 누구한테 편지를 써요?

A 誰に手紙を書いているんですか。

B 고향 친구한테 편지를 써요.

B 故郷の友だちに手紙を書いています。

A 왜 꽃을 샀어요?

A なぜ花を買ったんですか。

B 여자 친구한테 선물할 거예요.

B 彼女にプレゼントするんです。

A 선생님, 남산도서관 전화번호가
　몇 번이에요?

A 先生、南山図書館の電話番号は何番ですか。

B 미안해요. 잘 몰라요.
　114에 전화해 보세요.

B すみません。よく分かりません。
　114に電話してみてください。

ここに注意!

❶ 友だちや弟/妹のように、目下の人に何かをあげる時は○○에게 주다と言う。しかし、할아버지、
할머니、아버지、어머니、선생님、사장님のように尊敬すべき対象にあげる場合には、○○에게/한테
を○○께に変えて、주다を드리다に変えて言う。(参照：韓国語の概要 5 尊敬表現 p.20)

- 나는 할아버지**에게** 선물을 **주었습니다.** → 나는 할아버지**께** 선물을 **드렸습니다.**
　私は祖父にプレゼントをあげました。

- 사장님**에게 전화를 했습니다.** → 사장님**께 전화를 드렸습니다.**
　社長に電話をしました。

- 아버지**에게 말했습니다.** → 아버지**께 말씀드렸습니다.**
　父に言いました。

❷ 他の人に何かをもらったり習ったりするときは、○○에게서 받다/배우다、○○한테서 받다/배우다
と言う。このとき、서を省略して○○에게 받다/배우다、○○한테 받다/배우다と言うこともでき
る。尊敬の対象からもらったり習ったりするときは、에게서、한테서の代わりに께を使う。

- 내 생일에 친구**에게서** 선물을 받았습니다. = 내 생일에 친구**에게** 선물을 받았습니다.
　私の誕生日に友だちからプレゼントをもらいました。

- 이정아 선생님**한테서** 한국말을 배웠습니다. = 이정아 선생님**한테** 한국말을 배웠습니다.
　イ・ジョンア先生から韓国語を習いました。

- 어렸을 때 할아버지**께** 한자를 배웠습니다.
　幼いとき、祖父に漢字を習いました。

やってみよう

次の絵を見て、에(게)/한테を使って、文を完成させてください。

(1)

캐럴 씨가 남자 친구_____ 전화해요.

(2)

아이가 칠판_____ 그림을 그립니다.

(3)

댄 씨가 _____ 공을 던집니다.

(4)

요코 씨가 꽃_____ 물을 줍니다.

무쿨 씨는 인도 사람이에요.
그리고 친구도 인도 사람이에요.

Track 051

ムクルさんはインド人です。そして、友だちもインド人です。

아버지는 키가 커요. 그리고 저도 키가 커요.

父は背が高いです。そして、私も背が高いです。

왕징 씨는 사과를 좋아해요.
그리고 딸기도 좋아해요.

ワンジンさんはりんごが好きです。
それから、イチゴも好きです。

文法解説

도は主語や目的語の機能をする名詞の後ろで使われ、対象を羅列したり、その前の対象に加えられたりすることを表す。日本語では「～も」の意味である。

名詞 + 도
나는 한국 사람입니다. 그리고 친구도 한국 사람입니다.
아버지는 돈이 많습니다. 그리고 시간도 많습니다.
나는 사과를 좋아합니다. 그리고 수박도 좋아합니다.
나는 공부를 잘합니다. 그리고 운동도 잘합니다.

도が主語の後に続くとき、助詞은/는や이/가が省略される。

- 나는 한국 사람이에요. 그리고 친구는도 한국 사람이에요. (×)
  → 나는 한국 사람이에요. 그리고 친구도 한국 사람이에요. (○)
  私は韓国人です。そして、友だちも韓国人です。

同様に、**도**が目的語の後に続くときにも、助詞**을/를**が省略される。

- 나는 사과를 좋아해요. 그리고 딸기를도 좋아해요. (×)
→ 나는 사과를 좋아해요. 그리고 딸기도 좋아해요. (○)
私はりんごが好きです。そして、イチゴも好きです。

도は主格助詞、目的格助詞以外の助詞と一緒に使われるときは、**도**の前の助詞を省略しない。

- 일본에 친구가 있어요. 그리고 미국**에도** 친구가 있어요. (○)
日本に友だちがいます。そして、アメリカにも友だちがいます。
일본에 친구가 있어요. 그리고 미국도 친구가 있어요. (×)

- 집에서 공부해요. 그리고 도서관**에서도** 공부해요. (○)
家で勉強します。そして、図書館でも勉強します。
집에서 공부해요. 그리고 도서관도 공부해요. (×)

- 친구에게 선물을 주었어요. 그리고 동생**에게도** 선물을 주었어요. (○)
友だちにプレゼントをあげました。そして、弟/妹にもプレゼントをあげました。
친구에게 선물을 주었어요. 그리고 동생도 선물을 주었어요. (×)

会話

Track 052

A 무엇을 먹을 거예요?
B 비빔밥을 먹을 거예요.
　그리고 된장찌개도 먹을 거예요.

A 요즘 무엇을 배워요?
B 한국어를 배워요.
　그리고 태권도도 배워요.

A 어제 생일 파티에 누가 왔어요?
B 마틴 씨가 왔어요.
　그리고 요코 씨도 왔어요.

A 何を食べるつもりですか。
B ビビンバを食べるつもりです。
　そして、味噌チゲも食べるつもりです。

A 最近、何を習っていますか。
B 韓国語を習っています。
　そして、テコンドーも習っています。

A 昨日、誕生日のパーティーに誰が来ましたか。
B マーティンさんが来ました。
　それから、洋子さんも来ました。

やってみよう

次の絵を見て、도を使って、対話を完成させてください。

(1)

A 무슨 음식을 좋아해요?

B 불고기를 좋아해요. 그리고 비빔밥_____ 좋아해요.

(2)

김하영   캐럴

A 누가 예뻐요?

B 하영 씨가 예뻐요.

　그리고 _____.

(3)

커피 숍

A 어제 누구를 만났어요?

B 친구를 _____.

　그리고 여자 친구_____.

(4)

A 어제 시장에서 무엇을 샀어요?

B 바지를 _____.

　그리고 _____.

12 N만

Track 053

오늘 학교에 캐럴 씨만 왔어요.
今日、学校にキャロルさんだけ来ました。

댄 씨는 야채는 안 먹어요. 고기만 먹어요.
ダンさんは野菜は食べません。お肉だけ食べます。

5분만 기다려 주세요.
5分だけ待ってください。

文法解説

ほかのものを排除して、ただそれだけを選択することを表す。日本語では「〜だけ, 〜のみ」に相当する。数字の後ろにつく場合、その数量を最小に制限するという意味も持つ。選択しようとする単語の後ろに**만**をつけて使う。

名詞 + 만
캐럴 씨는 바지**만** 입어요.
그 식당은 월요일**만** 쉬어요.
영원히 제니퍼 씨**만** 사랑할 거예요
우리 아이는 하루 종일 게임**만** 해요.

助詞**만**は、助詞**이/가**, **은/는**, **을/를**などと置き換えて使うことができ、一緒に使うこともできる。これらの助詞と一緒に使う場合、**만**の後ろに**이**, **은**, **을**が来て、**만이**, **만은**, **만을**の形になる。

- 준호만 대학에 입학했어요. (○) = 준호만이 대학에 입학했어요. (○)
  チュノだけ大学に入学しました。

- 민우는 다른 책은 안 읽고 만화책만 읽어요. (○)
  = 민우는 다른 책은 안 읽고 만화책만을 읽어요. (○)
  ミヌは他の本を読まず、漫画だけ読みます。

しかし、**이/가**、**은/는**、**을/를**以外の助詞の場合には、**만**が後ろに来て**에서만**、**에게만**、**까지만**などの形になる。

- 우리 딸은 학교에서만 공부하고 집에서는 공부하지 않아요. (○)
  うちの娘は学校でだけ勉強して、家では勉強しません。
  우리 딸은 학교만에서 공부하고 집에서는 공부하지 않아요. (×)
- 준호 씨에게만 선물을 줬어요. (○)　　　チュノさんにだけプレゼントをあげました。
  준호 씨만에게 선물을 줬어요. (×)
- 제이슨 씨는 12시까지만 공부하고 자요. (○) ジェイソンさんは12時までだけ勉強して寝ます。
  제이슨 씨는 12시만까지 공부하고 자요. (×)

会話

A 학생들이 다 왔어요?

B 부디 씨만 안 왔어요.

　다른 학생들은 다 왔어요.

A 学生たちはみんな来ましたか。

B ブディさんだけ来ていません。

　他の学生たちはみんな来ました。

A 커피에 설탕과 크림 다 넣으세요?

B 설탕만 넣어 주세요.

A コーヒーに砂糖とクリームどちらも入れますか。

B 砂糖だけ入れてください。

やってみよう

次の絵を見て、만を使って、対話を完成させてください。

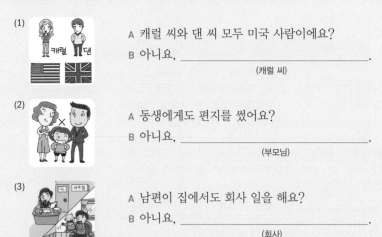

(1)
　A 캐럴 씨와 댄 씨 모두 미국 사람이에요?
　B 아니요, _____.
　　　　　　　　　　　　(캐럴 씨)

(2)
　A 동생에게도 편지를 썼어요?
　B 아니요, _____.
　　　　　　　　　　　　(부모님)

(3)
　A 남편이 집에서도 회사 일을 해요?
　B 아니요, _____.
　　　　　　　　　　　　(회사)

13 N밖에

사과가 한 개**밖에** 안 남았어요.
りんごが1個しか残っていません。

Track 055

냉장고에 우유**밖에** 없어요.
冷蔵庫に牛乳しかありません。

선물을 한 개**밖에** 못 받았어요.
プレゼントを1個しかもらえませんでした。

文法解説

他の可能性がなく、それが唯一選択できる場合であることを表す。日本語では「～しか」に相当する。
밖에の前に来る単語が、非常に少ないか小さいという感じを与える。後ろに必ず否定形が来る。

	否定形	例
名詞 + 밖에	안 (= -지 않다) 못 (= -지 못하다) 없어요 몰라요	학생들이 두 명**밖에** 안 왔어요. 그 돈으로는 사과를 한 개**밖에** 못 사요. 음식이 조금**밖에** 없어요. 한국어는 '안녕하세요'**밖에** 몰라요.

助詞**밖에**の後ろには常に否定文が来るが、**아니다**が来ることはなく、命令形、勧誘形も来ることは
できない。

- 민우는 학생밖에 아니에요. (×)
- 토마토를 조금밖에 사지 마세요. (×) → 토마토를 조금만 사세요. (○)
  トマトを少しだけ買ってください。
- 10분밖에 기다리지 맙시다. (×) → 10분만 기다립시다. (○) 10分だけ待ちましょう。

(参照 : 3課 助詞 12 N만 p.97, 16 N(이)나 ② p.107)

会話

A 그 책을 많이 읽었어요?

B 어려워서 다섯 쪽밖에 못 읽었어요.

A 파티에 사람들이 많이 왔어요?

B 30명을 초대했어요.
그런데 20명밖에 안 왔어요.

A 시간이 얼마나 남았어요?

B 10분밖에 안 남았어요.

A その本をたくさん読みましたか。

B 難しくて、5ページしか読めませんでした。

A パーティーに人がたくさん来ましたか。

B 30人招待しました。
ところが、20人しか来ませんでした。

A 時間がどれくらい残っていますか。

B 10分しか残っていません。

どこが違う？

助詞밖에は、助詞만と似た意味を持っているが、만が肯定文と否定文のどちらにも使われるのに対して、밖에は否定文に使われる。

밖에	만
• 교실에 재준 씨밖에 있어요. (×) 교실에 재준 씨밖에 없어요. (○) 教室にチェジュンさんしかいません。 • 가게에서 과일밖에 샀어요. (×) 가게에서 과일밖에 안 샀어요. (○) お店で果物しか買いませんでした。	• 교실에는 재준 씨만 있어요. (○) 教室にはチェジュンさんだけいます。 교실에는 재준 씨만 없어요. (○) 教室にはチェジュンさんだけいません。 (他の学生たちはみんないる。) • 가게에서 과일만 샀어요. (○) お店で果物だけ買いました。 가게에서 과일만 안 샀어요. (○) お店で果物だけ買いませんでした。 (他のものはみんな買った。)

やってみよう

次の絵を見て、밖에を使って、対話を完成させてください。

(1)

A 집에서 회사까지 시간이 많이 걸려요?

B 아니요, 집에서 회사까지 10분_____ 안 걸려요.

(2)

A 어제 많이 잤어요?

B 아니요, 세 시간_____ 못 잤어요.

(3)

A 반에 여학생이 많아요?

B _____.

(4) 선풍기

A 집에 에어컨이 있어요?

B 아니요, _____.

14 N(으)로

Track 057

여기에서 오른쪽으로 가세요.
ここで右へ行ってください。

서울에서 제주도까지 비행기로 가요.
ソウルから済州島まで飛行機で行きます。

가위로 종이를 잘라요.
ハサミで紙を切ります。

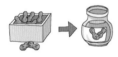

땅콩으로 잼을 만들었어요.
ピーナッツでジャムを作りました。

文法解説

1 方向を表す助詞である。日本語では「〜へ」の意味である。前の名詞が母音やㄹで終わる場合**로**を使い、その他の子音で終わる場合は**으로**を使う。

- 오른쪽<u>으로</u> 가세요. 은행이 나와요.　右に行ってください。銀行が見えてきます。
- 앞<u>으로</u> 쭉 가세요. 우체국이 있어요.　ずっとまっすぐ行ってください。郵便局があります。

2 手段・道具・材料を表す時にも使う。日本語では「〜で」の意味である。

- 부산에 기차로 갈 거예요.　　　　　釜山に汽車で行くつもりです。

- 가위로 종이를 잘라요.　　ハサミで紙を切ります。
- 밀가루로 빵을 만들어요.　　小麦粉でパンを作ります。

母音または ㄹ で終わる名詞 + 로	ㄹ 以外の子音で終わる名詞 + 으로
버스로 가요.	왼쪽으로 가세요.
비행기로 왔어요.	오른쪽으로 가세요.
지하철로 갈 거예요.	트럭으로 가요.
한국어로 말하세요.	콩으로 만들어요.
칼로 잘라요.	젓가락으로 먹어요.

会話

Track 058

A 실례합니다. 은행이 어디에 있어요?　　A 失礼します。銀行はどこにありますか。
B 저 약국 앞에서 오른쪽으로 가세요.　　B あの薬局の前で右へ行ってください。

A 서울에서 부산에 어떻게 가요?　　A ソウルから釜山にどうやって行きますか。
B 기차로 가세요. 기차가 빨라요.　　B 汽車で行ってください。汽車が速いです。

A 이 과자가 맛있어요. 뭐로 만들었어요?　　A このお菓子、おいしいです。何で作ったんですか。
B 이 과자는 쌀로 만들었어요.　　B このお菓子はお米で作りました。

A 한국 사람은 숟가락으로 밥을 먹어요.　　A 韓国人はスプーンでごはんを食べます。
B 일본 사람은 젓가락으로 밥을 먹어요.　　B 日本人は箸でごはんを食べます。

ここに注意!

移動の手段が名詞ではなく動詞である場合は、-아/어서を使って、걸어서(歩いて)、뛰어서(走って)、달려서(走って)、운전해서(運転して)、수영해서(泳いで)などと言う。

- 학교에서 집까지 걸어서 가요.　　学校から家まで歩いて行きます。
- 서울에서 부산까지 운전해서 갔어요.　　ソウルから釜山まで運転して行きました。
- 부산에서 제주도까지 수영해서 갈 거예요.　　釜山から済州島まで泳いで行くつもりです。

どこが違う？

❶ 차로 왔어요(車で来ました)と운전해서 왔어요(運転して来ました)はどう違う？

차로 왔어요は車に乗って来たが、その車を主語が運転する場合もあるし、他の人が運転する場合もある。しかし、운전해서 왔어요は、必ず主語が運転をして来る場合である。

민우 씨가 차로 왔어요.	민우 씨가 운전해서 왔어요.
* ミヌさんが車に乗って来た場合。	* ミヌさんが車に乗って来た場合。
* ミヌさんが運転して来た場合。	* ミヌさんが運転をして来た場合。
* ミヌさんが運転をしてもしなくても使う。	* ミヌさんが運転をしていない場合、使わない。

❷ (으)로 가다と에 가다はどう違う？

(으)로 가다は方向性に焦点を置き、その方向に向かって行くことを表す。에 가다は目標点に焦点を置く。そのため、この場合は方向性はなく目的地を表すだけである。

(으)로 가다	에 가다
* 方向性に焦点を置く:	* 目標点に焦点を置く:
에릭 씨가 집으로 가요. (○)	에릭 씨가 집에 가요. (○)
エリックさんが家へ帰ります。	エリックさんが家に帰ります。
오른쪽으로 가세요. (○)	오른쪽에 가세요. (×)
右へ行ってください。	

やってみよう

次の絵を見て、(으)로を使って、対話を完成させてください。

(1)

A 집에서 회사까지 어떻게 가요?

B _____ 가요.

C _____ 가요.

D _____ 가요.

(2)

A 집에서 한강공원까지 어떻게 가요?

B _____ 가요.

(3)

숙제를 _____ 하지 마세요. _____ 쓰세요.

(4)

계란하고 밀가루_____ 빵을 만들어요.

⑮ N(이)나 ①

Track 059

아침에 빵**이나** 밥을 먹어요.
朝、パンやごはんを食べます。

목이 말라요. 물**이나** 주스 주세요.
喉が乾きました。水かジュースください。

방학에 제주도**나** 설악산에 가고 싶어요.
休みに済州島や雪岳山に行きたいです。

文法解説

羅列された2つ以上の名詞のうち1つを選択するという意味である。前の名詞が母音で終わる場合には **나**を使い、子音で終わる場合には**이나**を使う。(参照：4課 羅列と対照 02 V-거나 p.123)

母音で終わる名詞 + 나	子音で終わる名詞 + 이나
잡지**나** 신문을 봐요.	신문**이나** 잡지를 봐요.
딸기**나** 수박을 사요.	수박**이나** 딸기를 사요.
우유**나** 물을 마셔요.	물**이나** 우유를 마셔요.
바다**나** 산에 가요.	산**이나** 바다에 가요.
축구**나** 수영을 해요.	수영**이나** 축구를 해요.

(이)나は主格助詞の後ろでは主格助詞**이/가**を省略して**(이)나**を使い、目的格助詞の後ろでも目的格助詞**을/를**を省略して**(이)나**を使う。

• 어머니**가나** 아버지가 요리해요. (×) → 어머니**나** 아버지가 요리해요. (○)
　　　　　　　　　　　　　　　　母や父が料理します。

• 빵**을이나** 밥을 먹어요. (×) → 빵**이나** 밥을 먹어요. (○) パンやごはんを食べます。

(이)나를 助詞에, 에서, 에게와 一緒に使う場合には、前の単語に(이)나を使い、後ろの単語に에, 에서, 에게を使う。前の単語で助詞に(이)나をつけ、에나, 에서나, 에게나と言うこともできる。しかし、(이)나を1度使うのがより自然である。

- 토요일**에나** 일요일에 운동해요. (○) = 토요일**이나** 일요일에 운동해요. (○)
  土曜日や日曜日に運動します。

- 산**에나** 바다에 가요. (○) = 산**이나** 바다에 가요. (○)
  山や海に行きます。

- 공원**에서나** 커피숍에서 데이트해요. (○) = 공원**이나** 커피숍에서 데이트해요. (○)
  公園やコーヒーショップでデートします。

- 선생님**에게나** 한국 친구에게 질문해요. (○) = 선생님**이나** 한국 친구에게 질문해요. (○)
  先生や韓国の友だちに質問します。

会話

Track 060

A 무엇을 살 거예요?　　A 何を買うつもりですか。

B 구두나 가방을 살 거예요.　　B 靴やかばんを買うつもりです。

A 이 문법 문제를 잘 모르겠어요.　　A この文法の問題がよくわかりません。

B 이 선생님이나 김 선생님에게
　물어보세요.　　B 李先生や金先生にきいてみてください。

次の絵を見て、(이)나を使って、対話を完成させてください。

(1)

A 명동에 어떻게 가요?

B 지하철＿＿＿＿＿＿ 버스를 타세요.

(2)

A 어디에서 책을 읽을 거예요?

B 도서관＿＿＿＿＿＿＿ 공원에서 읽을 거예요.

(3)

A 방학에 어디에 갈 거예요?

B ＿＿＿＿＿＿＿＿＿＿＿＿ 갈 거예요.

16 N(이)나 ②

친구를 두 시간**이나** 기다렸어요.
友だちを2時間も待ちました。

Track 061

아이가 여덟 명**이나** 있어요.
子どもが8人もいます。

사과가 맛있어요. 그래서 열 개**나** 먹었어요.
りんごがおいしいです。それで、10個も食べました。

文法解説

数量が期待よりかなり多いか、あるいは人々が考える一般的な水準を越えていることを表す。日本語では「～も」に相当する。母音で終わる単語の次には**나**、子音で終わる単語の次には**이나**が来る。

母音で終わる名詞 + 나	子音で終わる名詞 + 이나
바나나를 일곱 개**나** 먹었어요.	친구에게 다섯 번**이나** 전화했어요.
한 시간 동안 30페이지**나** 읽었어요.	어제 열두 시간**이나** 잤어요.

(参照：3課 助詞 13 N밖에 p.99)

会話

Track 062

A 어제 술을 많이 마셨어요?

B 네, 맥주를 열 병이나 마셨어요.

A 기차 시간이 얼마나 남았어요?

B 30분이나 남았어요.

A 마틴 씨는 자동차가 많아요?

B 네, 5대나 있어요.

A 昨日、お酒をたくさん飲みましたか。

B はい、ビールを10本も飲みました。

A 汽車の時間までどれくらいありますか。

B 30分もあります。

A マーティンさんは自動車が多いですか。

B はい、5台もあります。

どこが違う？

助詞밖에が数量が期待したより少ないか、一般的な基準に満たないことを表すのに対し、助詞(이)나は数量が期待より多いか、一般的な基準を越えることを表す。同じ数量に対し、人によってそれが期待より少ないと感じることもあり多いと感じることもあるが、このようなとき、밖에や(이)나を使って表現することができる。

• 물이 반**밖에** 없어요.
(期待より少ないことを表す。)

• 물이 반**이나** 있어요.
(期待より多いことを表す。)

A 우리는 아이가 네 명**밖에** 없어요.
(特に多くないことを表す。)

B 네 명**이나** 있어요? 저는 한 명인데요.
(一般的な水準より多いことを表す。)

댄 　이번 시험에서 80점**이나** 받았어요.
(普段ダンは70点を取っていた。それで、よくできたと感じる。)

왕징 이번 시험에서 80점**밖에** 못 받았어요.
(普段ワンジンは90点を取っていた。それで、できなかったと感じる。)

やってみよう

次の絵を見て、(이)나を使って、対話を完成させてください。

(1)

A 오늘 길이 너무 막혔어요.
B 맞아요. 회사까지 _____ 걸렸어요.
(1시간)

(2)

A 그 영화가 재미있어요?
B 네, 너무 재미있어요. 그래서 _____ 봤어요.
(3번)

(3)

A 책이 그렇게 어려워요?
B 네, _____ 읽었어요. 그런데 아직도 모르겠어요.
(5번)

(4)

A 조엘 씨 집에는 개가 정말 많아요.
B 몇 마리 있어요?
A _____ 있어요.
(10마리)

(5)

A 티루엔 씨는 커피를 정말 많이 마셔요.
B 맞아요. 하루에 _____ 마셔요.
(6잔)

17 N쯤

Track 063

파티에 20명쯤 왔어요.
パーティーに20人くらい来ました。

공항에 한 시쯤 도착했어요.
空港に1時ごろ到着しました。

요즘 토마토가 3,000원쯤 해요.
最近、トマトが3,000ウォンくらいします。

文法解説

時間・量・数の後ろに使われ、おおよそを表す。日本語では「〜くらい」に相当する。

名詞 + 쯤
한 시쯤 만납시다.
10,000원쯤 있어요.
두 달쯤 배웠어요.
5번쯤 만났어요.

会話

Track 064

A 내일 몇 시쯤 만날까요?
B 1시쯤 어때요?
　수업이 12시 50분에 끝나요.

A 明日、何時ごろ会いましょうか。
B 1時くらいはどうですか。
　授業が12時50分に終わるんです。

A 학교에서 집까지 얼마나 걸려요?　　A 学校から家までどれくらいかかりますか。

B 버스로 30분쯤 걸려요.　　B バスで30分くらいかかります。

A 한국에 언제 오셨어요?　　A 韓国にいついらっしゃいましたか。

B 1년 전쯤 왔어요.　　B 1年前くらいに来ました。

ここに注意!

おおよその価格を言う時、N쯤이다よりはN쯤 하다をよく使う。

A 사과가 요즘 얼마쯤 해요?　　りんごが最近いくらくらいしますか。

B 요즘 3개에 2,000원쯤 해요.　　最近、3個で2,000ウォンくらいします。

A 중국까지 비행기 표가 얼마쯤 해요?　　中国まで飛行機のチケットが、いくらくらいしますか。

B 글쎄요, 300,000원쯤 할 거예요.　　そうですね。300,000ウォンくらいすると思います。

やってみよう

次の絵を見て、쯤を使って、対話を完成させてください。

(1)
A 오늘 몇 시에 일어났어요?

B _____.

(2)
A 고향까지 얼마나 걸려요?

B _____.

(3)
A 영국에서 얼마나 여행했어요?

B _____.

(4)

A 남대문시장에서 청바지가 얼마쯤 해요?

B _____.

18 N처럼, N같이

Track 065

가수**처럼** 노래를 잘 불러요.
歌手のように歌が上手です。

하영 씨는 천사**같이** 착해요.
ハヨンさんは天使のようにやさしいです。

영화배우**같이** 잘생겼어요.
映画俳優みたいにかっこいいです。

文法解説

ある様子や行動が前の名詞と同じか似ていることを表す。**N같이**と言い換えることができる。日本語では「~のように, ~みたいに」に相当する。

名詞 + 처럼/같이
인형**처럼** 예뻐요. (= 인형**같이** 예뻐요.)
아기**처럼** 웃어요. (= 아기**같이** 웃어요.)
엄마**처럼** 친절해요. (= 엄마**같이** 친절해요.)
실크**처럼** 부드러워요. (= 실크**같이** 부드러워요.)
하늘**처럼** 높아요. (= 하늘**같이** 높아요.)

会話

Track 066

A 민우 씨 여자 친구가 예뻐요?

B 네, 미스코리아처럼 예뻐요.

A ミヌさんの彼女はきれいですか。

B はい、ミスコリアみたいにきれいです。

A 남자 친구가 어때요?

B 코미디언같이 재미있어요.

A 彼氏はどうですか。

B コメディアンみたいにおもしろいです。

A 서울이 복잡해요?

B 네, 일본 도쿄처럼 복잡해요.

A ソウルはごみごみしていますか。

B はい、日本の東京みたいにごみごみしています。

ここに注意!

처럼/같이는、動物や自然物にたとえて特徴を表現したりする。そのため、こわい人を호랑이처럼 무섭다(虎のようにこわい)、かわいらしい人を토끼처럼 귀엽다(うさぎのようにかわいい)、遅い人や行動을거북이처럼 느리다(亀のように遅い)、太った人을돼지처럼 뚱뚱하다(豚のように太っている)、心が広い人을바다처럼 마음이 넓다(海のように心が広い)などと比喩して言う。

やってみよう

次の絵を見て、合うものを探して、かっこの中に書いてください。

(1) 우리 언니는 요리사처럼 요리를 잘해요. (   )

(2) 슬퍼서 아이처럼 울었어요. (   )

(3) 눈이 별처럼 빛나요. (   )

(4) 우리 할아버지는 호랑이처럼 무서워요. (   )

(5) 돌고래처럼 수영을 잘해요. (   )

(6) 우리는 가족같이 친해요. (   )

비행기가 기차**보다** 빨라요.
(= 기차**보다** 비행기가 빨라요.)
飛行機が汽車より速いです。

Track 067

동생이 언니**보다** 더 커요.
(= 언니**보다** 동생이 더 커요.)
妹が姉よりも大きいです。

백화점이 시장**보다** 더 비싸요.
(= 시장**보다** 백화점이 더 비싸요.)
デパートが市場よりも高いです。

文法解説

보다の前に来るものが、比較の基準になる対象であることを表し、日本語では「〜より」に相当する。名詞の後ろに보다をつけて、**N이/가 N보다 −하다**の形で使うが、主語と보다の位置を変えて**N보다 N이/가 −하다**の形で使うこともできる。普通、**더**や**덜**などの副詞と一緒に使われるが、これらは省略が可能である。

名詞 + 보다
사과**보다** 딸기를 (더) 좋아해요.
동생**보다** 수영을 (더) 잘해요.
어제**보다** 오늘이 (덜) 추워요.
작년**보다** 올해 눈이 많이 왔어요.

会話

Track 068

A 봄을 좋아해요, 여름을 좋아해요?　　A 春が好きですか、夏が好きですか。

B 여름보다 봄을 더 좋아해요.　　B 夏より春の方が好きです。

A 댄 씨, 토요일이 바빠요,　　A ダンさん、土曜日が忙しいですか、
  일요일이 바빠요?　　　　　　　　日曜日が忙しいですか。

B 저는 일요일에 교회에 가요.　　B 私は日曜日に教会に行きます。
  그래서 토요일보다 일요일이 더 바빠요.　　それで、土曜日より日曜日の方が忙しいです。

A 제주도하고 서울하고　　A 済州島とソウルと、
  어디가 더 따뜻해요?　　　　　　どちらの方が暖かいですか。

B 제주도가 서울보다 더 따뜻해요.　　B 済州島がソウルよりも暖かいです。

次の絵を見て、보다を使って、対話を完成させてください。

(1)

(정비, 5㎏)　(운룡, 3㎏)

A 누구의 가방이 더 무거워요?
B _____.

(2)

A 소파가 편해요, 의자가 편해요?
B _____.

(3)

(₩50,000)　(₩30,000)

A 어느 것이 더 싸요?
B _____.

(4)

중국　한국　호주

A 한국에서 어느 나라가 더 가까워요?
B _____.

. 助詞　115

Track 069

웨슬리 씨는 일요일**마다** 교회에 가요.
ウェスリーさんは日曜日ごとに教会に行きます。

기차는 한 시간**마다** 있어요.
汽車は1時間ごとにあります。

나라**마다** 국기가 달라요.
国ごとに国旗が違います。

文法解説

1 時間を表す言葉について、一定の期間に似た行動や状況が繰り返されることを表す。日本語では「〜ごとに」に相当する。

- 두 달마다 머리를 잘라요.   2ヶ月ごとに髪を切ります。
- 오 분마다 지하철이 와요.   5分ごとに地下鉄が来ます。

2 1つも抜けることなく全てを表す。日本語では「〜ごとに, 毎〜, どの〜も」の意味である。名詞の次に**마다**をつける。

- 주말마다 여행을 가요.   毎週末、旅行に行きます。
- 점심시간에는 식당마다 자리가 없어요.   昼休みには、どの食堂も席がありません。

名詞 + 마다
1시간**마다** 버스가 출발해요.
날**마다** 청소해요.
해**마다** 외국 여행을 해요.
토요일**마다** 가족하고 전화해요.

会話

A 이번 주 금요일 저녁에 시간 있어요?

B 금요일마다 태권도를 배워요.
그래서 시간이 없어요.

A 비행기가 자주 있어요?

B 이틀마다 있어요.

A 컴퓨터가 교실마다 있어요?

B 네, 모든 교실에 다 있어요.

A 今週金曜日の夕方に時間ありますか。

B 毎週金曜日にテコンドーを習っています。
それで、時間がありません。

A 飛行機が頻繁にありますか。

B 2日ごとにあります。

A コンピューターが教室ごとにありますか。

B はい、全部の教室にあります。

 ここに注意!

❶ 날마다, 일주일마다, 달마다, 해마다는 매일, 매주, 매월/매달, 매년에 말이 바꿀 수 있다.

• 날마다 회사에 가요. = 매일 회사에 가요.
毎日、会社に行きます。

• 일주일마다 회의가 있어요. = 매주 회의가 있어요.
毎週、会議があります。

• 달마다 잡지가 나와요. = 매월/매달 잡지가 나와요.
毎月、雑誌が出ます。

• 해마다 이사해요. = 매년 이사해요.
毎年、引っ越しします。

❷ 집은 집마다라고 말하지 않고, 집집마다라고 말한다.

• 요즘에는 집집마다 인터넷을 사용해요. 最近は各家庭でインターネットを使っています。

次の絵を見て、마다を使って、対話を完成させてください。

(1)

A 부디 씨, 고향에 자주 가세요?

B _____.
　　　　　　(방학)

(2)

A 한국 사람은 젓가락, 숟가락으로 식사해요.

B 미국 사람은 나이프와 포크, 인도 사람은 손으로 식사해요.
　_____ 식사 방법이 달라요.
　　(나라)

(3)

A 영화를 보세요?

B 네, _____ 봐요.
　　　　(토요일)

(4)

A 몇 분마다 지하철이 와요?

B 출근 시간에는_____.
　　　　　　　　　　　(5분)

몇 분마다

羅列と対照

Track **071**

캐럴 씨는 키가 **크고** 날씬해요.
キャロルさんは背が高くてスリムです。

민우 씨는 한국 사람**이고** 댄 씨는 영국 사람입니다.
ミヌさんは韓国人で、ダンさんはイギリス人です。

어제 파티에서 티루엔 씨가 노래도 **부르고** 춤도 췄어요.
昨日、パーティーでティルエンさんが歌も歌って、
踊りも踊りました。

文法解説

1 2種類以上の行動や状態、事実を羅列する表現であり、日本語では「〜て/で」に相当する。動詞や形容詞の語幹の後ろに**–고**をつける。

- 형은 **커요**. 그리고 동생은 작아요.　　兄は大きいです。そして弟は小さいです。
  → 형은 **크고** 동생은 작아요.　　　兄は大きくて、弟は小さいです。

2 先行節の行動をしてから、後続節の行動をするという意味を表し、日本語では「〜て/で」に相当する。時制は前の文には表示されず、後ろの文に表示される。
(参照：5課 時間を表す表現 03 V–고 나서 p.136)

- 어제 밥을 **먹었어요**. 그리고 숙제를 했어요.
  昨日、ごはんを食べました。そして、宿題をしました。
  → 어제 밥을 **먹고** 숙제를 했어요. 〔어제 밥을 먹었고 숙제를 했어요. (×)〕
  昨日、ごはんを食べて、宿題をしました。

가다 + **-고** → 가고   크다 + **-고** → 크고

基本形	-고	基本形	-고
오다	오고	예쁘다	예쁘고
보다	보고	바쁘다	바쁘고
읽다	읽고	넓다	넓고
찾다	찾고	작다	작고
공부하다	공부하고	날씬하다	날씬하고

ここに注意!

主語が同じで、2つ以上の事実を羅列する時はN도 Vst고 N도 Vの形を使う。

• 형은 수영을 잘해요. 그리고 농구도 잘해요.
  兄は水泳が上手です。そして、バスケットボールも上手です。

  → 형은 수영**도** 잘**하고** 농구**도** 잘해요.
    兄は水泳も上手で、バスケットボールも上手です。

• 저는 딸기를 좋아해요. 그리고 바나나도 좋아해요.
  私はイチゴが好きです。そして、バナナも好きです。

  → 저는 딸기**도** 좋아**하고** 바나나**도** 좋아해요.
    私はイチゴも好きで、バナナも好きです。

※ Vstは動詞語幹

会話

Track 072

A 내일 뭐 할 거예요?

B 오전에는 친구를 만나고
  오후에는 도서관에 갈 거예요.

A 어제 뭐 했어요?

B 피자도 먹고 영화도 봤어요.

A 여자 친구가 어때요?

B 똑똑하고 예뻐요.

A 明日、何するつもりですか。

B 午前中は友だちに会って、
  午後は図書館に行くつもりです。

A 昨日、何しましたか。

B ピザも食べて、映画も見ました。

A 彼女はどうですか。

B 頭がよくて、きれいです。

やってみよう

次の絵を見て、−고を使って、対話を完成させてください。

(1)

A 날씨가 어때요?

B 바람이 _____ 추워요.
　　　　　　(불다)

(2)

A 디나 씨 남자 친구가 어때요?

B _____.
　　　(멋있다, 친절하다)

(3)

A 가족들은 주말에 보통 뭐 해요?

B 오빠는 _____, 언니는 _____.
　　　　　　(운동하다, 데이트하다)

(4)

A 어제 왕징 씨의 집에서 뭐 했어요?

B _____도 ___고 _____도 _____.
　　　(요리를 하다, 텔레비전을 보다)

Track 073

아침에 빵을 **먹거나** 우유를 마셔요.
朝、パンを食べたり牛乳を飲んだりします。

주말에 음악을 **듣거나** 영화를 볼 거예요.
週末、音楽を聞いたり映画を見たりするつもりです。

바쁘거나 가방이 무거울 때 택시를 타요.
忙しかったり、かばんが重かったりしたときは、
タクシーに乗ります。

文法解説

動詞や形容詞の後ろについて、どちらか1つを選択することを表す。日本語では「〜たり」の意味である。普通、2つの内容をつなげるが、3つ以上の内容をつなげることもできる。動詞や形容詞の語幹の後ろに**-거나**をつけて使う。名詞の次には**이나**が来る。

(参照：3課 助詞 15 N(이)나① p.105)

보다 + **-거나** → 보거나	먹다 + **-거나** → 먹거나

基本形	-거나	基本形	-거나
자다	자거나	듣다	듣거나
만나다	만나거나	돕다	돕거나
만들다	만들거나	공부하다	공부하거나

会話

Track 074

A 이번 주말에 뭐 할 거예요?

A 今週末、何をするつもりですか。

B 운동을 할 거예요.
테니스를 치거나 수영을 할 거예요.

B 運動をするつもりです。
テニスをしたり、水泳をしたりするつもりです。

A 목이 아파요.

A 喉が痛いです。

B 그럼 생강차를 마시거나 사탕을 드세요.

B それなら、生姜茶を飲むか、
アメをなめるかしてください。

A 결혼기념일에 뭐 할 거예요?

A 結婚記念日に何をするつもりですか。

B 여행을 가거나 외식을 할 거예요.

B 旅行に行ったり、外食をしたりするつもりです。

次の絵を見て、-거나を使って、対話を完成させてください。

(1)

A 너무 피곤해요. 저녁 식사 어떻게 해요?

B _____ 피자를 주문합시다.
　　(외식을 하다)

(2)

A 안녕! 잘 있어요. 건강하세요. 2년 후에 올게요.

B 잘 가요. 가끔 편지를 _____ 이메일을 보내세요!
　　　　　　　　　(쓰다)

(3)

A 이 단어를 잘 몰라요.

B 한국어 선생님에게 _____ 사전을 찾으세요.
　　　　　　　　(물어보다)

(4)

A 오늘 남자 친구의 기분이 안 좋아요.

B 남자 친구에게 _____ 뽀뽀하세요!
　　　　　　　(선물을 주다)

Track 075

한국말은 **어렵지만** 재미있어요.
韓国語は難しいけどおもしろいです。

형은 **크지만** 동생은 작아요.
兄は大きいけど弟は小さいです。

하영 씨는 많이 **먹지만** 날씬해요.
ハヨンさんはたくさん食べますがスリムです。

文法解説

先行節の内容と反対の内容を後続節で続けて言うときに使う。日本語では「～が、～けど」に相当する。動詞や形容詞の語幹の後ろに**-지만**をつける。過去の場合、**-았/었지만**をつける。

사다 + **-지만** → 사지만   좋다 + **-지만** → 좋지만

基本形	-지만	基本形	-지만
보다	보지만	슬프다	슬프지만
먹다	먹지만	배고프다	배고프지만
배우다	배우지만	작다	작지만
수영하다	수영하지만	편하다	편하지만

(参照：4課 羅列と対照 04 A/V-(으)ㄴ/는데① p.127)

会話

A 오늘 날씨가 어때요?

B 바람이 불지만 춥지는 않아요.

A 요코 씨, 아파트가 어때요?

B 작지만 깨끗해요.

A 댄 씨가 한국말을 잘해요?

B 네, 외국 사람이지만 한국말을 잘해요.

A 今日、天気はどうですか。

B 風が吹いていますが、寒くはありません。

A 洋子さん、マンションはどうですか。

B 小さいけど、きれいです。

A ダンさんは韓国語が上手ですか。

B はい、外国人ですが、韓国語が上手です。

Track 076

やってみよう

次の絵を見て、-지만を使って、対話を完成させてください。

(1)

A 한국 음식이 어때요?

B _____.
       (맵다, 맛있다)

(2)

A 언니가 학생이에요?

B 저는 _____ 언니는 _____.
      (학생이다)   (회사원이다)

(3)

A 주말에도 바빠요?

B 평일에는 _____ 주말에는 _____.
      (바쁘다)   (한가하다)

(4)

A 나탈리아 씨, 추워요?

B 네, _____.
      (옷을 많이 입다, 춥다)

04 A/V-(으)ㄴ/는데 ①

낮에는 차가 **많은데** 밤에는 차가 없어요.
昼には車が多いですが、夜には車がいません。

Track 077

저는 오빠는 **있는데** 언니는 없어요.
私は兄はいますが、姉はいません。

노래는 **못하는데** 춤은 잘 춰요.
歌は下手だけど、ダンスは上手です。

文法解説

先行節の内容と反対または対照的な状況や結果が後ろに続くときに使い、日本語では「～が，～けど」に相当する。形容詞の現在では、語幹が母音で終わる場合ーㄴ데、子音で終わる場合ー은데がつく。動詞の現在、動詞・形容詞の過去形と있다/없다には、全てー는데がつく。

形容詞/이다 現在		動詞 現在	動詞/形容詞 過去
母音終わり	子音終わり		
ーㄴ데	ー은데	ー는데	ー았/었는데
예쁜데 학생인데	높은데 적은데	오는데 읽는데 있는데 없는데	왔는데 많았는데 의사였는데 학생이었는데

基本形	ー(으)ㄴ/는데	基本形	ー(으)ㄴ/는데
크다	큰데	가다	가는데
낮다	낮은데	마시다	마시는데

*멀다	먼데	일하다	일하는데
*덥다	더운데	*듣다	듣는데
*빨갛다	빨간데	*살다	사는데
귀여웠다	귀여웠는데	만났다	만났는데

* 印は不規則

(参照：4課 羅列と対照 03 A/V-지만 p.125)

会話

Track 078

A 왜 그 시장에 안 가요?

B 가격은 싼데 너무 멀어요.

A 회사가 어때요?

B 일은 많은데 월급은 적어요.

A どうしてその市場に行かないんですか。

B 値段は安いんですが、すごく遠いんです。

A 会社はどうですか。

B 仕事は多いけど、月給は少ないです。

次の絵を見て、-(으)ㄴ/는데を使って、対話を完成させてください。

(1)

A 그 식당 어때요?

B _____ .
　　(맛있다, 비싸다)

(2)

A 티루엔 씨 집이 어때요?

B 방은 _____ 화장실은 _____ .
　　　(크지 않다)　　　　　　　　　(2개이다)

(3)

A 캐럴 씨는 결혼했어요?

B 아니요, 아직 _____ 남자 친구는 있어요.
　　　　　　　(결혼 안 하다)

(4)

A 저녁 먹었어요?

B 네, _____ 배가 고파요.
　　　(먹다)

時間を表す表現

2년 전에 한국에 왔습니다.
2年前に韓国に来ました。

Track 079

식사 전에 이 약을 드세요.
食事の前にこの薬を飲んでください。

수영하기 전에 준비운동을 해요.
水泳する前に準備運動をします。

文法解説

「一定の時間だけ前」や「ある行動より前」という意味で、日本語では「〜前, 〜する前」に相当する。「時間 **전에**」「N **전에**」「V-**기 전에**」という形で使う。

「N **전에**」は、主に**하다**がつく名詞と用いる。そのため、同じ意味の動詞語幹に**-기 전에**をつけて使ってもよい（**식사 전에**(食事の前に), **식사하기 전에**(食事する前に)）。しかし、**하다**がつかない動詞は**-기 전에**のみが使える。

名詞 + 전에	動詞語幹 + -기 전에
식사 + 전에 → 식사 전에	식사하다 + -기 전에 → 식사하기 전에

時間 + 전에	N + 전에	基本形	V -기 전에
1시간 전에	식사 전에	식사(하다)	식사하기 전에
한 달 전에	여행 전에	여행(하다)	여행하기 전에
2년 전에	방문 전에	방문(하다)	방문하기 전에
1시 전에	수업 전에	수업(하다)	수업하기 전에

하루 전에	운동 전에	자다	자기 전에
		마시다	마시기 전에
	–	죽다	죽기 전에

会話

Track **080**

A 같이 점심식사해요.

B 미안해요. 1시간 전에 식사했어요.

A 한국에서는 결혼하기 전에 남자가 집을 준비해요.

B 우리나라에서도 같아요.

A 한국에 오기 전에 어디에 살았어요?

B 뉴욕에서 살았어요.

A 一緒にお昼ごはん食べましょう。

B すみません。1時間前に食事したんです。

A 韓国では結婚する前に、男が家を準備します。

B 私たちの国でも同じです。

A 韓国に来る前にどこに住んでいましたか。

B ニューヨークに住んでいました。

どこが違う?

1시 전에と1시간 전에はどう違う?

• 1시 전에 오세요. 1時前に来てください。
(12時50分に来てもいいし、12時や11時に来てもいいという意味。ただし、1時になる前に来るようにという意味である。)

• 1시간 전에 오세요. 1時間前に来てください。
(約束時間が3時ならば、1時間前の2時に来るようにという意味。)

次の絵(가)の行動をする前に、何をすればよいでしょうか。絵(나)から探してつなげ、전에や
−기 전에を使って、文を完成させてください。

(가)　　　　　　　　　　　　　　　　　　　　　　　　(나)

(1) ・ 　　　　　　　　　　　 ・ ⓐ

(2) ・ 　　　　　　　　　　　 ・ ⓑ

(3) ・ 　　　　　　　　　　　 ・ ⓒ

(4) ・ 　　　　　　　　　　　 ・ ⓓ

(1) _____ 서류를 복사해요.

(2) _____ 손을 씻어요.

(3) _____ 전화해요.

(4) _____ 기도해요.

Track 081

한 달 후에 아기가 태어나요.
1ヶ月後に子どもが生まれます。

밥을 먹은 후에 이를 닦아요.
ごはんを食べた後に歯を磨きます。

대학교 졸업 후에 취직을 했어요.
大学卒業後に就職をしました。

(= 대학교를 졸업한 후에 취직을 했어요.)
(=大学を卒業した後に就職をしました。)

文法解説

「一定の時間の後」や「ある行動の後」という意味で、日本語では「~後, ~後に」に相当する。「時間 후에」「N 후에」「V-(으)ㄴ 후에」の形で使う。

動詞の語幹が母音で終わるときは-ㄴ 후에、ㄹで終わるときはㄹを削除して-ㄴ 후에、動詞の語幹がㄹ以外の子音で終わるときは-은 후에を使う。-(으)ㄴ 후에は-(으)ㄴ 다음에に言い換えられる。

名詞	動詞	
名詞 + 후에	語幹が母音やㄹで終わるとき	語幹がㄹ以外の子音で終わるとき
식사 후에	가다 + -ㄴ 후에 → 간 후에	먹다 + -은 후에 → 먹은 후에

時間 + 후에	N 후에	基本形	V-ㄴ 후에	基本形	V-은 후에
1시 후에	식사 후에	식사하다	식사한 후에	받다	받은 후에
1시간 후에	입학 후에	입학하다	입학한 후에	벗다	벗은 후에
한 달 후에	방학 후에	오다	온 후에	읽다	읽은 후에

3년 후에	졸업 후에	만나다	만난 후에	*듣다	들은 후에
–		*놀다	논 후에	*짓다	지은 후에
		*만들다	만든 후에	*돕다	도운 후에

* 印は不規則

会話

Track 082

A 언제 고향에 놀아가요?

B 1년 후에 가요.

A '집들이'가 뭐예요?

B 한국에서 이사한 후에 하는 파티예요.

A 수업 후에 시간 있어요?

B 미안해요. 바빠요. 수업이 끝난
다음에 식당에서 아르바이트를 해요.

A いつ故郷に帰りますか。

B 1年後に帰ります。

A 「집들이」って何ですか。

B 韓国で引っ越し後にするパーティーです。

A 授業の後に時間ありますか。

B すみせん。忙しいんです。授業が終わった
後に、食堂でアルバイトをしているんです。

● **どこが違う?**

1시 후에と1시간 후에はどう違う?

• 1시 후에 오세요. 1時より後に来てください。
(1時10分に来てもいいし、2時や3時、あるいはそれ以降に来てもいいという意味。ただし、1時を過ぎてから来るようにという意味。)

• 1시간 후에 오세요. 1時間後に来てください。
(約束時間が3時ならば、1時間後の4時に来るようにという意味。)

やってみよう

次の絵(가)の行動をした後に、どのような行動をするでしょうか。絵(나)から選んでつなげ、
후에や-(으)ㄴ 후에を使って、文を完成させてください。

(가)   (나)

(1)   •   • ⓐ

(2)   •   • ⓑ

(3)   •   • ⓒ

(4)   •   • ⓓ

(1) _____ 샤워해요. (운동하다)

(2) _____ 집들이를 해요. (이사하다)

(3) _____ 지하철을 타요. (내리다)

(4) _____ 영수증을 받아요. (우유를 사다)

일을 **하고 나서** 쉽니다.
仕事をしてから休みます。

텔레비전을 **보고 나서** 잡니다.
テレビを見てから寝ます。

아침을 **먹고 나서** 신문을 봅니다.
朝食を食べてから新聞を見ます。

文法解説

1つの行動が終わり、その次の行動が続くという意味で、日本語では「〜してから」に相当する。**−고 나서**は**일을 하고 나서 쉬세요**を**일을 하고 쉬세요**のように**나서**を省略した**−고**の形で使うこともある。しかし、**−고 나서**が**−고**よりも、前の行為が終わったことをはっきりと示している。

보다 + **−고 나서** → 보고 나서　　　먹다 + **−고 나서** → 먹고 나서

基本形	−고 나서	基本形	−고 나서
끝나다	끝나고 나서	듣다	듣고 나서
먹다	먹고 나서	돕다	돕고 나서
읽다	읽고 나서	공부하다	공부하고 나서

ー고 나서は時間的な順序を表すため、動詞とのみ結合する。そして、先行節の主語と後続節の主語が同じ場合、가다(行く)、오다(来る)、들어가다(入って行く)、들어오다(入って来る)、나가다(出て行く)、나오다(出て来る)、올라가다(上がって行く)、내려가다(下りて行く)などの移動動詞や일어나다(起きる)、앉다(座る)、눕다(横になる)、만나다(会う)などの動詞にはー고やー고 나서を使わずー아/어서を使う。

- 나는 학교에 가고 나서 (나는) 공부해요. (×)
    → 나는 학교에 가서 (나는) 공부해요. (○)
    私は学校に行って(私は)勉強します。

- (나는) 오늘 버스에서 앉고 나서 (나는) 왔어요. (×)
    → (나는) 오늘 버스에서 앉아서 (나는) 왔어요. (○)
    (私は)今日、バスで座って(私は)来ました。

会話

Track 084

A 김 부장님, 서류를 언제까지 드릴까요?　A 金部長、書類をいつまでにお渡ししましょうか。

B 회의가 끝나고 나서 주세요.　B 会議が終わってからください。

A 듣기 시험을 어떻게 봐요?　A 聞き取り試験はどのように受けるんですか。

B 문제를 두 번 읽을 거예요.　B 問題を2回読むはずです。
　문제를 잘 듣고 나서 대답을 찾으세요.　問題をよく聞いてから答えを探してください。

A '독후감'이 뭐예요?　A 「독후감」って何ですか。

B 책을 읽고 나서 쓰는 글이에요.　B 本を読んでから書く文章です。

やってみよう

次の絵を見て、–서や–고 나서を使って、文章を完成させてください。

댄 씨는 아침에 (1)_____ 샤워를 합니다. (2)_____ 아침 식사를 합니다. 한국 음식이 맛있습니다. 아침을 (3)_____ 학원에 갑니다. 학원에 (4)_____ 학생들에게 영어를 가르칩니다. 영어 수업은 12시에 끝납니다. 영어를 (5)_____ 친구하고 영화를 봅니다. 영화를 (6)_____ 커피를 마십니다.

저녁 6시부터 9시까지 한국어 수업이 있습니다. 한국어는 쉽지 않습니다. 그렇지만 재미있습니다. 한국어 수업이 (7)_____ 헬스장에 갑니다. 헬스장에서 운동을 합니다. (8)_____ 집에 갑니다. 집에 (9)_____ 텔레비전을 봅니다. 한국 드라마가 재미있습니다. 댄 씨는 12시에 잡니다.

바나나를 **까서** 먹었어요.
バナナの皮をむいて食べました。

Track 085

네 시간 동안 공원에 **앉아서** 이야기했어요.
4時間公園に座って話しました。

여자 친구에게 목걸이를 **사(서)** 주었어요.
彼女にネックレスを買ってあげました。

文法解説

時間の前後関係を表す連結語尾で、前の行為が起こった状態で後の行為が起こることを表す。このとき、前の行為と後ろの行為はとても密接な関係にあり、前の行為が起こらなければ、後の行為も起こりえない。日本語では「〜て，〜で」の意味である。**–아/어서**から서を省略した形で使われることもある。いくつかの動詞の場合(**가다**(行く), **오다**(来る), **서다**(立つ)など)は서を省略しない。語幹末の母音が ㅏ または ㅗ の場合は**–아서**を使い、その他の母音の場合は**–어서**をつけ、**하다**動詞の場合は**해서**になる。

語幹末の母音が ㅏまたはㅗのとき	語幹末の母音が ㅏまたはㅗ以外のとき	하다で終わるとき
가다 + **–아서** → 가서	씻다 + **–어서** → 씻어서	결혼하다 → 결혼해서

基本形	–아/어서	基本形	–아/어서
사다	사서	만들다	만들어서
팔다	팔아서	요리하다	요리해서
앉다	앉아서	입학하다	입학해서
만나다	만나서	숙제하다	숙제해서
*쓰다	써서	*굽다	구워서

* 印は不規則

時制は前の動詞には使わず、後ろの動詞にのみ使う。

- 어제 친구를 만나서 영화를 봤어요.
  昨日、友だちに会って映画を見ました。
- 내일 친구를 만나서 영화를 볼 거예요.
  明日、友だちに会って映画を見るつもりです。

前の動詞と後ろの動詞の主語が同じである。

- 나는 어제 친구를 만나서 (나는) 영화를 봤어요. (○)
  私は昨日友だちに会って、(私は) 映画を見ました。
  나는 어제 친구를 만나서 친구는 영화를 봤어요. (×)

会話

Track 086

A 왜 사과를 깎지 않고 먹어요?

B 사과를 깎아서 먹으면 맛이 없어요.

A 오늘 학교에 지하철로 왔어요?

B 네, 그런데 한 시간 동안 서서 와서 다리가 아파요.

A 왜 아르바이트를 해요?

B 돈을 벌어서 카메라를 살 거예요.

A どうしてりんごをむかないで食べるんですか。

B りんごをむいて食べるとおいしくありません。

A 今日、学校に地下鉄で来ましたか。

B はい、でも1時間立って来て足が痛いです。

A どうしてアルバイトをしてるんですか。

B お金を稼いで、カメラを買うつもりです。

どこが違う?

❶ 時間の前後関係を表す連結語尾−아/어서と似たものとして−고がある。−아/어서が主に前の行為と後の行為が密接な関係にある時に使うのに対して、−고は前の行為と後の行為に関連性がなく時間的な前後関係のみを表すときに使われる。

- 과일을 씻어서 (그 과일을) 먹어요.
  果物を洗って(その果物を)食べます。
- 친구를 만나서 (그 친구와 같이) 영화를 봤어요.
  友だちに会って(その友だちと一緒に)映画を見ました。
- 과일을 씻고 (다른 음식을) 먹어요.
  果物を洗って(他の食べ物を)食べます。
- 친구를 만나고 (나 혼자 또는 다른 사람과) 영화를 봤어요.
  友だちに会って(自分1人または他の人と)映画を見ました。

❷ 着用動詞(입다(着る)、신다(履く)、쓰다〔傘〕さす,〔眼鏡〕かける)、들다(持つ)など)と一緒に使うときは、−아/어서の代わりに−고を使う。

- 코트를 입어서 공부해요. (×) → 코트를 입고 공부해요. (○) コートを着て勉強します。
- 사람들이 우산을 써서 가요. (×) → 사람들이 우산을 쓰고 가요. (○) 人々が傘をさして行きます。
- 아이가 안경을 써서 책을 봐요. (×) → 아이가 안경을 쓰고 책을 봐요. (○) 子どもが眼鏡をかけて本を読みます。

絵を見て、適切な単語を選び、−아/어서を使って、対話を完成させてください。

| 가다 | 들어가다 | 만나다 | 만들다 | 사다 |

(1)

A 어제 뭐 했어요?

B 어제 고등학교 친구를 _____ 같이 식사했어요.

(2)

A 오늘 퇴근 후에 뭐 할 거예요?

B 노래방에 _____ 노래할 거예요.

(3)

A 보통 빵을 _____ 먹어요?

B 아니요, 우리는 빵을 _____ 먹어요.

(4)

A 날씨가 추워요.

B 그러면 커피숍에 _____ 이야기해요.

방학(8.2~8.31)

Track 087

방학 **때** 아르바이트를 해요.
休みのとき、アルバイトをします。

4살 **때** 사진이에요.
4歳のときの写真です。

시험 볼 **때** 옆 사람의 시험지를 보지 마세요.
試験を受けるとき、隣の人の解答用紙を見ないでください。

文法解説

動作や状態が進行しているときや、進行している間を表す。日本語では「～とき」の意味である。名詞で終わる場合には**때**を使い、動詞の語幹が母音やㄹで終わる場合は**-ㄹ 때**、ㄹ以外の子音で終わる場合は**-을 때**を使う。

名詞	動詞	
名詞 + 때	語幹が母音やㄹで終わるとき	語幹がㄹ以外の子音で終わるとき
방학 + **때** → 방학 때	가다 + **-ㄹ 때** → 갈 때	먹다 + **-을 때** → 먹을 때

N 때	基本形	V-ㄹ 때	基本形	V-을 때
10살 때	보다	볼 때	있다	있을 때
시험 때	만나다	만날 때	없다	없을 때
고등학교 때	끝나다	끝날 때	받다	받을 때
점심 때	나쁘다	나쁠 때	좋다	좋을 때
저녁 때	피곤하다	피곤할 때	*듣다	들을 때

크리스마스 때	*살다	살 때	*붓다	부을 때
휴가 때	*만들다	만들 때	*덥다	더울 때

* 印は不規則

会話

A 몇 살 때 첫 데이트를 했어요?

B 20살 때 했어요.

A 초등학교 때 친구들을 자주 만나요?

B 아니요, 자주 못 만나요.

A 이 옷은 실크예요.
　세탁할 때 조심하세요.

B 네, 알았어요.

A 何歳のときに初デートをしましたか。

B 20歳のときにしました。

A 小学校の時の友だちによく会いますか。

B いいえ、あまり会えません。

A この服はシルクです。
　洗濯するとき、気をつけてください。

B はい、分かりました。

Track 088

ここに注意!

午前、午後、朝、曜日には때がつかない。

- 오전 때 공부를 해요. (×) → 오전에 공부를 해요. (○)　午前に勉強をします。
- 오후 때 운동을 해요. (×) → 오후에 운동을 해요. (○)　午後に運動をします。
- 월요일 때 공항에 가요. (×) → 월요일에 공항에 가요. (○)　月曜日に空港に行きます。

どこが違う?

크리스마스에と크리스마스 때はどう違う?

一部の名詞(저녁, 점심, 방학……)は、「N 때」と「N에」を同じ意味で使うことができる。しかし、크리스마스(クリスマス)、추석(お盆)、명절(祝祭日) …… のような一部の名詞は意味が変わる。「N에」はその当日を言い、「N 때」はその日を前後した頃を指す。すなわち、크리스마스에はクリスマスの日である12月25日を意味するが、크리스마스 때はクリスマスである12月25日を前後して、前日や翌日、すなわちその頃を含んでいる。

- 크리스마스 때 クリスマスを前後して前日や翌日も含むその頃。
- 크리스마스에 クリスマスのその日(12.25)

저녁, 점심, 방학のような名詞は、後ろに때が来ても、에が来ても意味の差はない。

- 저녁 때 = 저녁에, 점심 때 = 점심에, 방학 때 = 방학에

次の絵を見て、때や−(을)ㄹ 때を使って、対話を完成させてください。

| 덥다 | 식사 | 없다 | 크리스마스 |

(1)
A ＿＿＿＿＿＿＿＿ 뭐 해요?
B 친구들과 파티를 할 거예요.

(2)
A 한국에서는 ＿＿＿＿＿＿ 수저를 사용합니다.
B 미국에서는 포크와 나이프를 사용해요.

(3)
A 햄버거 좋아해요?
B 시간이 ＿＿＿＿＿＿ 햄버거를 먹어요.

(4)
A 이게 뭐예요?
B 부채예요. ＿＿＿＿＿＿＿ 사용해요.

06 V-(으)면서

밥을 **먹으면서** TV를 봅니다.
ごはんを食べながらTVを見ます。

Track 089

우리 언니는 피아노를 **치면서** 노래를 해요.
うちの姉はピアノを弾きながら歌を歌います。

운전하면서 전화하지 마세요. 위험해요.
運転しながら電話しないでください。危ないです。

文法解説

前の動詞と後ろの動詞の行為や状態が同時に起こることを表す。日本語では「〜ながら」の意味である。動詞の語幹が母音や2で終われば**-면서**、その他の子音で終われば**-으면서**をつける。

語幹が母音や2で終わるとき	語幹が2以外の子音で終わるとき
가다 + **-면서** → 가면서	먹다 + **-으면서** → 먹으면서

基本形	−면서	基本形	−으면서
보다	보면서	받다	받으면서
부르다	부르면서	읽다	읽으면서
기다리다	기다리면서	*듣다	들으면서
공부하다	공부하면서	*걷다	걸으면서
*울나	울면서	*짓다	지으면서
*만들다	만들면서	*돕다	도우면서

* 印は不規則

先行節の主語と後続節の主語は同じ。

- 하영 씨는 노래를 하면서 재준 씨는 피아노를 칩니다. (×)
  - → (하영 씨는) 노래를 하면서 (하영 씨는) 피아노를 칩니다. (○)
    (ハヨンさんは)歌を歌いながら、(ハヨンさんは)ピアノを弾きます。
  - → 하영 씨가 노래를 하는 동안 재준 씨는 피아노를 칩니다. (○)
    ハヨンさんが歌を歌う間、チェジュンさんはピアノを弾きます。

先行節の動詞と後続節の動詞の主語が異なるときは**-는 동안**を使う。

- 동생이 청소를 하는 동안 언니는 빨래를 했습니다.
  妹が掃除する間、姉は洗濯をしました。

(参照：5課 時間を表す表現 09 N 동안, V-는 동안 p.154)

-(으)면서の前に来る動詞には過去、未来時制はつかない。常に現在で使う。

- 어제 하영 씨는 노래를 했으면서 피아노를 쳤습니다. (×)
  - → 어제 하영 씨는 노래를 하면서 피아노를 쳤습니다. (○)
    昨日、ハヨンさんは歌を歌いながらピアノを弾きました。

会話

Track 090

A 음악을 좋아해요?

A 音楽が好きですか。

B 네, 그래서 음악을 들으면서 공부를 해요.

B はい、それで音楽を聞きながら勉強します。

A 어제 많이 바빴어요?

A 昨日、とても忙しかったですか。

B 네, 그래서 샌드위치를 먹으면서 일했어요.

B はい、それでサンドウィッチを食べながら仕事をしました。

A 요즘 왜 피곤해요?

A 最近、どうして疲れているんですか。

B 학교에 다니면서 아르바이트를 해요. 그래서 피곤해요.

B 学校に通いながら、アルバイトをしています。それで、疲れているんです。

次の絵を見て、－(으)면서を使って、文を完成させてください。

(1)

_____ .
(커피를 마시다, 신문을 보다)

(2)

_____ .
(노래를 하다, 샤워를 하다)

(3)

_____ .
(아이스크림을 먹다, 걷다)

(4)

_____ .
(친구를 기다리다, 책을 읽다)

07 N 중, V-는 중

지하철 **공사 중**입니다.
地下鉄工事中です。

(= 지하철 **공사하는 중**입니다.)
地下鉄工事しているところです。

Track 091

사장님은 **회의 중**입니다.
社長は会議中です。

(= 사장님은 **회의하는 중**입니다.)
社長は会議している最中です。

지금 집에 **가는 중**이에요.
今、家に向かっているところです。

이사할 거예요. 그래서 집을 **찾는 중**이에요.
引っ越すつもりです。それで、家を探しているところです。

文法解説

動作を表す名詞と共に用い、ある行為をしている途中にあることを意味する。日本語では「〜中, 〜ところ, 〜最中」の意味である。名詞の次には중、動詞の次には-는 중を使う。

名詞 + 중	動詞語幹 + -는 중
회의 + **중** → 회의 중	회의하다 + **-는 중** → 회의하는 중

基本形	N 중	V-는 중
수업(하다)	수업 중	수업하는 중
회의(하다)	회의 중	회의하는 중

공사(하다)	공사 중	공사하는 중
통화(하다)	통화 중	통화하는 중
가다		가는 중
먹다	–	먹는 중
배우다		배우는 중
*만들다		만드는 중

* 印は不規則

会話

Track 092

A 왜 이렇게 길이 막혀요?

B 백화점이 세일 중이에요.
그래서 길이 막혀요.

A 여보세요? '한국무역회사'입니까?
김 과장님 좀 부탁합니다.

B 김 과장님은 지금 외출 중이십니다.
오후 5시에 들어오실 겁니다.

A 운전면허증 있어요?

B 요즘 운전을 배우는 중이에요.
다음 주에 운전면허 시험을 봐요.

A どうしてこんなに道が混んでるんですか。

B デパートがセール中なんです。
それで、道が混んでいるんですよ。

A もしもし、韓国貿易会社ですか。
金課長、お願いします。

B 金課長はただいま外出中です。
午後5時に戻る予定です。

A 運転免許証ありますか。

B 最近、運転を習っているところです。
来週、運転免許試験を受けます。

ここに注意!

−는 중이다と−고 있다は同じように使われる。しかし、−고 있다は主語の制約がないのに対して、
−는 중이다は自然物が主語に来ない。

• 비가 오는 중이에요. (×) → 비가 오고 있어요. (○)　　雨が降っています。

• 눈이 오는 중이에요. (×) → 눈이 오고 있어요. (○)　　雪が降っています。

• 바람이 부는 중이에요. (×) → 바람이 불고 있어요. (○)　風が吹いています。

次の絵を見て、適切なものを結んでください。

(1) 　　　•　　　• ⓐ 수리 중

(5) 　　　•　　　• ⓔ 쓰는 중

(2) 　　　•　　　• ⓑ 샤워 중

(6) 　　　•　　　• ⓕ 생각하는 중

(3) 　　　•　　　• ⓒ 임신 중

(7) 　　　•　　　• ⓖ 만드는 중

(4) 　　　•　　　• ⓓ 통화 중

(8) 　　　•　　　• ⓗ 읽는 중

08

V-자마자

Track 093

너무 피곤해서 집에 **오자마자** 잤어요.
すごく疲れて、家に帰って来るなり寝ました。

불이 **나자마자** 소방차가 왔어요.
火事が起こるとすぐに消防車が来ました。

수업이 **끝나자마자** 학생들은 교실을 나갔어요.
授業が終わるやいなや学生たちは教室を出て行きました。

文法解説

ある事態や行動が終わり、すぐに後の行動が起こることを意味する。動詞の語幹の後ろに**-자마자**を
つける。日本語では「～やいなや, ～とすぐに, ～なり」の意味である。

가다 + **-자마자** → 가자마자　　　　　먹다 + **-자마자** → 먹자마자

基本形	-자마자	基本形	-자마자
보다	보자마자	씻다	씻자마자
켜다	켜자마자	앉다	앉자마자
끝나다	끝나자마자	듣다	듣자마자
시작하다	시작하자마자	묻다	묻자마자
만들다	만들자마자	눕다	눕자마자

先行節の主語と後続節の主語は同じでもよく、異なっていてもよい。

- (내가) 집에 오자마자 (내가) 잤어요.
  (私が) 家に帰るなり (私が) 寝ました。

- 엄마가 나가자마자 아기가 울어요.
  母が出て行くやいなや、子どもが泣きます。

先行節の動詞には時制を示さず、後続節の動詞に示す。

- 집에 갔자마자 잤어요. (×) → 집에 가자마자 잤어요. (○)
  家に帰るなり寝ました。

- 집에 갈 거자마자 잘 거예요. (×) → 집에 가자마자 잘 거예요. (○)
  家に帰るなり寝るでしょう。

会話

Track 094

A 정아 씨와 언제 결혼할 거예요?

A チョンアさんといつ結婚するんですか。

B 대학교를 졸업하자마자 결혼할 거예요.

B 大学を卒業したらすぐに、結婚するつもりです。

A 오늘 왜 기분이 안 좋아요?

A 今日、どうして気分がよくないんですか。

B 어제 우산을 샀어요.
그런데 우산을 사자마자 잃어버렸어요.

B 昨日、傘を買ったんです。ところが、傘を買って
すぐになくしてしまったんです。

A 배가 너무 불러요. 누워서 좀 자고
싶어요.

A おなかがすごくいっぱいです。
横になってちょっと寝たいです。

B 밥을 먹자마자 누우면 건강에
안 좋아요.

B ごはんを食べてすぐに横になると、健康に
よくないですよ。

やってみよう

次の人は何をしたでしょうか。関連がある絵をつなげて、適切な単語を選び、ーㅈㅏㅁㅏㅈㅏを使って、文を完成させてください。

끝나	나가다	시작하다	오다

(1)

(2)

(3)

(4)

ⓐ

ⓑ

ⓒ

ⓓ

(1) 집에 _____ 컴퓨터를 켜요.

(2) 엄마가 방에서 _____ 아기가 울어요.

(3) 영화가 _____ 자요.

(4) 전화를 _____ 나갔어요.

N 동안, V-는 동안

어제 4시간 동안 공부했어요.
昨日、4時間勉強しました。

Track 095

곰은 겨울 동안에 겨울잠을 자요.
熊は冬の間に冬眠をします。

친구들이 점심을 먹는 동안 나는 숙제를 했어요.
友だちがお昼を食べている間、私は宿題をしました。

文法解説

あるときからあるときまで、ある行動を始めてその行動が終わるまでなどの時間の長さを表す。日本語では「〜間、〜する間、〜している間」という意味である。名詞の次には**동안**、動詞の次には**-는 동안**が来る。

가다 + **-는 동안** → 가는 동안   먹다 + **-는 동안** → 먹는 동안

N 동안	基本形	V-는 동안
10분 동안	자다	자는 동안
일주일 동안	읽다	읽는 동안
한 달 동안	듣다	듣는 동안
방학 동안	여행하다	여행하는 동안
휴가 동안	*살다	*사는 동안

* 印は不規則

V–는 동안の形で使われる場合、前の動詞の主語と後ろの動詞の主語は同じでも異なってもよい。

- (내가) 한국에서 사는 동안 (나는) 좋은 친구들을 많이 만났어요.
  (私が) 韓国で暮らしている間 (私は) いい友だちにたくさん出会いました。
- 내가 친구들과 노는 동안 동생은 학교에서 열심히 공부했어요.
  私が友だちと遊んでいる間、弟/妹は学校で一生懸命勉強しました。

会話

Track 096

A 얼마 동안 한국에 있을 거예요?

B 3년 동안 있을 거예요.

A どれくらいの間、韓国にいるつもりですか。

B 3年間いるつもりです。

A 방학 동안에 뭐 할 거예요?

B 친척 집을 방문할 거예요.

A 休みの間、何をするつもりですか。

B 親戚の家を訪ねるつもりです。

A 비행기가 2시간 후에 출발해요.

B 그러면 비행기를 기다리는 동안 면세점에서 쇼핑을 합시다.

A 飛行機が2時間後に出発します。

B それなら、飛行機を待つ間、 免税店でショッピングをしましょう。

どこが違う?

-(으)면서と-는 동안はどう違う?

-(으)면서は1人が2つ以上の動作を同時にする時に使う。しかし、-는 동안(에)は先行節の主語と後続節の主語が異なる場合にも使うことができる。つまり、先行節の主語がある行動をしている時間に、後続節の主語がある行動をする場合に使うことができる。

-(으)면서	-는 동안에
先行節と後続節の主語が同じでなくてはならない。	先行節の主語と後続節の主語が異なってもよい。
• 하영 씨는 음악을 들으면서 책을 읽었습니다. ハヨンさんは音楽を聞きながら、本を読みました。	• 하영 씨가 음악을 듣는 동안에 재준 씨는 책을 읽었습니다. ハヨンさんが音楽を聞いている間、チェジュンさんは本を読みました。
10:00~10:30	10:00~10:30

やってみよう

次の絵を見て、동안や−는 동안を使って、文を完成させてください。

(1)

여러분, _____ 휴식 시간이에요.

(2)

_____ 식당에서 아르바이트를 했어요.

(3)

어머니가 _____ 아버지가 청소를 해요.

(4)

아이가 _____ 산타클로스가 선물을 주고 가요.

⑩ V−(으)ㄴ 지

저는 한국에 **온 지** 2년이 되었습니다.
私は韓国に来てから2年になります。

Track 097

담배 **끊은 지** 한 달 되었어요.
タバコをやめてから1ヶ月になります。

컴퓨터게임을 **한 지** 5시간이 넘었어요.
コンピューターゲームをして5時間を超えました。

文法解説

ある事態の発生時点から、時間がどれほど経過したかを表す。日本語では「～てから」に相当する。
−(으)ㄴ 지 ～ 되다, −(으)ㄴ 지 ～ 넘다, −(으)ㄴ 지 ～ 안 되다などの形で使われる。動詞の語幹が母音やㄹで終わるときは−ㄴ 지を、ㄹ以外の子音で終わるときは−은 지をつける。

語幹が母音やㄹで終わるとき	語幹がㄹ以外の子音で終わるとき
가다 + −ㄴ 지 → 간 지	먹다 + −은 지 → 먹은 지

基本形	−ㄴ 지	基本形	−은 지
오다	온 지	끊다	끊은 지
사귀다	사귄 지	*듣다	들은 지
공부하다	공부한 지	*걷다	걸은 지
*놀다	논 지	*짓다	지은 지
*만들다	만든 지	*돕다	도운 지

* 印は不規則

会話

Track 098

A 언제부터 한국어를 공부했어요?

B 한국어를 공부한 지 6개월이 되었어요.

A 남자 친구와 얼마나 사귀었어요?

B 사귄 지 3년이 넘었어요.

A いつから韓国語を勉強していますか。

B 韓国語の勉強を始めて6ヶ月になります。

A 彼氏とどれくらい付き合っていますか。

B 付き合って3年を超えました。

次のタイムラインを見て、―(으)ㄴ 지を使って、文章を完成させてください。

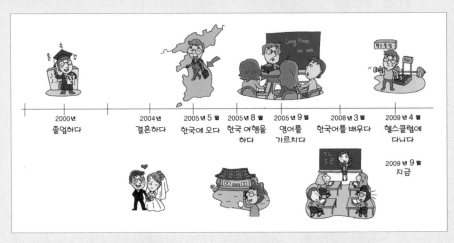

(1) 리처드 씨는 대학교를 _____ 9년 되었습니다.

(2) 리처드 씨는 _____ 5년 넘었습니다.

(3) 리처드 씨는 한국에 _____ 4년 되었습니다.

(4) 리처드 씨는 _____ 4년 되었습니다.

(5) 리처드 씨는 _____ 2년이 좀 안 되었습니다.

(6) 리처드 씨는 _____ 5개월이 되었습니다.

(7) 리처드 씨는 _____ 4년이 좀 넘었습니다.

Track 099

이 영화를 볼 수 있어요.
この映画を見ることができます。

저 영화를 볼 수 없어요.
あの映画を見ることができません。

운전면허증이 있어요. 운전할 수 있어요.
運転免許証があります。運転できます。

운전면허증이 없어요. 운전할 수 없어요.
運転免許証がありません。運転できません。

한자를 배웠어요. 한자를 읽을 수 있어요.
漢字を習いました。漢字が読めます。

한자를 안 배웠어요. 한자를 읽을 수 없어요.
漢字を習っていません。漢字が読めません。

文法解説

能力や可能性を表す。能力や可能性があるときは-(으)ㄹ 수 있다、能力や可能性がないときは-(으)ㄹ 수 없다を使う。日本語では「～ことができる，～ことができない」の意味である。動詞の語幹が母音やㄹで終わるときは-ㄹ 수 있다/없다、ㄹ以外の子音で終わるときは-을 수 있다/없다を使う。

語幹が母音やㄹで終わるとき	語幹がㄹ以外の子音で終わるとき
가다 + -ㄹ 수 있다/없다 → 갈 수 있다/없다	먹다 + -을 수 있다/없다 → 먹을 수 있다/없다

基本形	-ㄹ 수 있어요/없어요	基本形	-을 수 있어요/없어요
가다	갈 수 있어요/없어요	받다	받을 수 있어요/없어요
만나다	만날 수 있어요/없어요	*듣다	들을 수 있어요/없어요
수영하다	수영할 수 있어요/없어요	*걷다	걸을 수 있어요/없어요
*놀다	놀 수 있어요/없어요	*짓다	지을 수 있어요/없어요
*살다	살 수 있어요/없어요	*돕다	도울 수 있어요/없어요

* 印は不規則

会話

A 무슨 운동을 할 수 있어요?   **A** 何の運動ができますか。

B 축구를 할 수 있어요. 그리고 태권도도   **B** サッカーができます。
할 수 있어요. 그렇지만 수영은 할 수   そして、テコンドーもできます。
없어요.   だけど、水泳はできません。

A 요코 씨, 오늘 저녁에 만날 수 있어요?   **A** 洋子さん、今日の夕方会えますか。

B 미안해요. 만날 수 없어요.   **B** すみません。会えません。
약속이 있어요.   約束があるんです。

A 한국 드라마를 이해할 수 있어요?   **A** 韓国ドラマが理解できますか。

B 네, 드라마는 조금 이해할 수 있어요.   **B** はい、ドラマは少し理解できます。
그렇지만 뉴스는 이해할 수 없어요.   だけど、ニュースは理解できません。

ここに注意!

−(으)ㄹ 수 있다/없다に補助詞−가をつけ、−(으)ㄹ 수가 있다/없다にすると、−(으)ㄹ 수 있다/없다
より意味が強調される。

- 떡볶이가 매워서 먹을 수 없어요.   トッポッキが辛くて食べられません。
- 떡볶이가 매워서 먹을 수가 없어요.   トッポッキが辛くてとうてい食べられません。
- 길이 막혀서 갈 수 없어요.   道が混んでいて行けません。
- 길이 막혀서 갈 수가 없어요.   道が混んでいてとうてい行けません。

やってみよう

次の絵を見て、適切な単語を選び、－(으)ㄹ 수 있다/없다を使って、対話を完成させてください。

걷다　　　　고치다　　　　부르다　　　　열다　　　　추다

---

(1)

A 컴퓨터가 고장 났어요.
B 내가 _____.

(2)

아리랑

A 한국 노래를 _____?
B 네, '아리랑'을 _____.
　 한국 춤도 _____.

(3)

A 왜 그래요?
B 발이 아파요. _____.

(4)

A 이 병을 _____.
B 걱정하지 마세요. 내가 _____.

딸기잼을 만들 줄 알아요.
イチゴジャムを作れます。

Track 101

휴대전화로 사진을 보낼 줄 알아요.
携帯電話で写真を送ることができます。

된장찌개를 맛있게 **끓일 줄 알아요**.
味噌チゲをおいしく作ることができます。

文法解説

ある行為の方法を知っているか知らないか、または能力があるかないかを表す。動詞の語幹が母音やㄹで終わるときは**-ㄹ 줄 알다/모르다**を使い、ㄹ以外の子音で終わるときは**-을 줄 알다/모르다**を使う。日本語では「～ことができる, ～ことができない」の意味である。

語幹が母音やㄹで終わるとき	語幹がㄹ以外の子音で終わるとき
보내다 + **-ㄹ 줄 알다/모르다** → 보낼 줄 알다/모르다	입다 + **-을 줄 알다/모르다** → 입을 줄 알다/모르다

基本形	**-ㄹ 줄 알아요/몰라요**	基本形	**-을 줄 알아요/몰라요**
쓰다	쓸 줄 알아요/몰라요	읽다	읽을 줄 알아요/몰라요
고치다	고칠 줄 알아요/몰라요	접다	접을 줄 알아요/몰라요
사용하다	사용할 줄 알아요/몰라요	*굽다	구울 줄 알아요/몰라요
*만들다	만들 줄 알아요/몰라요	*짓다	지을 줄 알아요/몰라요

* 印は不規則

会話

A 캐럴 씨, 컴퓨터게임
'스타크래프트'를 할 줄 알아요?

B 아니요, 할 줄 몰라요. 어떻게 해요?

A 무슨 음식을 만들 줄 알아요?

B 저는 잡채하고 스파게티를 만들 줄
알아요.

A キャロルさん、コンピューターゲーム
「スタークラフト」ができますか。

B いいえ、できません。どうやってやるんですか。

A どんな料理を作れますか。

B 私はチャプチェとスパゲティを作れます。

Track 102

どこが違う？

-(으)ㄹ 줄 알다/모르다	-(으)ㄹ 수 있다/없다
ある行為の方法を知っているか知らないか、または能力があるかないかを表す。 • 나는 딸기잼을 만들 줄 몰라요. 　イチゴジャムを作る方法を知らない。 可能の意味である時は使うことができない。 • 오늘 저녁에 만날 줄 알아요? (×) • 오늘 저녁에 만날 수 있어요? (○) 　今日の夕方に会えますか。	何かをすることができる能力のみならず、それをすることができる状況であるかどうかを表す時にも使用される。 • 나는 딸기잼을 만들 수 없어요. 　(1) イチゴジャムを作る方法を知らない。 　(2) イチゴジャムを作る方法を知っているが、イチゴがなくて、あるいは他の理由で、今イチゴジャムを作ることができない状況である。

やってみよう

次の絵を見て、適切な単語を選び、-(으)ㄹ 줄 알다/모르다を使って、対話を完成させてください。

두다	사용하다	타다

(1)
A 자전거를 탈 줄 알아요?

B 네, 외발자전거도 _____.

(2)
A 바둑 _____?

B 체스는 _____.

　그렇지만 바둑은 _____.

(3)
A 이거 어떻게 사용해요?

B 글쎄요. 저도 _____.

命令と義務、
許可と禁止

01 V–(으)세요

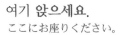

여기 앉으세요.
ここにお座りください。

15쪽

책 15쪽을 보세요.
本の15ページを見てください。

이 길로 쭉 가세요.
この道をまっすぐ行ってください。

文法解説

聞き手に何かをするように丁寧に頼んだり、要請、指示あるいは命令したりするときに使い、日本語では「〜てください」に相当する。同じような状況で、–아/어요でも表現することができるが、–(으)세요の方が–아/어요より丁寧な印象を与える。語幹が母音やㄹで終わる場合–세요を、ㄹ以外の子音で終わる場合–으세요をつける。しかし、いくつかの単語の場合は特別な形に変化する。格式体は–(으)십시오である。

語幹が母音やㄹで終わるとき	語幹がㄹ以外の子音で終わるとき
가다 + –세요 → 가세요	앉다 + –으세요 → 앉으세요

基本形	–세요	基本形	–(으)세요	基本形	特別な形
사다	사세요	입다	입으세요	먹다/마시다	드세요
오다	오세요	찾다	찾으세요	자다	주무세요
주다	주세요	받다	받으세요	말하다	말씀하세요
운동하다	운동하세요	벗다	벗으세요	있다	계세요

*만들다	만드세요	*듣다	들으세요	◈ 주다	주세요
*살다	사세요	*걷다	걸으세요		드리세요

* 印は不規則

◈ (参照：韓国語の概要 5 尊敬表現 p.20)

命令を表す**ー(으)세요**は**이다**と形容詞には使えず、動詞にのみ使うことができる。

- 의사이세요 (×) → 의사가 되세요. (○) 医者になってください。
- 기쁘세요 (×) → 기뻐하세요. (○) 　　喜んでください。
  (※形容詞を動詞に変えて使う。)

(参照：18課 品詞変化 04 A-아/어하다 p.281)

しかし、**하다**がつくいくつかの形容詞では、慣用的に**ー으세요**がついて使われることもある。

- 할아버지, 건강하세요. 오래오래 사세요.
  おじいさん、健康でいてください。長生きしてくださいね。
- 민우 씨, 결혼 축하해요. 행복하세요.
  ミヌさん、結婚おめでとうございます。お幸せに。

会話

Track **104**

A 살을 빼고 싶어요.

B 그럼 야채를 많이 드세요.
　그리고 운동을 많이 하세요.

A 여기에 이름과 전화번호를 쓰세요.

B 알겠습니다.

A 여러분, 조용히 하세요!
　자, 사장님, 말씀하세요.

B 고미워요, 김 부장.

A やせたいです。

B それなら、野菜をたくさん食べてください。
　そして、運動をたくさんしてください。

A ここに名前と電話番号を書いてください。

B 分かりました。

A みなさん、静かにしてください！
　さあ、社長、お話しください。

B ありがとう。金部長。

何と言えばよいでしょうか。次の絵を見て、適切な文をつなげてください。

(1)

•

• ⓐ 학교에 일찍 오세요.

(2)

今、何時？

•

• ⓑ 들어오세요.

(3)

•

• ⓒ 한국어로 말하세요.

(4)

•

• ⓓ 많이 드세요.

Track 105

술을 마시지 마세요.
お酒を飲まないでください。

전화하지 마세요.
電話しないでください。

수업 시간에 자지 마세요.
授業時間に寝ないでください。

文法解説

-지 마세요は聞き手にある行動をしないように要請・説得・指示あるいは命令する時に使う。これは-(으)세요の否定形であり、日本語では「～ないでください」に相当する。動詞の語幹に-지 마세요をつけて使う。 格式体は-지 마십시오である。

가다 + -지 마세요 → 가지 마세요　　　　먹다 + -지 마세요 → 먹지 마세요

基本形	-지 마세요	基本形	-지 마세요
사다	사지 마세요	운동하다	운동하지 마세요
오다	오지 마세요	듣다	듣지 마세요
읽다	읽지 마세요	만들다	만들지 마세요

-지 마세요は이다と形容詞には使えず、動詞にのみ使うことができる。

- 변호사이지 마세요. (×)
- 슬프지 마세요. (×) → 슬퍼하지 마세요. (○)　　　　悲しまないでください。
- 기분 나쁘지 마세요. (×) → 기분 나빠하지 마세요. (○)　　　気分を害さないでください。
  (※形容詞を動詞に変えて使う。)

(参照 : 18課 品詞変化 04 A-아/어하다 p.281)

会話

Track 106

A 버스를 탈까요?

B 길이 막히니까 버스를 타지 마세요.
지하철을 타세요.

A バスに乗りましょうか。

B 道路が混んでいるから、バスに乗らないでください。
地下鉄に乗ってください。

A 이 영화 어때요? 재미있어요?

B 이 영화를 보지 마세요.
재미없어요.

A この映画どうですか。おもしろいですか。

B この映画を見ないでください。
おもしろくありません。

A 음악을 너무 크게 듣지 마세요.
귀에 안 좋아요.

B 네, 알겠어요.

A 音楽をすごく大きいボリュームで聞かないでください。
耳によくありません。

B はい、分かりました。

下のような問題のある友だちがいます。次の絵を見て、-지 마세요を使って、対話を完成させて
ください。

(1)

A 너무 뚱뚱해요. 살을 빼고 싶어요.

B 그러면 _____. (햄버거를 먹다)

(2)

A 요즘 목이 너무 아파요.

B 그러면 _____. (담배를 피우다)

(3)

A 요즘 밤에 잠을 못 자요.

B 그럼 _____. (커피를 마시다)

(4)

A 요즘 눈이 많이 아파요.

B 그럼 _____. (컴퓨터게임을 하다)

03 A/V−아/어야 되다/하다

Track 107

내일 시험이 있어요. 그래서 공부해야 돼요.
明日、試験があります。それで、勉強しなくてはなりません。

여자 친구 생일이라서 선물을 사야 돼요.
彼女の誕生日なので、プレゼントを買わなくてはなりません。

먹기 전에 돈을 내야 해요.
食べる前に、お金を払わなくてはなりません。

文法解説

何かをする義務や必要があることや、ある条件が必要だということを表す。日本語では「〜なくてはならない」に相当する。語幹末の母音が ㅏ または ㅗ の場合は−아야 되다/하다、それ以外の母音の場合は−어야 되다/하다、하다で終わる動詞と形容詞の場合は해야 되다/하다になる。過去形は−아/어야 됐어요/했어요である。

語幹末の母音が ㅏまたはㅗのとき	語幹末の母音が ㅏまたはㅗ以外のとき	하다で終わるとき
앉다 + −아야 되다/하다 → 앉아야 되다/하다	기다리다 + −어야 되다/하다 → 기다려야 되다/하다	공부하다 → 공부해야 되다/하다

基本形	−아/어야 돼요/해요	基本形	−아/어야 돼요/해요
가다	가야 돼요/해요	청소하다	청소해야 돼요/해요
보다	봐야 돼요/해요	*쓰다	써야 돼요/해요
읽다	읽어야 돼요/해요	*자르다	잘라야 돼요/해요
배우다	배워야 돼요/해요	*듣다	들어야 돼요/해요

* 印は不規則

会話

A 주말에 같이 영화 볼까요?

A 週末、一緒に映画を見ましょうか。

B 미안해요. 어머니 생신이라서
고향에 가야 돼요.

B すみません。母の誕生日なので、
故郷に行かなくてはならないんです。

A 여름에 제주도에 가려고 해요.

A 夏に済州島に行こうと思っています。

B 비행기 표를 예약했어요?
사람이 많아서 미리 예약해야 돼요.

B 飛行機のチケットを予約しましたか。
人が多いので、あらかじめ予約しなくてはなり
ません。

A 어제 왜 파티에 안 오셨어요?

A 昨日、どうしてパーティーにいらっしゃらな
かったんですか。

B 일이 많아서 회사에서 일해야 됐어요.

B 仕事が多くて、会社で仕事をしなければならな
かったんです。

ここに注意!

−아/어야 되다/하다の否定形は、する必要がないという意味の−지 않아도 되다と、ある行動に対す
る禁止を表す表現である−(으)면 안 되다がある。

❶ −지 않아도 되다 (〜なくてもよい)

(参照：7課 命令と義務, 許可と禁止 06 A/V−지 않아도 되다 p.179)

A 내일 회사에 가요?

明日、会社に行きますか。

B 아니요, 내일은 휴가라서 회사에 가지 않아도 돼요.

いいえ、明日は休暇なので、会社に行かなくてもいい
んです。

A 공원까지 버스로 가요?

公園までバスで行きますか。

B 가까워요. 그래서 버스를 타지 않아도 돼요. 걸어가도 돼요.

近いですよ。なので、バスに乗らなくてもいいです。
歩いて行ってもいいですよ。

❷ −(으)면 안 되다 (〜てはいけない)

(参照：7課 命令と義務, 許可と禁止 05 A/V−(으)면 안 되다 p.176)

• 박물관에서는 사진을 찍으면 안 돼요.

博物館では写真を撮ってはいけません。

• 실내에서 담배를 피우면 안 돼요.

室内でタバコを吸ってはいけません。

次の絵を見て、−아/어야 되다/하다を使って、対話を完成させてください。

(1)

A 오늘 시간 있으면 같이 테니스 칠까요?

B 미안해요. 부모님이 한국에 오셔서 _____.
(공항에 가다)

(2)

A 파리에서 일하고 싶어요.

B 그러면 _____.
(프랑스어를 잘하다)

(3)

A 같이 술 한잔할까요?

B 미안해요. 오늘 _____.
(운전하다)

그래서 같이 술을 못 마셔요.

(4)

A 약속이 있어서 시내에 1시까지 가야 해요.

B 그럼 _____.
(12시에 출발하다)

(5)

A 어제 왜 헬스클럽에 안 왔어요?

B 몸이 많이 아파서 _____.
(병원에 가다)

04 A/V-아/어도 되다

사진을 찍어도 돼요?
写真を撮ってもいいですか。

여기 앉아도 돼요?
ここに座ってもいいですか。

펜을 써도 돼요?
ペンを使ってもいいですか。

文法解説

ある行動や状態に関する許可や許容を表す。日本語では「～てもいい」に相当する。語幹末の母音が
ㅏまたはㅗの場合は**-아도 되다**、その他の母音の場合は**-어도 되다**、**하다**で終わる動詞や形容詞
は**해도 되다**になる。**-아/어도 되다**の代わりに**-아/어도 괜찮다**、**-아/어도 좋다**と言うこともで
きる。

語幹末の母音が ㅏまたはㅗのとき	語幹末の母音が ㅏまたはㅗ以外のとき	하다で終わるとき
사다 + **-아도 되다** → 사도 되다	마시다 + **-어도 되다** → 마셔도 되다	구경하다 → 구경해도 되다

基本形	-아/어도 돼요	基本形	-아/어도 돼요
가다	가도 돼요	*듣다	들어도 돼요
보다	봐도 돼요	*쓰다	써도 돼요
읽다	읽어도 돼요	*자르다	잘라도 돼요
요리하다	요리해도 돼요	*눕다	누워도 돼요

* 印は不規則

会話

A 밤에 전화해도 돼요?   A 夜に電話してもいいですか。

B 물론이에요. 전화하세요.   B もちろんです。電話してください。

A 창문을 열어도 돼요?   A 窓を開けてもいいですか。

B 그럼요, 열어도 돼요.   B もちろんです。開けてもいいですよ。

A 라디오를 켜도 돼요?   A ラジオをつけてもいいですか。

B 아이가 자고 있어요. 켜지 마세요.   B 子どもが寝ています。つけないでください。

次の絵を見て、適切な単語を選び、-아/어도 되다を使って、対話を完成させてください。

| 들어가다 | 술을 마시다 | 쓰다 | 켜다 |

(1)

A 선생님, _____?

B 아니요. 술을 마시지 마세요.

(2)

A 에어컨을 _____?

B 네, 켜세요.

(3)

A 지금 _____?

B 공연이 시작했어요. 쉬는 시간에 들어가세요.

(4)

A 전화를 _____?

B 네, 쓰십시오.

05 A/V–(으)면 안 되다

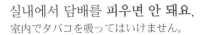

실내에서 담배를 피우면 안 돼요.
室内でタバコを吸ってはいけません。

Track 111

운전 중에 전화하면 안 돼요.
運転中に電話してはいけません。

지금 길을 건너면 안 돼요.
今、道を渡ってはいけません。

文法解説

聞き手の特定の行動を禁止したり制限したりすることを表す。そして、社会慣習的あるいは常識的に、ある行動や状態が禁止されているか、許容されないことも表す。日本語では「～てはいけない」に相当する。語幹が母音やㄹで終わる場合は**−면 안 되다**を、ㄹ以外の子音で終わる場合は**−으면 안 되다**を使う。

語幹が母音やㄹで終わるとき	語幹がㄹ以外の子音で終わるとき
가다 + **−면 안 돼요** → 가면 안 돼요	먹다 + **−으면 안 돼요** → 먹으면 안 돼요

基本形	−면 안 돼요	基本形	−으면 안 돼요
자다	자면 안 돼요	앉다	앉으면 안 돼요
보다	보면 안 돼요	받다	받으면 안 돼요
운동하다	운동하면 안 돼요	*듣다	들으면 안 돼요
*놀다	놀면 안 돼요	*붓다	부으면 안 돼요

* 印は不規則

会話

Track 112

A 수업 시간에 영어로 말해도 돼요?

B 수업 시간에는 영어로 말하면
　안 돼요. 한국말을 하세요.

A 한국에서는 밥을 먹을 때 코를 풀면
　안 돼요.

B 아, 그래요? 몰랐어요.

A 도서관에서 얘기하면 안 돼요.

B 아, 죄송합니다.

A 授業時間に英語で話してもいいですか。

B 授業時間には英語で話してはいけません。
　韓国語を話してください。

A 韓国ではごはんを食べるとき、鼻をかんでは
　いけません。

B あ、そうなんですか。知りませんでした。

A 図書館で話してはいけません。

B あ、すみません。

ここに注意!

二重否定で−지 않으면 안 되다と言う場合があるが、これはある行動を必ずしなければならないとい
う意味を強調して表現するものである。

• 8월은 휴가철이니까 비행기 표를 미리 사지 않으면 안 돼요. (= 표를 미리 사야 돼요.)
　8月は休暇の時期なので、飛行機のチケットをあらかじめ買わないといけません。
　(=チケットをあらかじめ買わなければなりません。)

• 병이 심각해서 수술하지 않으면 안 돼요. (= 수술해야 돼요.)
　病気が深刻で、手術しないといけません。(=手術しなければなりません。)

• 다음 주에 중요한 시험이 있어서 공부하지 않으면 안 돼요. (= 공부해야 돼요)
　来週、重要な試験があるので、勉強しないといけません。(=勉強しなくてはなりません。)

次の絵を見て、適切な単語を選び、—(으)면 안 되다を使って、対話を完成させてください。

들어오다　　마시다　　버리다　　키우다

---

(1)

A 기숙사에서 개를 키워도 돼요?

B 아니요, 개를 _____.

(2)

A 선생님, 커피를 마셔도 돼요?

B 커피를 _____.

(3)

A 여기에 쓰레기를 _____.

B 죄송합니다.

(4)

A 들어가도 돼요?

B _____. 옷을 갈아입고 있어요.

06 A/V-지 않아도 되다 (안 A/V-아/어도 되다)

Track 113

유치원생은 버스 요금을 내지 않아도 돼요.
幼稚園生はバスの料金を払わなくてもいいです。

평일이니까 영화 표를 미리 사지 않아도 돼요.
平日だから映画のチケットをあらかじめ買わなくてもいいです。

금요일에는 정장을 입지 않아도 돼요.
金曜日にはスーツを着なくてもいいです。

文法解説

ある状態や行動を必ずしもする必要がないことを表す。ある行動に対する義務を表す**-아/어야 되다/하다**の否定形である。日本語では「~なくてもいい」に相当する。語幹の後ろに**-지 않아도 되다**をつけたり、**안 -아/어도 되다**と表現したりする。

(参照：16課 条件と仮定 03 A/V-아/어도 p.257)

가다 + **-지 않아도 되다**	먹다 + **-지 않아도 되다**
→ 가지 않아도 되다 (= 안 가도 되다)	→ 먹지 않아도 되다 (= 안 먹어도 되다)

基本形	-지 않아도 돼요	안 -아/어도 돼요
사다	사지 않아도 돼요	안 사도 돼요
보다	보지 않아도 돼요	안 봐도 돼요
기다리다	기다리지 않아도 돼요	안 기다려도 돼요
전화하다	전화하지 않아도 돼요	전화 안 해도 돼요

*듣다	듣지 않아도 돼요	안 들어도 돼요
*쓰다	쓰지 않아도 돼요	안 써도 돼요
*자르다	자르지 않아도 돼요	안 잘라도 돼요

* 印は不規則

会話

Track 114

A 오늘 회식에 꼭 가야 돼요?

B 바쁘면 안 가도 돼요.

A 저는 다이어트해야 돼요!

B 지금도 날씬해요.
다이어트하지 않아도 돼요.

A 今日、会食に必ず行かなければなりませんか。

B 忙しければ、行かなくてもいいですよ。

A 私はダイエットしなくてはなりません!

B 今もスリムですよ。
ダイエットしなくてもいいですよ。

やってみよう

次の絵を見て、−지 않아도 되다や안 −아/어도 되다を使って、対話を完成させてください。

(1)

A 많이 기다려야 해요?

B 사람이 없으니까 많이 _____.

(2)

A 주사를 맞아야 돼요?

B 아니요, 심하지 않아서 주사를 _____.

(3)

A 책을 사야 돼요?

B 도서관에 있으니까 _____.

(4)

A 내일도 일찍 일어나요?

B 내일은 수업이 오후에 있으니까 _____.

願望表現

01 V-고 싶다

02 A/V-았/었으면 좋겠다

01 V-고 싶다

한국말을 잘 못해요. 한국말을 잘하고 **싶어요**.
韓国語が下手です。韓国語が上手になりたいです。

가족을 2년 동안 못 만났어요. 가족이 보고 **싶어요**.
家族に2年間会っていません。家族に会いたいです。

딸기를 먹고 **싶어요**.
イチゴが食べたいです。

文法解説

話し手の願いや望みを表す。日本語では「〜たい」に相当する。動詞の語幹に**-고 싶다**をつけて使う。
主語が1, 2人称の場合**-고 싶다**を、3人称の場合には**-고 싶어 하다**を使う。

(参照：ここに注意！p.183)

사다 + **-고 싶다** → 사고 싶다		읽다 + **-고 싶다** → 읽고 싶다	

基本形	-고 싶어요	基本形	-고 싶다
가다	가고 싶어요	받다	받고 싶어요
보다	보고 싶어요	먹다	먹고 싶어요
만나다	만나고 싶어요	결혼하다	결혼하고 싶어요
만들다	만들고 싶어요	듣다	듣고 싶어요
울다	울고 싶어요	눕다	눕고 싶어요

会話

Track 116

A 뭐 마시고 싶어요?　　　　　A 何が飲みたいですか。

B 졸려요. 커피를 마시고 싶어요.　　B 眠いです。コーヒーが飲みたいです。

A 크리스마스에 무슨 선물을 받고 싶어요?　A クリスマスに、どんなプレゼントを
　　　　　　　　　　　　　　　　　　　　　もらいたいですか。

B 예쁜 장갑을 받고 싶어요.　　　　B かわいい手袋をもらいたいです。

ここに注意!

❶ 主語が3人称のときは–고 싶어 하다を使う。

(参照：18課 品詞変化 04 A–아/어하다 p.281)

　• 에릭 씨는 자동차를 사고 싶어요. (×) → 에릭 씨는 자동차를 사고 싶어 해요. (○)
　　　　　　　　　　　　　　　　　　　エリックさんは自動車を買いたがっています。

❷ –고 싶다は形容詞と結合できないが、形容詞の後ろに–아/어지다がついて動詞になれば、
　–고 싶다を使うことができる。

(参照：19課 状態を表す表現 03 A–아/어지다 p.290)

　• 날씬하고 싶어요. (×) → 날씬해지고 싶어요. (○) スリムになりたいです。

❸ –고 싶다は助詞을/를や이/가のどちらとも結合可能である。

　• 가족이 보고 싶어요. (○) 家族に会いたいです。

　• 가족을 보고 싶어요. (○) 家族に会いたいです。

やってみよう

次は韓国に来た人たちの話です。次の絵を見て、–고 싶다を使って、文を完成させてください。

(1) _____.
　　　　　(제주도, 말을 타다)

(2) _____.
　　　　　(가수, 사인을 받다)

(3) _____.
　　　　　(휴대전화, 사다)

(4) _____.
　　　　　(욘사마, 만나다)

(5) _____.
　　　　　(쇼핑, 하다)

8. 願望表現　183

02 A/V-았/었으면 좋겠다

Track 117

차가 있었으면 좋겠어요.
車があったらいいです。

돈이 많았으면 좋겠어요.
お金がたくさんあったらいいです。

크리스마스에 눈이 왔으면 좋겠어요.
クリスマスに雪が降ったらいいです。

文法解説

まだ実現していないことに対する自分の願いや望みを表す。また、現在の状況と反対の状況を望む気持ちを仮定して話す時にも使われる。日本語では「～たらいい」に相当する。語幹末の母音が ㅏ または ㅗ の場合-았으면 좋겠다、その他の母音で終わる場合は-었으면 좋겠다が来て、하다で終わる動詞と形容詞は-했으면 좋겠다になる。

-았/었으면 좋겠다以外に、-았/었으면 하다も使われるが、-았/었으면 좋겠다が願望をより強く表現する。

語幹末の母音が ㅏ または ㅗ のとき	語幹末の母音が ㅏ または ㅗ 以外のとき	하다で終わるとき
가다 + -았으면 좋겠다 → 갔으면 좋겠다	먹다 + -었으면 좋겠다 → 먹었으면 좋겠다	여행하다 → 여행했으면 좋겠다

基本形	–았/었으면 좋겠어요	基本形	–았/었으면 좋겠어요
오다	왔으면 좋겠어요	밝다	밝았으면 좋겠어요
사다	샀으면 좋겠어요	길다	길었으면 좋겠어요
있다	있었으면 좋겠어요	따뜻하다	따뜻했으면 좋겠어요
학생이다	학생이었으면 좋겠어요	친절하다	친절했으면 좋겠어요
부자이다	부자였으면 좋겠어요	*부르다	불렀으면 좋겠어요
작다	작았으면 좋겠어요	*듣다	들었으면 좋겠어요

* 印は不規則

会話

Track 118

A 몇 살에 결혼하고 싶어요?
B 30살 전에 결혼했으면 좋겠어요.

A 何歳で結婚したいですか。
B 30歳前に結婚できたらいいですね。

A 요즘도 바빠요?
B 네, 계속 바빠요.
　 좀 쉬었으면 좋겠어요.

A 最近も忙しいですか。
B はい、ずっと忙しいです。
　 少し休みたいです。

A 이번 방학에 뭐 할 거예요?
B 친구들하고 스키장에 갈 거예요.
　 방학이 빨리 왔으면 좋겠어요.

A 今度の休みに何をするつもりですか。
B 友だちとスキー場に行くつもりです。
　 早く休みになってほしいです。

ここに注意!

–았/었으면 좋겠다と同じ意味で–(으)면 좋겠다も使われるが、–았/었으면 좋겠다は願望がまだ
実現していない状態で、すでに実現した状況を仮定して述べるため、より強調する感じがする。

• 돈이 많으면 좋겠어요.　お金がたくさんあるといいです。
　　　　　　　　　　　　（お金がたくさん欲しいという単純な希望。）
• 돈이 많았으면 좋겠어요.　お金がたくさんあったらいいです。
　　　　　　　　　　　　（今、お金がない状況で、それに反する状況を希望し仮定する。強調する感じがする。）

やってみよう

1 次の絵を見て、–았/었으면 좋겠다を使って、対話を完成させてください。

(1)

A 올해 소원이 뭐예요?

B _____. (애인이 생기다)

(2)

A 죽기 전에 무엇을 하고 싶어요?

B _____. (세계 여행을 하다)

(3)

A 내년에 무엇을 하고 싶어요?

B _____. (아파트로 이사하다)

2 絵を見て、例のように書いてみてください。

> 例　노래를 못해요. <u>노래를 잘했으면 좋겠어요.</u>

(1)

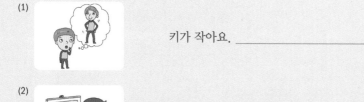

키가 작아요. _____.

(2)

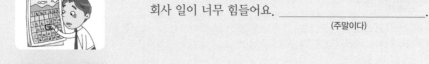

회사 일이 너무 힘들어요. _____.
(주말이다)

(3)

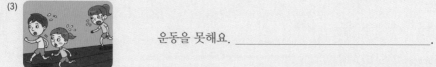

운동을 못해요. _____.

理由と原因

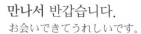

Track 119

만나서 반갑습니다.
お会いできてうれしいです。

기분이 좋아서 춤을 췄어요.
気分がよくて踊りを踊りました。

늦어서 죄송합니다.
遅れてすみません。

文法解説

–아/어서の前に来る内容が、後続節の理由や原因を表す表現で、日本語では「〜て，〜ので」に相当する。語幹末の母音が ㅏ または ㅗ の場合は–아서、その他の母音の場合は–어서、하다で終わる動詞と形容詞は해서になる。이다の場合、이어서になるが、対話では이라서という形が多く使われる。

語幹末の母音が ㅏまたはㅗのとき	語幹末の母音が ㅏまたはㅗ以外のとき	하다で終わるとき
오다 + –아서 → 와서	읽다 + –어서 → 읽어서	날씬하다 → 날씬해서

基本形	–아/어서	基本形	–아/어서
가다	가서	좁다	좁아서
살다	살아서	길다	길어서
있다	있어서	피곤하다	피곤해서

이다	이어서(이라서)	*바쁘다	바빠서
운동하다	운동해서	*춥다	추워서
청소하다	청소해서	*듣다	들어서

* 印は不規則

−아/어서は命令文や勧誘文には使えない。

- 이 신발은 커서 다른 신발을 보여 주세요. (×)
  → 이 신발은 크니까 다른 신발을 보여 주세요. (○)
  この靴は大きいので他の靴を見せてください。

- 오늘 약속이 있어서 내일 만날까요? (×)
  → 오늘 약속이 있으니까 내일 만날까요? (○)
  今日、約束があるから、明日会いましょうか。

- 이게 좋아서 이걸로 삽시다. (×)
  → 이게 좋으니까 이걸로 삽시다. (○)
  これがいいから、これを買いましょう。

(参照：9課 理由と原因 02 A/V−(으)니까 ① p.191)

−아/어서の前には−았/었−や−겠−などの時制が来ない。

- 밥을 많이 먹었어서 배가 아파요. (×)
  → 밥을 많이 먹어서 배가 아파요. (○)
  ごはんをたくさん食べて、おなかが痛いです。

- 이 옷이 예쁘겠어서 입고 싶어요. (×)
  → 이 옷이 예뻐서 입고 싶어요. (○)
  この服がかわいいので、着たいです。

(参照：5課 時間を表す表現 04 V−아/어서 ① p.139)

会話

A 토요일에 시간이 있어요?

B 이번 주는 바빠서 시간이 없어요.

A 이 옷을 왜 안 입어요?

B 그 옷은 작아서 못 입어요.

A 집에 갈 때 버스를 타요?

B 아니요, 퇴근 시간에는 차가 많아서 지하철을 타요.

A 土曜日に時間がありますか。

B 今週は忙しくて、時間がありません。

A この服をなぜ着ないんですか。

B その服は小さくて着られないんです。

A 家に帰るとき、バスに乗りますか。

B いいえ、退勤時間には車が多いので、 地下鉄に乗ります。

Track 120

次の絵を見て、適切な単語を選び、-아/어서を使って、対話を完成させてください。

많다	마시다	맛있다	오다

(1)

A 왜 이 식당에 사람이 많아요?

B 음식이 _____ 사람이 많아요.

(2)

A 내일 영화를 볼까요?

B 숙제가 _____ 영화를 못 봐요.

(3)

A 어디에 가요?

B 친구가 한국에 _____ 공항에 가요.

(4)

A 왜 약을 먹어요?

B 어제 술을 많이 _____ 머리가 아파요.

Track 121

길이 막히니까 지하철을 탑시다.
道が混んでいるから地下鉄に乗りましょう。

추우니까 창문 좀 닫아 주세요.
寒いから窓をちょっと閉めてください。

샤워를 하니까 기분이 좋아요.
シャワーをしたので気分がいいです。

文法解説

理由や原因を表す表現で、日本語では「〜から，〜ので」に相当する。語幹が母音や ㄹ で終わる場合は **-니까**を、ㄹ 以外の子音で終わる場合は **-으니까**をつける。

語幹が母音や ㄹ で終わるとき	語幹が ㄹ 以外の子音で終わるとき
사다 + **-니까** → 사니까	먹다 + **-으니까** ， 먹으니까

基本形	-니까	基本形	-으니까
보다	보니까	있다	있으니까
오다	오니까	읽다	읽으니까
이다	이니까	넓다	넓으니까
아프다	아프니까	*듣다	들으니까
크다	크니까	*덥다	더우니까
피곤하다	피곤하니까	*살다	사니까

* 印は不規則

会話

A 부장님, 이번 주에 회의가 있습니까?

B 이번 주는 바쁘니까 다음 주에 합시다.

A 여자 친구에게 무슨 선물을 할까요?

B 여자들은 꽃을 좋아하니까
　꽃을 선물하세요.

A 部長、今週会議がありますか。

B 今週は忙しいから、来週にしましょう。

A 彼女にどんなプレゼントをしましょうか。

B 女の子は花が好きだから、
　花をプレゼントしてください。

どこが違う？

−아/어서	−(으)니까
❶ 命令文や勧誘文には使えない。	❶ −(으)세요, −(으)ㄹ까요?, −(으)ㅂ시다など、命令文や勧誘文に使える。
・시간이 없어서 빨리 가세요. (×)	・시간이 없으니까 빨리 가세요. (○) 時間がないから、はやく行ってください。
・다리가 아파서 택시를 탈까요? (×)	・다리가 아프니까 택시를 탈까요? (○) 足が痛いので、タクシーに乗りましょうか。
❷ −았/었や−겠−などの時制が来ることができない。	❷ −았/었や−겠−などの時制が来ることができる。
・한국에서 살아서 한국어를 잘해요. (×)	・한국에서 살았으니까 한국어를 잘해요. (○) 韓国で暮らしたから、韓国語が上手です。
❸ 主に一般的な理由を言うときに使われる。	❸ 主観的な理由を言ったり、ある根拠を提示して理由を明らかにしたりするとき、また相手も知っている内容を言うときに主に使われる。
A 왜 늦었어요? どうして遅れたんですか。 B 차가 막혀서 늦었어요. 車が混んでいて、遅れました。	A 왜 늦었어요? どうして遅れたんですか。 B 차가 막히니까 늦었어요. 車が混んでいたから、遅れました。
❹ 반갑다, 고맙다, 감사하다, 미안하다などと一緒に挨拶に使うことができる。	❹ 반갑다, 고맙다, 감사하다, 미안하다などと一緒に挨拶に使うことができない。
・만나서 반갑습니다. (○) お会いできてうれしいです。	・만나니까 반갑습니다. (×)

1 適切な単語を選び、–(으)니까を使って、対話を完成させてください。

> 가다   고장 났다   깨끗하다   모르다   일이 많다

(1) A 몇 번 버스가 시청 앞에 가요?

    B 저는 잘 _____ 운룡 씨한테 물어보세요.

(2) A 지금 컴퓨터 좀 사용할 수 있어요?

    B 이 컴퓨터는 _____ 옆 컴퓨터를 쓰세요.

(3) A 오늘 피곤해요?

    B 네, _____ 너무 피곤해요.

(4) A 어느 식당으로 갈까요?

    B 학교 앞 식당이 맛있고 _____ 거기로 갈까요?

(5) A 우리 이번 주 토요일에 같이 영화 봐요.

    B 이번 주 토요일은 회사에 _____ 일요일에 봅시다.

2 正しいものに○をしてください。

(1) 돈이 (없어서 / 없으니까) 쇼핑하지 맙시다.

(2) (더워서 / 더우니까) 에어컨을 켤까요?

(3) 열이 많이 (나서 / 나니까) 병원에 가세요.

(4) (도와주셔서 / 도와주시니까) 감사합니다.

(5) 1시간 전에 (떠났어서 / 떠났으니까) 곧 도착할 거예요.

Track 123

눈 **때문에** 길이 미끄러워요.
雪で道がすべります。

아이 **때문에** 피곤해요.
子どものせいで疲れます。

외국인이**기 때문에** 한국말을 잘 못해요.
外国人なので韓国語が下手です。

文法解説

後続節の理由や原因を表す表現で、日本語では「～ために, ～せいで, ～なので」などに相当する。**-기 때문에**は確実な理由を表現するときに使われ、**-아/어서**や**-(으)니까**と比べると、文語体で主に使われる。前に名詞が来る場合は**때문에**、動詞や形容詞が来る場合は**-기 때문에**と結合する。

名詞 + 때문에	動詞/形容詞 + -기 때문에
아기 + **때문에** → 아기 때문에	바쁘다 + **-기 때문에** → 바쁘기 때문에

基本形	N 때문에	基本形	A/V-기 때문에
비	비 때문에	살다	살기 때문에
감기	감기 때문에	배우다	배우기 때문에
친구	친구 때문에	크다	크기 때문에
남편	남편 때문에	귀엽다	귀엽기 때문에
교통	교통 때문에	멀다	멀기 때문에

-기 때문에는 命令文や勧誘文には使えない。

- 날씨가 춥기 때문에 따뜻한 옷을 입으세요. (×)
  → 날씨가 추우니까 따뜻한 옷을 입으세요. (○)
  寒いから、暖かい服を着てください。

- 친구들이 기다리기 때문에 빨리 갑시다. (×)
  → 친구들이 기다리니까 빨리 갑시다. (○)
  友だちが待っているから、早く行きましょう。

- 날씨가 좋기 때문에 산에 갈까요? (×)
  → 날씨가 좋으니까 산에 갈까요? (○)
  天気がいいから、山に行きましょうか。

会話

Track 124

A 왜 늦었어요?

B 비 때문에 차가 많이 막혔어요.

A 토요일에 만날 수 있어요?

B 토요일은 친구 생일이기 때문에
만날 수 없어요.

A 방학에 여행 갈 거예요?

B 아니요, 가고 싶지만 아르바이트를
하기 때문에 못 가요.

A どうして遅れたんですか。

B 雨のせいで、車がすごく混んでいました。

A 土曜日に会えますか。

B 土曜日は友だちの誕生日なので、会えません。

A 休みに旅行に行くつもりですか。

B いいえ、行きたいですが、
アルバイトをするので行けません。

どこが違う?

N 때문에	N이기 때문에
• 아기 때문에 밥을 못 먹어요. 子どもが眠らず、ずっと泣いているなどの理由で、 (私が)ごはんを食べられません。	• 아기이기 때문에 밥을 못 먹어요. 赤ちゃんで、すごく幼いので、ミルクしか飲めません。
• 학생 때문에 선생님이 화가 나셨어요. 学生がうそをつきました。それで、先生が怒りました。	• 학생이기 때문에 공부를 열심히 해야 해요. 学生です。だから、勉強を一生懸命しなくてはなりません。

やってみよう

次の絵を見て、때문에や-기 때문에を使って、対話を完成させてください。

(1)

A 오늘 왜 학교에 안 가요?

B _____ 학교에 안 가요.
　　　　(휴일이다)

(2)

A 내일 주말이에요. 우리 만나서 놀까요?

B _____ 못 놀아요.
　　　　(약속이 있다)

(3)

A 여보세요. 여보, 오늘 일찍 와요?

B 미안해요. _____ 늦을 거예요.
　　　　　　　　　(회사 일)

(4)

A 민우 씨, 왜 그래요? 머리가 아파요?

B 네, _____ 머리가 아파요.
　　　　(향수 냄새)

Unit 10.

要請と援助

01 V-아/어 주세요, V-아/어 주시겠어요?

02 V-아/어 줄게요, V-아/어 줄까요?

V−아/어 주세요, V−아/어 주시겠어요?

문 좀 닫아 주세요.
ドアをちょっと閉めてください。

Track 125

사진 좀 찍어 주시겠어요?
写真をちょっと撮ってくださいますか。

자리를 안내해 드리세요.
席を案内してさしあげてください。

文法解説

他の人のための行動を要請することを表し、日本語では「〜てください, 〜てくださいますか」に相当する。−아/어 주시겠어요?の方が、−아/어 주세요より相手に配慮した丁寧な感じがする表現である。その行為を受ける対象が目上の人や、丁寧に接しなくてはならない人である場合、−아/어 드리세요を使う。語幹末の母音が ㅏまたはㅗの場合は−아 주세요/주시겠어요?、その他の母音の場合は−어 주세요/주시겠어요?、하다で終わる動詞は−해 주세요/주시겠어요?になる。

語幹末の母音が ㅏまたはㅗのとき	語幹末の母音が ㅏまたはㅗ以外のとき	하다で終わるとき
앉다 + −아 주세요 → 앉아 주세요	찍다 + −어 주세요 → 찍어 주세요	청소하다 → 청소해 주세요

基本形	−아/어 주세요	−아/어 주시겠어요?
사다	사 주세요	사 주시겠어요?
켜다	켜 주세요	켜 주시겠어요?

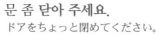

빌리다	빌려 주세요	빌려 주시겠어요?
듣다	들어 주세요	들어 주시겠어요?
소개하다	소개해 주세요	소개해 주시겠어요?
안내하다	안내해 주세요	안내해 주시겠어요?
*쓰다	써 주세요	써 주시겠어요?
*끄다	꺼 주세요	꺼 주시겠어요?

* 印は不規則

会話

Track 126

A 저 좀 도와주시겠어요?
B 네, 뭘 도와 드릴까요?

A 왕단 씨, 이 문법 좀 가르쳐 주세요.
B 미안해요. 저도 잘 몰라요.

A 미국 회사에 이메일을 보내야 해요.
　이것 좀 영어로 번역해 주시겠어요?
B 네, 그럴게요.

A ちょっと手伝っていただけますか。
B はい、何をお手伝いしましょうか。

A ワンダンさん、この文法ちょっと教えてください。
B すみません。私もよくわかりません。

A アメリカの会社に電子メールを送らなければなりま
　せん。これちょっと英語に翻訳してくださいますか。
B はい、いいですよ。

ここに注意!

–아/어 주다, 드리다は、文の主語や話し手が、聞き手または行為を受ける対象に利益になる行動を
するときに使うが、すでに何かをしてあげた状態では–아/어 줬어요や–아/어 드렸어요が使われる。

• 형은 제 숙제를 잘 도와줘요.　　　兄は私の宿題をよく手伝ってくれます。
• 잠깐만 기다려 주세요.　　　　　　少々、お待ちください。
• 언니가 과일을 깎이 줬어요.　　　　姉が果物をむいてくれました。
• 아직 친구에게 선물 안 해 줬어요.　まだ友だちにプレゼントしていません。

次の絵の人々は何を頼んでいますか。次の絵を見て、適切な表現を選び、－아/어 주세요または
は－아/어 주시겠어요?を使って、対話を完成させてください。

| 문을 열다 | 조용히 하다 | 책을 찾다 | 천천히 이야기하다 |

---

(1)

A _____?

B 네, 열어 드릴게요.

(2)

#$%@#@%#^%
$^#$@#%₩

A 재준 씨, _____.

B 네, 다시 잘 들으세요.

(3)

A _____.

B 네, 알겠습니다.

(4)

○ ○ 서점

A _____?

B 네, 알겠어요.

02 V–아/어 줄게요, V–아/어 줄까요?

Track 127

우산이 두 개 있는데 빌려 줄까요?
傘が2つあるんですが、貸してあげましょうか。

제가 도와 드릴게요.
私がお手伝いします。

선생님, 제가 들어 드릴까요?
先生、私がお持ちしましょうか。

文法解説

他の人を手伝おうとするときの表現で、日本語では「〜てあげます, 〜てあげましょうか」に相当する。行為を受ける対象が目上の人である場合、–아/어 드릴게요や–아/어 드릴까요?を使う。語幹末の母音が ㅏ または ㅗ の場合は–아 줄게요/줄까요?、その他の母音の場合は–어 줄게요/줄까요?、하다で終わる動詞は해 줄게요/줄까요?になる。

語幹末の母音が ㅏまたはㅗのとき	語幹末の母音が ㅏまたはㅗ以外のとき	하다で終わるとき
사다 + –아 줄게요 → 사 줄게요	기다리다 + –어 줄게요 → 기다려 줄게요	운전하다 → 운전해 줄게요

基本形	–아/어 줄게요	–아/어 줄까요?
보다	봐 줄게요	봐 줄까요?
만들다	만들어 줄게요	만들어 줄까요?
빌리다	빌려 줄게요	빌려 줄까요?
소개하다	소개해 줄게요	소개해 줄까요?

*돕다	도와줄게요	도와줄까요?

* 印は不規則

会話

Track 128

A 아줌마, 여기 상 좀 치워 주세요.

B 네, 손님, 금방 치워 드릴게요.

A 에어컨을 켜 주시겠어요?

B 네, 켜 드릴게요.

A おばさん、ここのお膳ちょっと片付けてください。

B はい、お客様、すぐお片付けいたします。

A エアコンをつけてくださいますか。

B はい、おつけします。

どこが違う？

-(으)세요	-아/어 주세요
単純に命令したり、聞き手のためにある行動をすることを要求したりする。	話し手のためにある行動をすることを要求する。
• 이 옷이 민우 씨에게 안 어울려요. 다른 옷으로 바꾸세요. この服はミヌさんに似合いません。他の服に替えてください。（聞き手のため）	• 이 옷이 저에게 안 어울려요. 다른 옷으로 바꿔 주세요. この服は私に似合いません。他の服に替えてください。（話し手のため）
• 다리가 아프세요? 여기 앉으세요. 足が痛いですか。ここに座ってください。（聞き手のため）	• 영화가 안 보여요. 앉아 주세요. 映画が見えません。座ってください。（話し手のため）

やってみよう

次の絵を見て、適切な単語を選び、-아/어 줄게요または-아/어 줄까요?を使って、対話を完成させてください。

내리다	빌리다

(1)

A 망치 좀 빌려 줄 수 있어요?

B 네, 있어요. _____.

(2)

A 제가 가방을 _____?

B 네, 고맙습니다.

試みと経験

01 V-아/어 보다

02 V-(으)ㄴ 적이 있다/없다

01 V-아/어 보다

갈비를 먹어 봤어요?
カルビを食べたことがありますか。

Track 129

한번 입어 보세요.
一度着てみてください。

제주도에 가 보고 싶어요.
済州島に行ってみたいです。

文法解説

ある行動を試したり経験したりすることを表す表現で、日本語では「～てみる」に相当する。語幹末の母音が ト または ㅗ の場合は -아 보다、その他の母音の場合は -어 보다、하다で終わる動詞は 해 보다になる。普通、現在時制で使われれば「試み」を、過去時制で使われれば「経験」を表す。

- 김치가 맛있어요. 김치를 먹어 보세요.
  キムチがおいしいです。キムチを食べてみてください。(試み)

- 김치를 먹어 봤어요. 맛있었어요.
  キムチを食べてみました。おいしかったです。(経験)

語幹末の母音が ト または ㅗ のとき	語幹末の母音が ト または ㅗ 以外のとき	하다で終わるとき
가다 + -아 보다 → 가 보다	먹다 + -어 보다 → 먹어 보다	여행하다 → 여행해 보다

基本形	–아/어 보세요	–아/어 봤어요
사다	사 보세요	사 봤어요
살다	살아 보세요	살아 봤어요
입다	입어 보세요	입어 봤어요
먹다	먹어 보세요	먹어 봤어요
공부하다	공부해 보세요	공부해 봤어요
등산하다	등산해 보세요	등산해 봤어요
*듣다	들어 보세요	들어 봤어요

＊ 印は不規則

会話

Track 130

A 이 신발 신어 봐도 돼요?
B 네, 신어 보세요.

A この靴、履いてみてもいいですか。
B はい、履いてみてください。

A 한국 친구가 있어요?
B 아니요, 없어요.
　한국 친구를 사귀어 보고 싶어요.

A 韓国の友だちがいますか。
B いいえ、いません。
　韓国の友だちと付き合ってみたいです。

A 막걸리를 마셔 봤어요?
B 아니요, 안 마셔 봤어요.
　어떤 맛이에요?

A マッコルリを飲んだことがありますか。
B いいえ、飲んだことありません。
　どんな味ですか。

ここに注意!

–아/어 보다が経験の意味を表すときは、動詞보다とは結合しない。

• 한국 영화를 봐 봤어요. (×) → 한국 영화를 본 적이 있어요. (○) 韓国映画を見たことがあります。

やってみよう

1 次の絵を見て、例のように、韓国で行くといい所を友だちに推薦してみてください。

> **例** 속초에 가면 _____설악산에 가 보세요_____ .

(1) 민속촌에 가면 _____ .

(2) 전주에 가면 _____ .

(3) 제주도에 가면 _____ .

2 次は2人の対話です。適切な単語を選び、－아/어 보다を使って、対話を完成させてください。

> 가다　　　　　　구경하다　　　　　　마시다

웨슬리: 왕징 씨, 인사동에 가 봤어요?

왕징: 아니요, (1)_____. 웨슬리 씨는 (2)_____?

웨슬리: 네, 지난 주말에 가 봤어요.

왕징: 인사동에서 뭘 했어요?

웨슬리: 옛날 물건을 구경하고 한국 전통차를 (3)_____.

왕징: 그래요. 저도 인사동에서 전통차를 마셔 보고 싶어요.

웨슬리: 그럼 이번 주말에 인사동을 (4)_____ .

02 V-(으)ㄴ 적이 있다/없다

Track 131

인도 영화를 본 적이 있어요.
インド映画を見たことがあります。

회사에 지각한 적이 없어요.
会社に遅刻したことがありません。

이탈리아에 가 본 적이 있어요?
イタリアに行ってみたことがありますか。

文法解説

過去にある行動を経験したことの有無を表す表現で、日本語では「～ことがある，～ことがない」に相当する。経験があるときは-(으)ㄴ 적이 있다を使い、経験がないときは-(으)ㄴ 적이 없다を使う。語幹が母音またはㄹで終わる場合は-ㄴ 적이 있다/없다を、語幹がㄹ以外の子音で終わる場合は-은 적이 있다/없다をつける。-(으)ㄴ 일이 있다/없다も同じ意味で使われるが、主に-(으)ㄴ 적이 있다/없다が多く使われる。

語幹が母音またはㄹで終わるとき	語幹がㄹ以外の子音で終わるとき
보다 + -ㄴ 적이 있다 → 본 적이 있다	입다 + -은 적이 있다 → 입은 적이 있다

基本形	-ㄴ 적이 있다	基本形	-은 적이 있다
타다	탄 적이 있다	읽다	읽은 적이 있다
만나다	만난 적이 있다	먹다	먹은 적이 있다
여행하다	여행한 적이 있다	받다	받은 적이 있다
*만들다	만든 적이 있다	*듣다	들은 적이 있다

* 印は不規則

－(으)ㄴ 적이 있다는 －아/어 보다と結合して、－아/어 본 적이 있다の形で使われると、ある試みをした経験を表す。

- 저는 미국에 가 본 적이 있어요.　　私はアメリカに行ってみたことがあります。
- 한국 음식을 먹어 본 적이 없어요.　　韓国料理を食べてみたことがありません。

会話

Track 132

A 어제 명동에서 연예인을 만났어요.

B 와, 난 지금까지 한 번도 연예인을 만난 적이 없어요.

A 昨日、明洞で芸能人に会いました。

B わあ、私は今まで一度も芸能人に会ったことがありません。

A 시장에서 물건값을 잘 깎아요?

B 아니요, 깎아 본 적이 없어요.

A 市場で物の値段をよく値切りますか。

B いいえ、値切ったことがありません。

ここに注意!

－(으)ㄴ 적이 있다는 常に繰り返されることや、一般的なことには使わない。

- 오늘 물을 마신 적이 있어요. (×)
- 화장실에 간 적이 있어요. (×)

やってみよう

次の絵を見て、－(으)ㄴ 적이 있다/없다を使って、対話を完成させてください。

(1)

A 이번 겨울에 스키를 탄 적이 있어요?

B 아니요, 스키를 _____.

　그렇지만 스케이트는 _____.

(2)

A 한국에 와서 병원에 간 적이 있어요?

B 아니요, 병원에 _____.

　그렇지만 약국에는 _____.

(3)

A 여권을 잃어버린 적이 있어요?

B 아니요, 여권을 _____.

　그렇지만 우산은 _____.

....

意見を尋ねる、提案する

Track 133

같이 농구할까요?
一緒にバスケしましょうか。

여기에서 좀 쉴까요?
ここでちょっと休みましょうか。

무슨 영화를 볼까요?
何の映画を見ましょうか。

文法解説

話し手が聞き手に何かを一緒にすることを提案したり、意向を尋ねたりするときに使う。主語には우리が来るが、省略されることが多い。日本語では「〜ましょうか」に相当する。答えは勧誘形である–(으)ㅂ시다や–아/어요となる。(参照:12課 意見を尋ねる, 提案する 03 V–(으)ㅂ시다 p.214) 語幹が母音やㄹで終わる場合は–ㄹ까요?、ㄹ以外の子音で終わる場合は–을까요?が来る。

語幹が母音またはㄹで終わるとき	語幹がㄹ以外の子音で終わるとき
가다 + –ㄹ까요? → 갈까요?	먹다 + –을까요? → 먹을까요?

基本形	–ㄹ까요?	基本形	–을까요?
사다	살까요?	닫다	닫을까요?
여행하다	여행할까요?	*듣다	들을까요?
*열다	열까요?	*걷다	걸을까요?

* 印は不規則

(参照:12課 意見を尋ねる, 提案する 02 V–(으)ㄹ까요? ② p.212, 17課 推測 03 –(으)ㄹ까요? ③ p.265)

会話

Track 134

A 주말에 같이 노래방에 갈까요?

B 네, 좋아요. 같이 가요.

A 퇴근 후에 술 한잔할까요?

B 미안해요. 오늘 약속이 있어요.
  다음에 같이해요.

A 週末に一緒にカラオケに行きましょうか。

B ええ、いいですよ。一緒に行きましょう。

A 退勤後にお酒一杯やりましょうか。

B すみません。今日、約束があるんです。
  次に一緒にやりましょう。

やってみよう

次はブディさんとワンジンさんの対話です。次の絵を見て、例のように、−(으)ㄹ까요?または
−아/어요を使って、対話を完成させてください。

> 例
>
> 부디: 왕징 씨, 우리 내일 뭐 **할까요?** (하다)
>
> 왕징: 영화 **봐요.** (보다)

부디: 무슨 영화를 (1)_____? (보다)

왕징: 한국 영화를 (2)_____. (보다)

부디: 그럼 어디에서 (3)_____? (만나다)

왕징: 학교 앞에서 (4)_____. (만나다)

부디: 3시 영화가 있어요.

왕징: 그럼, 영화 시작하기 전에 만나서 같이 점심을 (5)_____? (먹다)

부디: 네, 좋아요.

왕징: 영화 보고 나서 남대문시장에 가시 (6)_____? (쇼핑하다)

부디: 저는 쇼핑을 안 좋아해요. 커피 마시면서 (7)_____. (이야기하다)

왕징: 그럼, 그렇게 해요.

02 V–(으)ㄹ까요? ②

창문을 열까요?
窓を開けましょうか。

Track **135**

내일 무엇을 입을까요?
明日、何を着ましょうか。

커피를 드릴까요, 주스를 드릴까요?
コーヒーをさしあげましょうか、
ジュースをさしあげましょうか。

文法解説

聞き手に話し手の意見を提示したり、あるいは聞き手の意見を尋ねたりするときに使うが、主語は**제가**や**내가**になり、省略できる。日本語では「〜ましょうか」に相当する。答えは命令形である**–(으)세요**や**–(으)지 마세요**が来る。語幹が母音やㄹで終わる場合は**ーㄹ까요?**、ㄹ以外の子音で終わる場合は**ー을까요?**が来る。

語幹が母音やㄹで終わるとき	語幹がㄹ以外の子音で終わるとき
사다 + **ーㄹ까요?** → 살까요?	닫다 + **ー을까요?** → 닫을까요?

基本形	**ーㄹ까요?**	基本形	**ー을까요?**
가다	갈까요?	읽다	읽을까요?
오다	올까요?	놓다	놓을까요?
*만들다	만들까요?	*듣다	들을까요?

* 印は**不規則**

(参照：12課 意見を尋ねる、提案する 01 V–(으)ㄹ까요? ① p.210, 17課 推測 03 A/V–(으)ㄹ까요? ③ p.265)

会話

A 내일 언제 전화할까요?   A 明日、いつ電話しましょうか。

B 저녁에 전화하세요.   B 夕方に電話してください。

A 여자 친구 생일이에요.   A 彼女の誕生日です。
　무슨 선물을 살까요?   どんなプレゼントを買いましょうか。

B 향수를 사세요.   B 香水を買ってください。
　여자들은 향수를 좋아해요.   女の子は香水が好きですよ。

A 이 컴퓨터를 어디에 놓을까요?   A このコンピューターをどこに置きましょうか。

B 책상 위에 놓으세요.   B 机の上に置いてください。

やってみよう

−(으)ㄹ까요?を使って友だちに助言を求め、−(으)세요または−지 마세요を使って、対話を完成させてください。

가다	가져가다	먹다	보다

(1)
A 오늘 날씨가 흐려요? 우산을 _____?
B 네, _____. 비가 곧 오겠어요.

(2)
A 외국 친구와 점심 약속이 있어요. 무슨 음식을 _____?
B 잡채를 _____. 외국 사람들은 잡채를 좋아해요.

(3)
A 미국에서 친구가 와요. 친구와 어디에 _____?
B 민속촌에 _____. 한국의 전통문화를 알 수 있어요.

(4)
A 내일 여자 친구와 데이트가 있어요. 이 영화를 _____?
B 이 영화를 _____. 여자들은 액션 영화를 안 좋아해요.

03 V–(으)ㅂ시다

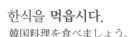

한식을 **먹읍시다**.
韓国料理を食べましょう。

Track 137

버스를 타지 마요. 지하철을 **탑시다**.
バスに乗るのはやめましょう。地下鉄に乗りましょう。

영화를 보지 **맙시다**.
映画を見るのをやめましょう。

文法解説

何かを一緒にしようと提案したりするときに使い、日本語では「～ましょう」に相当する。**-아/어요**とも言える。語幹が母音や ㄹ で終わる場合は**-ㅂ시다**、ㄹ 以外の子音で終わる場合には**-읍시다**をつける。一方、何かをしないようにしようと提案するときは**-지 맙시다**あるいは**-지 마요**と言う。

語幹が母音や ㄹ で終わるとき	語幹が ㄹ 以外の子音で終わるとき
가다 + **-ㅂ시다** → 갑시다	먹다 + **-읍시다** → 먹읍시다

基本形	**-(으)ㅂ시다**	**-지 맙시다**
오다	옵시다	오지 맙시다
만나다	만납시다	만나지 맙시다
여행하다	여행합시다	여행하지 맙시다
*만들다	만듭시다	만들지 맙시다
*걷다	걸읍시다	걷지 맙시다

* 印は不規則

会話

Track 138

A	언제 출발할까요?	A	いつ出発しましょうか。
B	10분 후에 출발합시다.	B	10分後に出発しましょう。
A	주말에 클럽에 갈까요?	A	週末にクラブに行きましょうか。
B	월요일에 시험이 있으니까	B	月曜日に試験があるから、
	클럽에 가지 맙시다. 같이 공부합시다.		クラブに行くのはやめましょう。
			一緒に勉強しましょう。
A	오늘 등산 갈까요?	A	今日、登山に行きましょうか。
B	어제 비가 와서 미끄러워요.	B	昨日、雨が降ってすべりますよ。
	다음 주에 가요.		来週、行きましょう。

ここに注意！

－(으)ㅂ시다は公式的な席で複数の人に要請・勧誘する場合や、相手が話し手より年齢や地位が下または同等である場合に使うことができ、目上の人には使えない。目上の人に使うと失礼な表現になる。目上の人には같이 －(으)세요くらいが適当な表現である。

❶ 複数の人に要請・勧誘する場合
- 여러분, 우리 모두 공부 열심히 합시다.　　みなさん、私たちみんな勉強一生懸命しましょう。
- 점심시간입니다. 모두들 점심 식사합시다.　お昼休みです。みんなお昼の食事をしましょう。

❷ 聞き手が話し手より下または同年代、あるいは同程度の地位にある場合
- 사장님: 토요일에 같이 점심 식사합시다.　社長：土曜日に一緒にお昼の食事しましょう。
- 사원: 네, 좋습니다.　　　　　　　　　　社員：はい。いいです。
- 재준: 요코 씨, 주말에 같이 등산 갑시다.　チェジュン：洋子さん、週末、一緒に登山に行きましょう。
- 요코: 그래요, 재준 씨.　　　　　　　　洋子：そうしましょう、チェジュンさん。

❸ 目上の人に
- 선생님, 노래방에 같이 갑시다. (×)
  → 선생님, 노래방에 같이 가세요. (○)　　先生、カラオケに一緒に行ってください。
- 교수님, 저희와 같이 점심 먹읍시다. (×)
  → 교수님, 저희와 같이 점심 드세요. (○)　教授、私たちと一緒にお昼召し上がってください。

チスとキャロルは、一緒に夏の休暇に出かけようと思っています。－(으)ㅂ시다や－아/어요を使って、休暇の計画を立ててみてください。

지수: 캐럴 씨, 이번 여름에 휴가를 같이 갈까요?

캐럴: 네, 좋아요. 같이 (1) _____ . (가다)

지수: 어디로 갈까요? 해외로 갈까요, 국내로 갈까요?

캐럴: 저는 한국 여행을 많이 못했으니까 국내로 가고 싶어요.

　　　국내 (2)_____ . (여행하다)

지수: 그래요. 아! 설악산에 가면 산과 바다에 갈 수 있어요. 설악산이 어때요?

캐럴: 설악산이 좋겠어요! 설악산에 (3)_____ . (가다)

　　　바다에 가면 우리 수영도 하고 (4) _____ . (선탠도 하다)

지수: 와, 재미있겠어요.

　　　산에도 갈 거니까 운동화나 등산화도 (5)_____ . (가져가다)

캐럴: 네, 알겠어요.

지수: 참, 거기에는 생선회가 유명해요. 캐럴 씨, 생선회 먹을 수 있어요?

캐럴: 물론이에요. 우리 생선회도 (6)_____ . (먹다)

04 V-(으)시겠어요?

Track 139

도넛 좀 드시겠어요?
ドーナツちょっと召し上がりますか。

방을 예약하시겠어요?
部屋を予約なさいますか。

커피에 설탕을 넣으시겠어요?
コーヒーに砂糖をお入れになりますか。

文法解説

丁寧に相手に勧めたり相手の意向や意図を尋ねたりするのに用いる。日本語では「～なさいますか」に相当する。-(으)ㄹ래요?/-(으)실래요?より、かなり格式的で丁寧な印象を与える。動詞の語幹が母音やㄹで終わる場合は-시겠어요?、ㄹ以外の子音で終わる場合は-으시겠어요?をつける。

語幹が母音やㄹで終わるとき	語幹がㄹ以外の子音で終わるとき
가다 + -시겠어요? → 가시겠어요?	읽다 + -으시겠어요? → 읽으시겠어요?

基本形	-시겠어요?	基本形	-으시겠어요?
오다	오시겠어요?	앉다	앉으시겠어요?
만나다	만나시겠어요?	받다	받으시겠어요?
구경하다	구경하시겠어요?	입다	입으시겠어요?
*만들다	만드시겠어요?	*듣다	들으시겠어요?

* 印は不規則

会話

Track 140

A 내일 몇 시에 오시겠어요?　　A 明日、何時にいらっしゃいますか。

B 3시까지 갈게요.　　B 3時までに行きます。

A 여보세요, 조엘 씨, 저 리라예요.　　A もしもし、ジョエルさん、私リラです。
　지금 통화 괜찮아요?　　　今、通話大丈夫ですか。

B 미안해요. 지금 회의 중이에요.　　B すみません。今、会議中なんです。
　30분 후에 다시 전화해 주시겠어요?　　　30分後にもう一度電話していただけますか。

A 한국의 전통 기념품을 사고 싶어요.　　A 韓国の伝統的な記念品を買いたいです。

B 그럼, 인사동에 가 보시겠어요?　　B それじゃ、仁寺洞に行ってみられますか。

やってみよう

例のように、適切なものを選んでつなげてください。

김 선생님 계세요?

지금 수업 중이세요. 잠깐만 기다리시겠어요?

例 김 선생님 계세요? •　　• ⓐ 그럼 같이 영화 보러 가시겠어요?

(1) 머리를 어떻게 하시겠어요? •　　• ⓑ 미안해요. 저도 잘 모르겠어요.

(2) 주말에 심심해요. •　　• ⓒ 지금 수업 중이세요. 잠깐만
　　　　　기다리시겠어요?

(3) 내일 제 생일 파티가 있어요. •
　와 주시겠어요?　　　　• ⓓ 짧게 잘라 주세요.

(4) 이 문제가 어려워요. •
　좀 가르쳐 주시겠어요?　　• ⓔ 네, 좋아요. 꼭 갈게요.

Track 141

등산 같이 갈래요?
登山に一緒に行きますか。

커피 한잔하실래요?
コーヒー1杯飲まれますか。

한강에서 배를 타지 않을래요?
漢江で船に乗りませんか。

文法解説

聞き手の意見や意図を尋ねたり、軽く頼んだりするときに使う。口語で多く使われる言葉で、親しい間柄でよく使われ、-으시겠어요?より丁寧な感じを与えない。日本語では「～しますか」に相当する。-(으)ㄹ래요?で質問した場合、-(으)ㄹ래요または-(으)ㄹ게요で答えることができる。また、-(으)ㄹ래요?の代わりに否定形の-지 않을래요?または안 -(으)ㄹ래요?でも質問することができ、-(으)ㄹ래요?と同じ意味である。親しいがもう少し丁寧に話したければ-(으)실래요?と言えばよい。動詞の語幹が母音やㄹで終わる場合は-ㄹ래요?、ㄹ以外の子音で終わる場合は-을래요?をつける。

語幹が母音やㄹで終わるとき	語幹がㄹ以外の子音で終わるとき
가다 + -ㄹ래요? → 갈래요?	받다 + -을래요? → 받을래요?

基本形	-ㄹ래요?	基本形	-을래요?
보다	볼래요?	먹다	먹을래요?
사다	살래요?	앉다	앉을래요?

운동하다	운동할래요?	*듣다	들을래요?
*놀다	놀래요?	*걷다	걸을래요?

* 印は不規則

(参照: 13課 意志と計画 03 V-(으)ㄹ래요? ⑦ p.228)

会話

Track **142**

A 저는 된장찌개를 먹을래요.
　하미 씨는 뭐 드실래요?

A 私は味噌チゲを食べます。
　ハミさんは何を召し上がりますか。

B 저는 갈비탕을 먹을래요.

B 私はカルビタンを食べます。

A 유키 씨, 우리 시험 끝나고 뭐 할래요?

A ユキさん、私たち試験が終わったら
　何しましょうか。

B 영화 볼까요?

B 映画見ましょうか。

A 서울의 야경이 보고 싶어요.

A ソウルの夜景が見たいです。

B 그럼 저녁에 서울타워에 같이 갈래요?

B それじゃ、夕方ソウルタワーに
　一緒に行きますか。

やってみよう

適切な単語を選び、-(으)ㄹ래요?を使って、対話を完成させてください。

걷다	보지 않다	쇼핑하다	앉다	타다

(1) A 흐엉 씨, 다리 아파요? 저기 의자에 _____?
　　B 아니요, 괜찮아요.

(2) A 와, 눈이 많이 왔어요. 우리 스키 _____?
　　B 네, 좋아요.

(3) A 요즘 백화점에서 세일해요.
　　B 그럼 오늘 백화점에서 같이 _____?

(4) A 날씨가 정말 좋아요.
　　B 그래요? 그럼 밖에 나가서 좀 _____?

(5) A 요즘 재미있는 영화가 많이 있어요. 같이 영화 _____?
　　B 미안해요. 요즘 바빠서 시간이 없어요.

意志と計画

Track 143

올해에는 담배를 꼭 **끊겠습니다.**
今年はタバコをきっとやめます。

제가 출장을 **가겠습니다.**
私が出張に行きます。

잠시 후에 인천공항에 **도착하겠습니다.**
間もなく仁川空港に到着します。

文法解説

1 動詞の後ろについて、話者が何かをするつもりだという意志や意図を表す。日本語では「～します」に相当する。動詞の語幹に**−겠어요**をつけて使い、否定形は**−지 않겠어요**や**안 −겠어요**となる。

- 아침마다 운동하겠어요.
  毎朝運動します。
- 이제 술을 마시지 않겠어요.
  もうお酒を飲みません。

−겠어요が意図や意志を表すときは、主語に3人称が来ることができない。

- 카일리 씨는 내일부터 다이어트를 하겠어요. (×)
  → 카일리 씨는 내일부터 다이어트를 할 거예요. (○)
    カイリさんは明日からダイエットをするつもりです。
  → 저는 내일부터 다이어트를 하겠어요. (○)
    私は明日からダイエットをします。

2 何かがすぐに起こるという情報を与えるときに使う。日本語では「～します，～でしょう」に相当する。

- (기차역 안내 방송) 기차가 곧 도착하겠습니다.　　汽車が間もなく到着します。
- (일기예보에서) 내일은 비가 오겠습니다.　　明日は雨が降るでしょう。

가다 + **-겠어요** → 가겠어요　　　　　　먹다 + **-겠어요** → 먹겠어요

基本形	-겠어요	基本形	-겠어요
오다	오겠어요	읽다	읽겠어요
만나다	만나겠어요	만들다	만들겠어요
전화하다	전화하겠어요	듣다	듣겠어요

(参照：17課 推測 01 A/V-겠어요 ② p.260)

会話

Track 144

A 왕단 씨, 지각하지 마십시오!

B 죄송합니다.
내일부터는 일찍 오겠습니다.

A 외국 손님들이 오셔서 통역이
필요합니다.

B 부장님, 그럼 제가 통역을 하겠습니다.

A 잠시 후에는 안준호 교수님께서
한국 경제에 대해 강의를 하시겠습니다.

B 안녕하십니까? 안준호입니다.

A ワンダンさん、遅刻しないでください!

B すみません。明日から早く起きます。

A 外国のお客様がいらっしゃるので、
通訳が必要です。

B 部長、それでは私が通訳をします。

A 少し後にアン・ジュノ教授が韓国経済
について講義をなさいます。

B こんにちは。アン・ジュノです。

ここに注意!

❶ 下のような状況で、慣用的に-겠-が使われる。

- 처음 뵙겠습니다. 이민우입니다.　はじめまして。イ・ミヌです。
- 잘 먹겠습니다.　　　　　　　　　　いただきます。
- 어머니, 학교 다녀오겠습니다.　　　お母さん、学校行ってきます。

❷ 話し手の考えを断定的に言わず、やわらかく丁寧に言うときに使う。

A 여러분, 여기까지 알겠어요?　みなさん、ここまでわかりましたか。
B 아니요, 잘 모르겠어요.　　　いいえ、よくわかりません。

1 次の人たちは新年に何を決心しましたか。次の絵を見て、-겠어요を使って、対話を完成
させてください。

(1)

올해에는 열심히 ＿＿＿＿＿＿＿＿＿＿.
(공부하다)

(2)

올해에는 아내를 많이 ＿＿＿＿＿＿＿＿＿.
(도와주다)

(3)

올해에는 ＿＿＿＿＿＿＿＿＿＿＿＿＿＿＿＿.
(컴퓨터게임을 하다 ×)

2 テレビで明日の天気を言っています。次の天気地図を見て、-겠습니다を使って、文章を
完成させてください。

내일 세계의 날씨를 보시겠습니다. (1) 내일 서울은 ＿＿＿＿＿＿＿＿＿.

(2) 뉴욕은 ＿＿＿＿＿＿＿＿＿. (3) 방콕은 ＿＿＿＿＿＿＿＿＿.

제가 전화 받을게요.
私が電話に出ます。

죄송합니다. 일이 있어서 먼저 갈게요.
すみません。仕事があるので、先に行きます。

저녁에 전화할게요.
夕方、電話します。

文法解説

話し手が自分の決心や誓い、意志を相手に約束するように話すとき、あるいは相手と何かを約束するときに使う。また、話者が何かをするつもりだと言うときにも使う。日本語では「～します」に相当する。口語で使われ、比較的親しい間柄で多く使われる。動詞の語幹が母音やㄹで終わる場合は **-ㄹ게요**、ㄹ以外の子音で終わる場合は**-을게요**をつける。

語幹が母音やㄹで終わるとき	語幹がㄹ以外の子音で終わるとき
가다 + **-ㄹ게요** → 갈게요	찾다 + **-을게요** → 찾을게요

基本形	-ㄹ게요	基本形	-을게요
오다	올게요	끊다	끊을게요
타다	탈게요	*듣다	들을게요
공부하다	공부할게요	*걷다	걸을게요
*열다	열게요	*돕다	도울게요

* 印は不規則

主語の意志を表す動詞とのみ使うことができる。

- 오늘 오후에는 바람이 불게요. (×)
  (風が吹くのは主語の意志ではない)

- 저는 이제부터 날씬할게요. (×)
  (形容詞とは使えない)

1人称主語のみ可能。

- 부디 씨가 저녁에 전화할게요. (×)
  → 부디 씨가 저녁에 전화할 거예요. (○)
    ブディさんが夕方電話すると思います。
  → 제가 저녁에 전화할게요. (○)
    私が夕方電話します。

質問には使わない。

- 리라 씨, 이제 늦지 않을게요? (×)
  → 리라 씨, 이제 늦지 않을 거예요? (○)
    リラさん、もう遅れませんか。

会話

Track **146**

A 제 책 가지고 왔어요?

B 미안해요. 잊어버렸어요.
　내일은 꼭 가지고 올게요.

A 에릭 씨, 카일리 씨의 이메일 주소
　아세요?

B 네, 알아요. 제가 종이에 써 드릴게요.

A 私の本、持って来ましたか。

B すみません。忘れてしまいました。
　明日、きっと持って来ます。

A エリックさん、カイリさんのEメールアドレ
　スご存知ですか。

B はい、知っています。私が紙に書いてさしあげ
　ます。

どこが違う？

-(으)ㄹ게요	-(으)ㄹ 거예요
聞き手と関係があって、相手を考慮した主語の意志や考えを言う。	聞き手と関係なく一方的な主語の考えや意志、計画を言う。
A 몸에 안 좋으니까 담배를 피우지 마세요. B 네, 담배를 안 피울게요. (相手の話を聞いて、相手の言葉に従うという意味)	A 이제부터 담배를 안 피울 거예요. B 잘 생각하셨어요. (相手が言っていることと関係なく、すでにタバコを吸わないと考えていたという意味)
A 그럼, 안녕히 가세요. B 네, 제가 밤에 전화할게요. (相手が望んでいるという前提で電話するという意味)	A 그럼, 안녕히 가세요. B 네, 제가 밤에 전화할 거예요. (相手が望もうが望むまいが、とにかく電話するという意味)

やってみよう

次の絵を見て、例のように、-(으)ㄹ게요を使って、対話を完成させてください。

例

A 이거 너무 어려워요. 가르쳐 줄 수 있어요?

B 그럼요. __제가 가르쳐 줄게요__ .
　　　　　　　(가르쳐 주다)

(1)

A 웨슬리 씨가 점심을 샀으니까 제가 커피를 _____.
　　　　　　　　　　　　　　　　　　　　　　　　(사다)

B 고마워요. 잘 마실게요.

(2)

A 티루엔 씨, 이 서류를 팩스로 보내 주시겠어요?

B 네, 바로 _____.
　　　　　　(보내 드리다)

(3)

A 이거 비밀이니까 다른 사람한테 이야기하면 안 돼요.

B 알겠어요. _____.
　　　　　　　　　(이야기하다 ×)

(4)

A 내일 일찍 일어나야 하니까 오늘 늦게 자면 안 돼요.

B 네, 알겠어요. 오늘 _____.
　　　　　　　　　　　　　　(늦게 자다 ×)

Track 147

너무 배가 불러요. 그만 **먹을래요**.
すごくおなかがいっぱいです。もういいです。

커피 **마실래요**.
コーヒーをいただきます。

이번 방학에는 여행을 **할래요**.
今度の休みは旅行をするつもりです。

文法解説

話し手が何かをするという意志、意向があることを表す。口語かつ親しい間柄で多く使われ、丁寧な感じは与えない。日本語では「〜します，〜するつもりです」に相当する。疑問形で使えば、相手の意向を尋ねることになる。(参照:12課 意見を尋ねる, 提案する 05 –(으)ㄹ래요? ① p.219) 動詞の語幹が母音やㄹで終わる場合は–ㄹ래요、ㄹ以外の子音で終わる場合は–을래요をつける。

語幹が母音やㄹで終わるとき	語幹がㄹ以外の子音で終わるとき
가다 + –ㄹ래요 → 갈래요	먹다 + –을래요 → 먹을래요

基本形	–ㄹ래요	基本形	–을래요
오다	올래요	받다	받을래요
타다	탈래요	있다	있을래요
공부하다	공부할래요	*듣다	들을래요
*놀다	놀래요	*걷다	걸을래요

* 印は不規則

1 動詞とのみ使うことができる。

- 저는 키가 클래요. (×)
  → 저는 키가 컸으면 좋겠어요. (○)
  私は背が高かったらよかったです。

- 저는 예쁠래요. (×)
  → 저는 예뻤으면 좋겠어요. (○)
  私はかわいかったらよかったです。

(参照：8課 願望表現 02 A/V-았/었으면 좋겠다 p.184)

2 1人称主語のみ可能。

- 호앙 씨는 다음 주에 고향에 갈래요. (×)
  → 호앙 씨는 다음 주에 고향에 갈 거예요. (○)
  ホアンさんは来週、故郷に行くつもりです。
  → 저는 다음 주에 고향에 갈래요. (○)
  私は来週、故郷に行くつもりです。

(参照：12課 意見を尋ねる, 提案する 05 V-(으)ㄹ래요? ① p.219)

会話

Track 148

A 하미 씨, 이따가 액션 영화 볼래요, 공포 영화 볼래요?

A ハミさん、後でアクション映画見ますか、ホラー映画見ますか。

B 저는 공포 영화는 싫어요. 액션 영화 볼래요.

B 私はホラー映画は嫌いです。アクション映画を見ます。

A 뭐 드실래요?

A 何を召し上がりますか。

B 저는 커피를 마실래요.

B 私はコーヒーをいただきます。

A 오늘 리라 씨의 생일 파티에 안 가요?

A 今日、リラさんの誕生パーティーに行かないんですか。

B 네, 안 갈래요. 피곤해서 집에서 쉴래요.

B はい、行きません。疲れたので、家で休みます。

やってみよう

次の絵を見て、−(으)ㄹ래요を使って、対話を完成させてください。

(1)

A 캐럴 씨는 빨간색이 잘 어울리니까 오늘 빨간색 옷을 입으세요.

B 지난번에 빨간색을 입었으니까 오늘은 검은색 옷을 _____.

(입다)

(2)

A 12시예요. 점심 안 드세요?

B 아침을 늦게 먹어서 저는 이따가 _____.

(먹다)

(3)

A 방학 때 피아노 배울래, 기타 배울래?

B 기타를 _____.

(배우다)

(4)

A 날씨가 더우니까 아이스크림 먹을래요?

B 저는 배가 아파서 _____.

(먹다 ×)

背景と説明

- ① A/V−(으)ㄴ/는데 ②
- ② V−(으)니까 ②

Track 149

추운데 창문을 닫을까요?
寒いので、窓を閉めましょうか。

백화점에 **가는데** 같이 갈래요?
デパートに行くんですが、一緒に行きますか。

제 동생은 **학생인데** 공부를 아주 잘해요.
私の妹は学生ですが、勉強がとてもよくできます。

많이 **샀는데** 이제 갈까요?
たくさん買ったので、もう行きましょうか。

文法解説

後続節の背景や状況を表したり、後続節の前提を提示したりするときに使われる。日本語では「〜が，〜ので」などに相当する。形容詞の現在は語幹が母音やㄹで終わる場合には−ㄴ데、語幹がㄹ以外の子音で終わる場合には−은데と結合する。動詞は−는데と結合する。

形容詞/이다 現在		動詞 現在 있다/없다	動詞/形容詞 過去	
母音終わり	子音終わり			
−ㄴ데	−은데	−는데	−았/었는데	
바쁜데	많은데	보는데 먹는데	봤는데	바빴는데
학생인데	적은데	있는데 없는데	의사였는데	학생이었는데

基本形	-(으)ㄴ/는데	基本形	-(으)ㄴ/는데
작다	작은데	오다	오는데
높다	높은데	기다리다	기다리는데
편리하다	편리한데	찾다	찾는데
*귀엽다	귀여운데	듣다	듣는데
*하얗다	하얀데	*살다	사는데
아팠다	아팠는데	받았다	받았는데
경찰이었다	경찰이었는데	결혼했다	결혼했는데

* 印は不規則
(参照：4課 羅列と対照 04 A/V–(으)ㄴ/는데 ① p.127)

会話

Track **150**

A 요코 씨가 회사원이에요?

A 洋子さんは会社員ですか。

B 아니요, 아직 학생인데 올해
졸업할 거예요.

B いいえ、まだ学生ですが、今年卒業します。

A 학교 근처에 어느 식당이 괜찮아요?

A 学校の近くでは、どの食堂がいいですか。

B 학교 옆에 '만나식당'이 괜찮은데
거기 한번 가 보세요.

B 学校の横の「マンナ食堂」がいいので、
そこに一度行ってみてください。

A 이 옷을 어제 샀는데 마음에 안 들어요.

A この服を昨日買ったんですが、気に入りません。

B 왜요? 지수 씨한테 잘 어울려요.

B どうしてですか。チスさんによく似合ってますよ。

次の絵を見て、適切な単語を選び、–(으)ㄴ/는데を使って、対話を完成させてください。

고프다	없다	오다	친구이다

(1)

A 이 사람이 누구예요?
B 제 _____ 지금 미국에 있어요.

(2)

A 배가 _____ 식당에 갈까요?
B 네, 좋아요.

(3)

A 비가 _____ 택시를 탑시다.
B 네, 그러는 게 좋겠어요.

(4)

A 주스 한 잔 주시겠어요?
B 주스가 _____ 커피 드릴까요?

02 V-(으)니까 ②

Track 151

집에 **들어오니까** 맛있는 냄새가 나요.
家に入ると、おいしい香りがします。

아침에 **일어나니까** 선물이 있었어요.
朝、起きたら、プレゼントがありました。

집에 **오니까** 밤 12시였어요.
家に着くと、夜12時でした。

文法解説

先行節の行為をした結果、後続節の事実を発見することになったということを表す。日本語では「～と、～たら」に相当する。語幹が母音や ㄹ で終わる場合は **-니까** を、語幹が ㄹ 以外の子音で終わる場合は **-으니까** を使う。発見の -(으)니까 は動詞とのみ結合する。

語幹が母音や ㄹ で終わるとき	語幹が ㄹ 以外の子音で終わるとき
가다 + **-니까** → 가니까	받다 + **-으니까** → 받으니까

基本形	-니까	基本形	-으니까
오다	오니까	먹다	먹으니까
배우다	배우니까	읽다	읽으니까
일어나다	일어나니까	있다	있으니까
전화하다	전화하니까	*듣다	들으니까
*만들다	만드니까	*걷다	걸으니까

* 印は不規則

結果(発見)を表す-(으)니까の前には、-았-や-겠-などが来ることはない。

- 아침에 회사에 갔으니까 아무도 없었어요. (×)
  → 아침에 회사에 가니까 아무도 없었어요. (○)
  朝、会社に行くと、誰もいませんでした。

- 저녁에 집에 왔으니까 어머니가 계셨어요. (×)
  → 저녁에 집에 오니까 어머니가 계셨어요. (○)
  夕方、家に帰って来たら、母がいらっしゃいました。

(参照：9課 理由と原因 02 A/V-(으)니까 ① p.191)

会話

Track 152

A 제이슨 씨한테 전화해 봤어요?

A ジェイソンさんに電話してみましたか。

B 네, 그런데 전화하니까 안 받아요.

B ええ、でも電話したら出ませんでした。

A 그 모자 얼마예요?

A その帽子いくらですか。

B 만 원이요. 어제 백화점에 가니까 세일을 하고 있었어요.

B 1万ウォンです。昨日、デパートに行ったら、セールをしていたんですよ。

やってみよう

関連のある文章を適切につないで、例のように、文章を完成させてください。

例 친구 집에 전화하다 •

(1) 지하철을 타 보다 •

(2) 한국에서 살아 보다 •

(3) 부산에 가다 •

(4) 동생의 구두를 신어 보다 •

• ⓐ 한국 생활이 재미있어요.

• ⓑ 생선회가 싸고 맛있었어요.

• ⓒ 할머니가 전화를 받으셨어요.

• ⓓ 빠르고 편해요.

• ⓔ 작았어요.

例 친구 집에 전화하니까 할머니가 전화를 받으셨어요.

(1) _____.

(2) _____.

(3) _____.

(4) _____.

目的と意図

Track 153

옷을 사러 동대문시장에 **가요.**
服を買いに東大門市場に行きます。

한국 팬들을 **만나러** 한국에 **왔어요.**
韓国のファンたちに会いに韓国に来ました。

은행에 돈을 **찾으러 가요.**
銀行にお金をおろしに行きます。

文法解説

前の行動を成し遂げる目的で、後の場所に移動することを表す。日本語では「〜しに行く/来る」に相当する。動詞の語幹が母音やㄹで終わるときは**–러 가다/오다**を、ㄹ以外の子音で終わるときは**–으러 가다/오다**を使う。

語幹が母音やㄹで終わるとき	語幹がㄹ以外の子音で終わるとき
사다 + **–러 가다** → 사러 가다	먹다 + **–으러 가다** → 먹으러 가다

基本形	–러 가요/와요	基本形	–으러 가요/와요
보다	보러 가요/와요	받다	받으러 가요/와요
배우다	배우러 가요/와요	찾다	찾으러 가요/와요
공부하다	공부하러 가요/와요	*듣다	들으러 가요/와요
*놀다	놀러 가요/와요	*짓다	지으러 가요/와요
*살다	살러 가요/와요	*돕다	도우러 가요/와요

* 印は不規則

-(으)러는、主に後ろに**가다**、**오다**、**다니다**のような移動動詞を伴って使われる。

- 옷을 사러 시장에 가요. (○)　　服を買いに市場に行きます。
- 옷을 사러 돈을 찾아요. (×)
  → 옷을 사려고 돈을 찾아요. (○) 服を買おうと、お金をおろします。

先行節の動詞としては、**가다**(行く)、**오다**(来る)、**올라가다**(登る, 上がる)、**내려가다**(下りる, 下る)、**들어가다**(入って行く)、**나가다**(出て行く)、**여행하다**(旅行する)、**이사하다**(引っ越す)のような移動を表す動詞を使うことができない。

- 가러 가다 (×), 오러 가다 (×), 올라가러 가다 (×), 나가러 가다 (×)

会話

Track **154**

A 이사했어요?

B 네, 지난주에 했어요.
　주말에 우리 집에 놀러 오세요.

A 요즘 바빠요?

B 네, 조금 바빠요.
　한국 춤을 배우러 학원에 다녀요.

A 引っ越しましたか。

B ええ、先週しました。
　週末、私たちの家に遊びに来てください。

A 最近、忙しいですか。

B はい、少し忙しいです。
　韓国の踊りを習いに、塾に通ってるんです。

やってみよう

次の絵を見て、–(으)러 가다/오다を使って、対話を完成させてください。

(1)

A 어떻게 오셨습니까?

B 사장님을 _____ 왔습니다.
　　　　(만나다)

(2)

A 어디에 가요?

B _____ 나가요. 남자 친구하고 약속이 있어요.
　(데이트하다)

(3)

A 음식이 나왔는데 어디에 가요?

B 손을 _____ 화장실에 가요.
　　　(씻다)

02 V–(으)려고

살을 **빼려고** 매일 세 시간씩 운동을 해요.
やせようと毎日3時間ずつ運動をしています。

아내에게 **주려고** 선물을 샀어요.
妻にあげようとプレゼントを買いました。

잠을 자지 **않으려고** 커피를 5잔이나 마셨어요.
寝ないようにコーヒーを5杯も飲みました。

文法解説

話し手の意図や計画を表す。先行節の行動をする意図を持って、後続節の行動をするという意味である。日本語では「～しようと(思って)」の意味である。動詞の語幹が母音やㄹで終わるときは**-려고**を、ㄹ以外の子音で終わるときは**-으려고**を使う。

語幹が母音やㄹで終わるとき	語幹がㄹ以外の子音で終わるとき
보다 + **-려고** → 보려고	먹다 + **-으려고** → 먹으려고

基本形	-려고	基本形	-으려고
가다	가려고	찍다	찍으려고
만나다	만나려고	읽다	읽으려고
이야기하다	이야기하려고	찾다	찾으려고
*놀다	놀려고	*듣다	들으려고
*벌다	벌려고	*짓다	지으려고

* 印は不規則

会話

A 정아 씨, 요즘 학원에 다녀요?

B 네, 컴퓨터를 배우려고 학원에 다니고 있어요.

A 아까 만났는데 왜 또 전화했어요?

B 당신 목소리를 들으려고 전화했어요.

A 자려고 누웠는데 잠이 안 와요.

B 그러면 따뜻한 우유를 한 잔 마셔 보세요.

A チョンアさん、最近、塾に通っていますか。

B はい、コンピューターを習おうと、塾に通っています。

A さっき会ったのに、なぜまた電話したんですか。

B あなたの声を聞こうと思って、電話したんです。

A 寝ようと横になったんですが、眠くなりません。

B それなら、温かい牛乳を1杯飲んでみてください。

どこが違う?

-(으)려	-(으)려고
❶ 가다, 오다, 다니다, 올라가다, 나가다のような移動動詞と使うことができる。 • 친구를 만나러 커피숍에서 친구를 기다려요. (×) • 친구를 만나러 커피숍에 가요. (O) 　友だちに会いに、コーヒーショップに行きます。	❶ 全ての動詞と使うことができる。 • 친구를 만나려고 커피숍에 가요. (O) 　友だちに会おうと、コーヒーショップに行きます。 • 친구를 만나려고 커피숍에서 친구를 기다려요. (O) 　友だちに会おうと、コーヒーショップで友だちを 　待ちます。
❷ -(으)러の次に来る動詞には現在・過去・未来時制を全て使うことができる。 • 친구를 만나러 커피숍에 가요. (O) 　友だちに会いに、コーヒーショップに行きます。 • 친구를 만나러 커피숍에 갔어요. (O) 　友だちに会いに、コーヒーショップに行きました。 • 친구를 만나러 커피숍에 갈 거예요. (O) 　友だちに会いに、コーヒーショップに行くつもり 　です。	❷ 後ろに来る動詞は現在・過去と使えるが、意味上、未来と使うと不自然な文章になる。 • 친구를 만나려고 커피숍에 가요. (O) 　友だちに会おうと、コーヒーショップに行きます。 • 친구를 만나려고 커피숍에 갔어요. (O) 　友だちに会おうと、コーヒーショップに行きました。 • 친구를 만나려고 커피숍에 갈 거예요. (×)
❸ -(으)ㅂ시다, -(으)세요と一緒に使うことができる。 • 밥을 먹으러 식당에 갑시다. (O) 　ごはんを食べに、食堂に行きましょう。 • 밥을 먹으러 식당에 가세요. (O) 　ごはんを食べに、食堂に行ってください。	❸ -(으)ㅂ시다, -(으)세요と一緒に使うことができない。 • 밥을 먹으려고 식당에 갑시다. (×) • 밥을 먹으려고 식당에 가세요. (×)

下の人たちはなぜ韓国語を勉強しているのでしょうか。例のように、文を完成させてください。

例 한국 대학교에 입학하려고 한국말을 배워요.

(1) _____ 한국말을 배워요.

(2) _____ 한국말을 배워요.

(3) _____ 한국말을 배워요.

(4) _____ 한국말을 배워요.

(5) _____ 한국말을 배워요.

03 V-(으)려고 하다

Track 157

여름휴가 때 여행을 **하려고 해요**.
夏の休暇のときに、旅行をしようと思います。

결혼하면 아이를 두 명 **낳으려고 해요**.
結婚したら、子どもを2人産もうと思ってます。

방학 동안 운전을 **배우려고 했어요**.
그런데 팔을 다쳐서 못 배웠어요.
休みの間、運転を習おうと思っていました。ところが、
腕をけがして習えませんでした。

文法解説

主語が何かをしようという意図や計画があるが、まだ行為に移していない状態であることを表す。
日本語では「～しようと思う」の意味である。動詞の語幹が母音やㄹで終わるときは**-려고 하다**、
ㄹ以外の子音で終わるときは**-으려고 하다**を使う。一方、**-(으)려고 했다**は**-(으)려고 하다**の過
去形だが、何かを計画したが、その計画が実現しなかったときに使う。

語幹が母音やㄹで終わるとき	語幹がㄹ以外の子音で終わるとき
가다 + **-려고 하다** → 가려고 하다	먹다 + **-으려고 하다** → 먹으려고 하다

基本形	-려고 해요	基本形	-으려고 해요
보다	보려고 해요	받다	받으려고 해요
사다	사려고 해요	씻다	씻으려고 해요
만나다	만나려고 해요	*듣다	들으려고 해요
취직하나	취직하려고 해요	*묻나	물으려고 해요
*놀다	놀려고 해요	*돕다	도우려고 해요

* 印は不規則

会話

Track 158

A 보너스를 받으면 뭐 할 거예요?

A ボーナスをもらったら、何をするつもりですか。

B 새 차를 사려고 해요.

B 新しい車を買おうと思っています。

A 대학교를 졸업하면 무엇을 할 거예요?

A 大学を卒業したら、何をするつもりですか。

B 대학원에서 공부를 더 하려고 해요.

B 大学院で勉強をもっとしようと思います。

A 저는 회사에 취직하려고 해요.

A 私は会社に就職しようと思います。

やってみよう

キャロルさんは休みのときに、旅行に行こうと思っています。キャロルさんのかばんを見て、何をしようとしているか、例のように、書いてみてください。

例　오주에 가려고 해요.

(1) 어머니께 엽서를 _____.

(2) 비행기 안에서 한국어를 _____.

(3) 비행기 안에서 음악을 _____.

(4) 호주에 있는 친구에게 선물을 _____.

(5) 호주에서 골프를 _____.

(6) 호주에서 사진을 _____.

(7) 바다에서 수영을 _____.

Track 159

건강을 **위해서** 매일 비타민을 먹고 있습니다.
健康のために、毎日ビタミンを飲んでいます。

군인은 나라를 **위해서** 일하는 사람입니다.
軍人は国のために働く人です。

훌륭한 스케이트 선수가 **되기 위해** 열심히 연습을 합니다.
立派なスケート選手になるために、一生懸命練習しています。

文法解説

前の行為をする目的で、後ろの動作をするときに使う。名詞の場合には**을/를 위해서**と言う。**위해서**は**위하여서**の縮約形だが、서を削除して、**위해**と書くこともある。日本語では「~のために，~するために」の意味である。動詞の場合、語幹に**-기 위해서**をつける。

名詞 + 을/를 위해서		動詞の語幹 + -기 위해서
母音で終わるとき	子音で終わるとき	
나라 + 를 위해서 → 나라를 위해서	가족 + 을 위해서 → 가족을 위해서	가다 + -기 위해서 → 가기 위해서

N을/를 위해서	基本形	V-기 위해서
나라를 위해서	보다	보기 위해서
회사를 위해서	만나다	만나기 위해서
친구를 위해서	받다	받기 위해서
사랑을 위해서	입학하다	입학하기 위해서

남편을 위해서	벌다	벌기 위해서
건강을 위해서	듣다	듣기 위해서
가족을 위해서	돕다	돕기 위해서

-기 위해서は形容詞とは使えない。しかし、形容詞に**-아/어지다**がついて、動詞になれば、**-기 위해서**と使うことができる。

- 건강하기 위해서 운동을 합니다. (×)
  → 건강해지기 위해서 운동을 합니다. (○)
    健康になるために、運動をします。

会話

Track 160

A 잘 부탁드립니다. 신입사원 이민우입니다.　A よろしくお願いします。新入社員のイ・ミヌです。

B 반갑습니다. 회사를 위해서 열심히 일해　B お会いできてうれしいです。
　주십시오.　　　　　　　　　　　　　　会社のために、一生懸命働いてください。

A 가족을 위해서 무엇을 하세요?　A 家族のために、何をなさっていますか。

B 저는 가족을 위해서 매일 기도하고 있어요.　B 私は家族のために、毎日お祈りしています。

A 아파트 산 것을 축하합니다.　A マンション購入、おめでとうございます。

B 감사합니다. 이 집을 사기 위해서　B ありがとうございます。この家を買うために、
　우리 부부가 열심히 돈을 모았어요.　　　私たち夫婦が一生懸命お金をためました。

どこが違う?

-(으)려고	-기 위해서
-아/어야 해요, -(으)ㅂ시다, -(으)세요, -(으)ㄹ까요?と使うことができない。	-아/어야 해요, -(으)ㅂ시다, -(으)세요, -(으)ㄹ까요?と使うことができる。

-(으)려고

- 대학교에 입학하려고 열심히 공부했어요. (○)
  大学に入学しようと、一生懸命勉強しました。
- 대학교에 입학하려고 열심히 공부해야 해요. (×)
- 대학교에 입학하려고 열심히 공부합시다. (×)
- 대학교에 입학하려고 열심히 공부하세요. (×)

-기 위해서

- 대학교에 입학하기 위해서 열심히 공부했어요. (○)
  大学に入学するために、一生懸命勉強しました。
- 대학교에 입학하기 위해서 열심히 공부해야 해요. (○)
  大学に入学するために、一生懸命勉強しなくてはなりません。
- 대학교에 입학하기 위해서 열심히 공부합시다. (○)
  大学に入学するために、一生懸命勉強しましょう。
- 대학교에 입학하기 위해서 열심히 공부하세요. (○)
  大学に入学するために、一生懸命勉強してください。

次の絵を見て、適切な単語を選び、N을/를 위해서、またはV-기 위해(서)を使って、対話を完成させてください。

건강   당신   만나다   취직하다

---

(1)

A 매일 아침에 조깅을 해요?

B 네, 저는 _____ 매일 아침에 조깅을 해요.

(2)

A 와, 맛있겠어요. 무슨 날이에요?

B 오늘이 당신 생일이라서 _____ 내가 만들었어요.

(3)

A 왜 한국말을 배워요?

B 한국 회사에 _____ 한국말을 배워요.

(4)

A 왜 한국에 왔어요?

B 한국 친구를 _____ 왔어요.

05 V-기로 하다

Track 161

건강 때문에 올해부터 담배를 **끊기로 했어요**.
健康のために、今年からタバコをやめることにしました。

주말에 친구하고 같이 **등산하기로 했어요**.
週末に友だちと一緒に登山することにしました。

우리는 3년 후에 **결혼하기로 했습니다**.
私たちは3年後に結婚することにしました。

文法解説

1 他の人と約束したことを表す。動詞の語幹に**-기로 했다**をつけて使う。

   A 정아 씨, 사랑해요. 우리 내년에 결혼합시다.
     チョンアさん、愛しています。私たち、来年結婚しましょう。

   B 좋아요. 내년에 결혼해요.
     いいですよ。来年、結婚しましょう。

     → 정아 씨와 나는 서로 사랑하고 있어요. 우리는 내년에 결혼하**기로 했어요**.
       チョンアさんと私は愛し合っています。私たちは来年、結婚することにしました。

2 自分との約束、つまり決心・決定を表すときに使われる。動詞の語幹に**-기로 했다**をつけて使う。

   • 나는 올해부터 매일 운동하**기로 했어요**.
    私は今年から毎日運動することにしました。

가다 + -기로 했다 → 가기로 했어요   먹다 + -기로 했다 → 먹기로 했어요

基本形	-기로 했어요	基本形	-기로 했어요
만나다	만나기로 했어요	입다	입기로 했어요
공부하다	공부하기로 했어요	찍다	찍기로 했어요
놀다	놀기로 했어요	듣다	듣기로 했어요
살다	살기로 했어요	돕다	돕기로 했어요

会話

Track 162

A 재준 씨, 오늘 왜 이렇게 기분이 좋아요?

B 이번 주말에 캐럴 씨와 데이트하기로
했어요.

A 내일 등산 갈 때 누가 카메라를 가져와요?

B 부디 씨가 가져오기로 했어요.

A 새해에 무슨 계획이 있어요?

B 새해에는 자기 전에 꼭 일기를 쓰기로
했어요.

A チェジュンさん、今日どうしてこんなに
機嫌がいいんですか。

B 今週末、キャロルさんとデートすることに
したんです。

A 明日、登山に行くとき、誰がカメラを
持ってきますか。

B ブディさんが持って来ることにしました。

A 新年にどんな計画がありますか。

B 新年は寝る前に必ず日記を書くことにしました。

여기에 注意!

-기로 하다は主に-기로 했어요/했습니다のような過去形で使われるが、現在形の-기로 해요で使
われる場合がある。この場合は、対話である内容を約束しようという意味である。

A 내일 뭐 할까요?   明日、何をしましょうか。

B 등산하기로 해요. (= 등산하기로 합시다.)   登山することにしましょう。

下の人たちは、新年に何をすることにしましたか。次の絵を見て、適切な単語を選んで、-기로하다を使って、文を完成させてください。

> 공부하다　　　끊다　　　배우다　　　사다　　　하지 않다

(1) 이민우 씨는 새해에 차를 _____.

(2) 부디 씨는 술을 _____.

(3) 캐럴 씨는 태권도를 _____.

(4) 왕징 씨는 열심히 _____.

(5) 티루엔 씨는 컴퓨터게임을 _____.

Unit **16.**

条件と仮定

01 A/V-(으)면

Track 163

컴퓨터를 많이 **하면** 눈이 아파요.
コンピューターをたくさんすると、目が痛いです。

나는 기분이 **좋으면** 춤을 춰요.
私は気分がいいと、踊りを踊ります。

돈을 많이 **벌면** 집을 살 거예요.
お金をたくさん稼いだら、家を買うつもりです。

文法解説

後ろの内容が事実的・日常的・反復的なことに関する条件を述べるときや、不確実または実現していない事実を仮定するときに使う。日本語では「～と，～たら，～れば」の意味である。仮定を表すときは、혹시や만일のような副詞と使うことができる。動詞の語幹が母音やㄹで終わる場合は**-면**、ㄹ以外の子音で終わる場合は**-으면**をつける。

語幹が母音やㄹで終わるとき	語幹がㄹ以外の子音で終わるとき
가다 + **-면** → 가면	먹다 + **-으면** → 먹으면

基本形	-면	基本形	-으면
바쁘다	바쁘면	받다	받으면
만나다	만나면	있다	있으면
졸업하다	졸업하면	*듣다	들으면
*살다	살면	*덥다	더우면
*만들다	만들면	*낫다	나으면

* 印は不規則

‒(으)면の前には、過去の内容を述べることができない。そして、ある行動が一度起こる場合には‒(으)ㄹ 때を使う。

- 어제 영화를 보면 울었어요. (×)
  → 어제 영화를 볼 때 울었어요. (○)
  昨日、映画を見るとき、泣きました。
- 동생이 집에 없으면 친구가 왔어요. (×)
  → 동생이 집에 없을 때 친구가 왔어요. (○)
  弟/妹が家にいないときに、友だちが来ました。

会話

Track **164**

A 주말에 보통 뭐 해요?

B 날씨가 좋으면 등산을 해요.
  그렇지만 비나 눈이 오면 집에서
  텔레비전을 봐요.

A 다음 주에 고향에 돌아가요.

B 그래요? 섭섭해요. 고향에 돌아가면
  연락하세요.

A 결혼하면 어디에서 살 거예요?

B 회사 근처 아파트에서 살려고 해요.

A 週末、普通何をしますか。

B 天気がよければ、登山をします。
  だけど、雨や雪が降ると、
  家でテレビを見ています。

A 来週、故郷に帰ります。

B そうなんですか。さみしいですね。
  故郷に帰ったら連絡してください。

A 結婚したら、どこに住むつもりですか。

B 会社の近くのマンションに住もうと思っています。

ここに注意!

先行節の主語が後続節の主語と異なるとき、先行節の主語には은/는の代わりに이/가を使う。

- 동생은 이야기하면 친구들이 웃어요. (×) → 동생이 이야기하면 친구들이 웃어요. (○)
  弟/妹が話すと、友だちが笑います。
- 티루엔 씨는 회사에 안 오면 사무실이 조용해요. (×)
  → 티루엔 씨가 회사에 안 오면 사무실이 조용해요. (○) ティルエンさんが会社に来ないと、事務室が静かです。

関連のある絵をつなげて、適切な単語を選び、-(으)면を使って、文を完成させてください。

| 가다　　　　먹다　　　　오지 않다　　　　출발하다 |

(1) ・　　　　　　　　　　　　　・ⓐ

(2) ・　　　　　　　　　　　　　・ⓑ

(3) ・　　　　　　　　　　　　　・ⓒ

(4) ・　　　　　　　　　　　　　・ⓓ

(1) 아이스크림을 많이 _____ 살이 쪄요.

(2) 지금 _____ 3시에 도착할 수 있어요.

(3) 밤에 잠이 _____ 텔레비전을 봐요.

(4) 동대문시장에 _____ 옷이 싸요.

02 V-(으)려면

농구를 잘하려면 점프를 잘해야 돼요.
バスケを上手にしようと思うなら、
ジャンプが上手でなければなりません。

Track 165

동대문에 **가려면** 지하철 4호선을 타세요.
東大門に行こうと思うなら、地下鉄4号線に乗ってください。

이 선생님을 **만나려면** 월요일에 학교로 가세요.
李先生に会おうと思うなら、月曜日に学校へ行ってください。

文法解説

-(으)려고 하면の縮約形である。動詞と共に使い、先行節の動作をする考えや意図があれば、後続節の動作が前提とならなくてはならないことを表す。そのため、通常後ろに-아/어야 해요/돼요、-(으)면 돼요、-(으)세요、이/가 필요해요、-는 게 좋아요のような文法形態が多く使われる。日本語では「～しようと思うなら」の意味である。動詞の語幹が母音やㄹで終わる場合には-려면、ㄹ以外の子音で終わる場合には-으려면を使う。

語幹が母音やㄹで終わるとき	語幹がㄹ以外の子音で終わるとき
가다 + **-려면** → 가려면	먹다 + **-으려면** → 먹으려면

基本形	**-려면**	基本形	**-으려면**
만나다	만나려면	받다	받으려면
취직하다	취직하려면	끊다	끊으려면
부르다	부르려면	*듣다	들으려면
*살다	살려면	*돕다	도우려면

* 印は不規則

会話

A 한국말을 잘하고 싶어요.

A 韓国語が上手になりたいです。

B 한국말을 잘하려면 매일 한국말로만 이야기하세요.

B 韓国語が上手になりたいなら、毎日韓国語でだけ話してください。

A 펜을 자주 잃어버려요.

A ペンをよくなくします。

B 잃어버리지 않으려면 펜에 이름을 쓰세요.

B なくさないようにしようと思うなら、ペンに名前を書いてください。

A 사장님, 이 회사에서 일하고 싶습니다.

A 社長、この会社で働きたいです。

B 우리 회사에서 일하려면 한국말도 잘하고 컴퓨터도 잘해야 합니다.

B うちの会社で働こうと思うなら、韓国語も上手で、コンピューターも上手でなければなりません。

次の絵を見て、適切な文をつないでください。

(1)

· ⓐ 이 문을 열려면 비밀번호를 알아야 해요.

(2)

· ⓑ 감기에 걸리지 않으려면 코트를 입으세요.

(3)

· ⓒ 공주와 결혼하려면 금사과를 가져와야 해요.

(4)

· ⓓ 식사하시려면 예약을 하셔야 합니다.

크게 **말해도** 할머니가 못 들어요.
大きな声で言っても、おばあさんは聞こえません。

Track 167

이 옷이 마음에 들어요. **비싸도** 사고 싶어요.
この服が気に入りました。高くても買いたいです。

뉴스를 **들어도** 이해하지 못해요.
ニュースを聞いても、理解できません。

文法解説

先行節の行動や状態と関係なく、後続節の内容が現れることを意味する。日本語では「～ても」の意味である。語幹末の母音がㅏまたはㅗの場合は**-아도**、その他の母音の場合は**-어도**をつけ、**하다**で終わる動詞や形容詞は**해도**になる。

語幹末の母音が ㅏまたはㅗのとき	語幹末の母音が ㅏまたはㅗ以外のとき	하다で終わるとき
가다 + **-아도** → 가도	먹다 + **-어도** → 먹어도	피곤하다 → 피곤해도

基本形	-아/어도	基本形	-아/어도
보다	봐도	켜다	켜도
찾다	찾아도	씻다	씻어도
닦다	닦아도	*듣다	들어도
공부하다	공부해도	*맵다	매워도
*바쁘다	바빠도	*부르다	불러도

* 印は不規則

会話

A 3시까지 명동에 가야 해요.
택시를 탑시다.

B 지금 2시 50분이에요.
택시를 타도 3시까지 못 가요.

A 요즘 바빠서 아침을 못 먹어요.

B 바빠도 아침 식사를 꼭 해야 해요.
아침 식사를 안 하면 건강에 안 좋아요.

A 3時までに明洞に行かなくてはなりません。
タクシーに乗りましょう。

B 今、2時50分です。タクシーに乗っても、
3時までには行けませんよ。

A 最近、忙しくて朝食を食べられません。

B 忙しくても、朝食は必ず食べないといけません。
朝食をとらないと、健康によくありませんよ。

ここに注意!

−아/어도の前に、어떻게 해도の意味である아무리を使って、強調することもある。

• 나는 바빠도 아침을 꼭 먹어요. → 나는 아무리 바빠도 아침을 꼭 먹어요.
私は忙しくても、朝食を必ず食べます。 → 私はどんなに忙しくても、朝食を必ず食べます。

• 그 옷이 비싸도 살 거예요. → 그 옷이 아무리 비싸도 꼭 살 거예요.
その服が高くても買うつもりです。 → その服がどんなに高くても買うつもりです。

やってみよう

下の絵を見て、適切な単語を選び、−아/어도を使って、対話を完成させてください。

먹다	반대하다	보내다

(1)

A 감기 다 나았어요?
B 아니요. 약을 _____ 안 나아요.

(2)

A 두 사람이 정말 결혼할 거예요?
B 네, 부모님이 _____ 꼭 결혼할 거예요.

(3)

A 친구하고 자주 연락해요?
B 아니요. 편지를 _____ 친구가 답장을 안 해요.

推測

01 A/V-겠어요 ②

와, 맛있겠어요.
わあ、おいしそうですね。

Track 169

저 포스터를 보세요. 재미있겠어요!
あのポスターを見てください。おもしろそうですね!

시원하겠어요.
涼しそうですね。

文法解説

発話時の状況や状態を見て、推測する表現で、日本語では「～そうだ」に相当する。動詞と形容詞の語幹に**-겠어요**をつけて活用する。過去の推測の場合、**-겠-**の前に**-았/었-**を結合して、**-았/었겠어요**になる。

| 오다 + **-겠어요** → 오겠어요 | 덥다 + **-겠어요** → 덥겠어요 |

基本形	-겠어요	基本形	-겠어요
보다	보겠어요	좋다	좋겠어요
되다	되겠어요	예쁘다	예쁘겠어요
받다	받겠어요	재미있다	재미있겠어요
찾다	찾겠어요	시원하다	시원하겠어요
일하다	일하겠어요	편하다	편하겠어요

(参照：13課 意志と計画 01 A/V-겠어요 ① p.222)

会話

A 이번 주에 제주도로 여행 갈 거예요.　　A 今週、済州島へ旅行に行くつもりです。

B 와, 좋겠어요. 저도 가고 싶어요.　　B わあ、いいですね。私も行きたいです。

A 요즘 퇴근하고 매일 영어를 배워요.　　A 最近、退勤して毎日、英語を習っています。

B 매일이요? 힘들겠어요.　　B 毎日ですか。大変そうですね。

A 이게 요즘 제가 배우는　　A これが最近私が学んでいる韓国語の本です。
한국어 책이에요.

B 어렵겠어요.　　B 難しそうですね。

適切な表現を選び、−겠어요を使って、対話を完成させてください。

기분이 좋다	바쁘다	일본 요리를 잘하다
배가 고프다	피곤하다	한국말을 잘하다

(1) A 어제 일이 많아서 잠을 못 잤어요.

B 그래요? _____.

(2) A 저는 한국에서 5년 살았어요.

B 그럼 _____.

(3) A 어제 집에 손님들이 오셔서 음식을 많이 만들었어요.

B 어제 많이 _____.

(4) A 이번 시험에서 1등을 했어요.

B _____.

(5) A 저는 학원에서 1년 동안 일본 요리를 배웠어요.

B 그래요? 그럼 _____.

(6) A 오늘 하루 종일 밥을 못 먹었어요.

B _____.

02 A/V-(으)ㄹ 거예요 ②

그 옷을 입으면 더울 거예요.
その服を着ると暑いと思いますよ。

Track 171

하영 씨에게는 보라색 티셔츠가 잘 어울릴 거예요.
ハヨンさんには、紫のTシャツがよく似合うと思います。

7시니까 댄 씨는 벌써 퇴근했을 거예요.
7時だから、ダンさんはもう退勤したと思います。

文法解説

見たり聞いたり経験したりしたことを根拠に、話し手の推測を表す表現である。日本語では「〜と思う」に相当する。形容詞と動詞の語幹が母音やㄹで終わる場合は-ㄹ 거예요、ㄹ以外の子音で終わる場合は-을 거예요をつける。過去の推測の場合は-(으)ㄹ 거예요の前に-았/었-を結合した-았/었을 거예요を使う。

語幹が母音やㄹで終わるとき	語幹がㄹ以外の子音で終わるとき
사다 + -ㄹ 거예요 → 살 거예요	먹다 + -을 거예요 → 먹을 거예요

基本形	-ㄹ 거예요	基本形	-을 거예요
바쁘다	바쁠 거예요	입다	입을 거예요
시원하다	시원할 거예요	많다	많을 거예요
*만들다	만들 거예요	*가깝다	가까울 거예요
*길다	길 거예요	*덥다	더울 거예요

* 印は不規則

推測を表す**―을 거예요**は、疑問文では使えない。疑問文で推測を表すときは**―(으)ㄹ까요?**を使う。

    A 내가 이 옷을 입으면 멋있을까요? 〔이 옷을 입으면 멋있을 거예요? (×)〕
       私がこの服を着たら、かっこいいでしょうか。

    B 네, 멋있을 거예요.
       ええ、かっこいいと思います。

(参照：1課 時制 04 V―(으)ㄹ거예요 ① p.52)

会話

Track 172

A 여기에서 학교까지 버스가 있어요?

B 네, 그렇지만 자주 안 와서 지하철이
    더 편할 거예요.

A 댄 씨에게 음악 CD를 주면
    좋아할까요?

B 매일 음악을 들으면서 다니니까
    좋아할 거예요.

A 요코 씨가 결혼했어요?

B 왼손에 반지를 끼었으니까
    결혼했을 거예요.

A ここから学校までバスがありますか。

B はい、だけど頻繁には来ないので、
    地下鉄の方が便利だと思いますよ。

A ダンさんに、音楽のCDをあげたら
    喜ぶでしょうか。

B 毎日音楽を聞きながら通っているから、
    喜ぶと思いますよ。

A 洋子さんは結婚していますか。

B 左手に指輪をしているから、
    結婚していると思いますよ。

適切な単語を選び、−(으)ㄹ 거예요を使って、対話を完成させてください。

가다	걸리다	문을 닫다	바쁘다
예쁘다	오다	알다	자다

(1) A 민우 씨가 오늘 파티에 와요?
   B 출장 준비를 해야 하니까 아마 못 _____.

(2) A 햄버거를 먹고 싶어요. 햄버거 가게가 문을 열었을까요?
   B 지금 밤 11시니까 _____.

(3) A 미국에 가려고 하는데 어디가 좋아요?
   B 댄 씨 고향이 미국이니까 잘 _____. 댄 씨에게 물어보세요.

(4) A 티루엔 씨가 왜 회의에 안 왔어요?
   B 몸이 안 좋아서 일찍 집에 _____.

(5) A 어제 캐럴 씨가 전화를 안 받았어요.
   B 어제 일이 많아서 _____.

(6) A 부디 씨가 아침부터 계속 졸고 있어요.
   B 어젯밤에 파티를 해서 _____.

(7) A 거기까지 시간이 많이 걸릴까요?
   B 지금 퇴근 시간이니까 시간이 좀 _____.

(8) A 내일 돌잔치에 무슨 옷을 입고 갈까요?
   B 한복을 입으면 _____.

Track 173

주말에 날씨가 **더울까요?**
週末、天気が暑いでしょうか。

캐럴 씨가 오늘 **나올까요?**
キャロルさんが今日出て来るでしょうか。

댄 씨가 이 책을 **읽었을까요?**
ダンさんがこの本を読んだでしょうか。

文法解説

まだ起こっていない状態や行動について推測し、質問するときに使う表現である。日本語では「～でしょうか」に相当する。答えとしては−(으)ㄹ 거예요、−(으)ㄴ/는 것 같아요を多く使う。形容詞や動詞の語幹が母音やㄹで終わる場合は−ㄹ까요?、ㄹ以外の子音で終わる場合は−을까요?をつける。過去の推測の場合は、−(으)ㄹ까요?の前に−았/었−をつけた形である−았/었을까요?を使う。

語幹が母音やㄹで終わるとき	語幹がㄹ以外の子音で終わるとき
가다 + **−ㄹ까요?** → 갈까요?	먹나 + **−을까요?** → 먹을끼요?

基本形	−ㄹ까요?	基本形	−을까요?
예쁘다	예쁠까요?	괜찮다	괜찮을까요?
친절하다	친절할까요?	*듣다	들을까요?
*살다	살까요?	*춥다	추울까요?

* 印は不規則

(参照：12課 意見を尋ねる, 提案する 01 V−(으)ㄹ까요? ① p.210, 02 V−(으)ㄹ까요? ② p.212)

会話

Track **174**

A 요즘 꽃이 비쌀까요?   A 最近、花が高いでしょうか。

B 졸업식 때니까 비쌀 거예요.   B 卒業式の時期だから、高いと思いますよ。

A 이번에 누가 승진을 할까요?   A 今回は誰が昇進するでしょうか。

B 댄 씨가 일을 잘하니까 이번에   B ダンさんが仕事ができるから、
　승진할 거예요.   今回昇進すると思います。

A 지금 가면 길이 막힐까요?   A いま行くと、道路が混んでいるでしょうか。

B 아니요, 이 시간에는 길이 안 막혀요.   B いいえ。この時間には道路は混んでいませんよ。

適切な単語を選び、-(으)ㄹ까요?を使って、対話を完成させてください。

도착하다	돈이 많다	돌아오다	막히다	바쁘다

(1) A 웨슬리 씨가 _____?

　　B 네, 아버지가 부자니까 웨슬리 씨도 돈이 많을 거예요.

(2) A 버스를 타면 _____?

　　B 지금 퇴근 시간이니까 지금 버스를 타면 막힐 거예요.

(3) A 나탈리아 씨가 집에 _____?

　　B 1시간 전에 출발했으니까 지금쯤 도착했을 거예요.

(4) A 김 과장님이 _____?

　　B 요즘 연말이라서 바쁘실 거예요.

(5) A 선생님이 몇 시쯤 _____?

　　B 2시쯤 돌아오실 거예요.

実用韓国語文法・初級

04 A/V-(으)ㄴ/는/(으)ㄹ 것 같다

어제 비가 온 것 같아요.
昨日、雨が降ったようです。

Track 175

지금 비가 오는 것 같아요.
今、雨が降っているみたいです。

비가 올 것 같아요.
雨が降りそうです。

文法解説

1 いくつかの状況から考えて、過去に起こったと推測したり、まだ起こっていない状態や行動について推測したりするときに使う表現である。日本語では「〜ようだ, 〜みたいだ, 〜そうだ」などに相当する。形容詞の現在と動詞の過去は**-(으)ㄴ**、動詞の現在は**-는**、動詞と形容詞の未来は**-(으)ㄹ**とそれぞれ結合する。

> A 댄 씨, 오늘 기분이 좋은 것 같아요. 무슨 좋은 일 있어요?
> ダンさん、今日機嫌がいいみたいですね。何かいいことがあったんですか。
>
> B 네, 어제 아내가 딸을 낳았어요.
> ええ、昨日、妻が娘を産んだんです。

2 話し手の考えや意見を婉曲に述べる表現で、強く断定的に言わず、やわらかく丁寧に表現する時に使う。

> A 음식 맛이 어때요?　料理の味はどうですか。
>
> B 좀 짠 것 같아요.　ちょっとしょっぱいようです。

形容詞 現在		動詞 過去		動詞 現在	動詞/形容詞 未来	
母音終わり	子音終わり	母音終わり	子音終わり		母音終わり	子音終わり
−ㄴ 것 같다	−은 것 같다	−ㄴ 것 같다	−은 것 같다	−는 것 같다	−ㄹ 것 같다	−을 것 같다
바쁜 것 같다	많은 것 같다	간 것 같다	먹은 것 같다	가는 것 같다 먹는 것 같다	갈 것 같다	먹을 것 같다

	基本形	過去	現在	未来
形容詞	예쁘다	−	예쁜 것 같다	예쁠 것 같다
	작다	−	작은 것 같다	작을 것 같다
	친절하다	−	친절한 것 같다	친절할 것 같다
	*춥다	−	추운 것 같다	추울 것 같다
動詞	가다	간 것 같다	가는 것 같다	갈 것 같다
	찾다	찾은 것 같다	찾는 것 같다	찾을 것 같다
	결혼하다	결혼한 것 같다	결혼하는 것 같다	결혼할 것 같다
	*만들다	만든 것 같다	만드는 것 같다	만들 것 같다
	*듣다	들은 것 같다	듣는 것 같다	들을 것 같다
이다	학생이다	−	학생인 것 같다	학생일 것 같다

＊ 印は不規則

（※ 形容詞の過去形は上級で学びます。）

会話

Track 176

A 일주일이 빨리 가는 것 같아요.

A 1週間が早く過ぎていくみたいです。

B 정말 그래요. 벌써 금요일이에요.

B 本当にそうですね。もう、金曜日です。

A 그 식당 주인이 친절한 것 같아요.

A あの食堂の主人が親切なようです。

B 네, 항상 밥도 많이 주고 서비스도 좋아요.

B ええ、いつもごはんもたくさんくれて、サービスもいいです。

A 더 드세요.

A もっと召し上がってください。

B 죄송해요. 배가 불러서 더 못 먹을 것 같아요.

B すみません。おなかがいっぱいで、もう食べられそうにないです。

-(으)ㄴ 것 같다는-(으)ㄹ 것 같다より、やや直接的で確実な根拠があるときに使い、-(으)ㄹ 것 같다は間接的で漠然とした推測であるときに使う。

- 오늘 날씨가 더운 것 같아요. 今日、天気が暑いみたいです。

  (人々が暑がる姿を見たり、自分が外の暑さを経験したりした場合に述べる推測)

- 오늘 날씨가 더울 것 같아요. 今日、天気が暑そうです。

  (昨日、暑かったから、今日も暑そうだなどという漠然とした推測)

どこが違う?

-겠어요	-(으)ㄹ 거예요	-(으)ㄴ/는/(으)ㄹ 것 같다
根拠や理由なく、その状況での直感的で瞬間的な推測を表す。	根拠がある推測で、話し手のみ推測に対する情報を持っている時に使う。	直感的で主観的な推測で、根拠や理由がある場合でもない場合でも、どちらでも使用可能である。
A 이 식당의 음식이 맛있을까요? この食堂の料理はおいしいでしょうか。 B 맛있겠어요. (×)	A 이 식당의 음식이 맛있을까요? この食堂の料理はおいしいでしょうか。 B 이 식당은 손님이 많으니까 음식이 맛있을 거예요. この食堂はお客さんが多いから料理はおいしいと思います。	A 이 식당의 음식이 맛있을까요? この食堂の料理はおいしいでしょうか。 B① (잘 모르겠지만 제 생각에는) 맛있을 것 같아요. (よくわからないが自分の考えでは)おいしいと思います。 B② 사람이 많은 것을 보니까 맛있을 것 같아요. 人が多いところを見ると、おいしいと思います。
A 제가 만들었어요. 맛있게 드세요. 私が作りました。おいしく召し上がってください。 B (맛있어 보이는 음식을 보는 순간) 와, 정말 맛있겠어요. (おいしそうに見える料理を見た瞬間) わあ、本当においしそうですね。		何かを断定的に述べず、婉曲に述べる時に使う。 A 다음 주 제 생일 파티에 올 수 있어요? 来週、私の誕生パーティーに来られますか。 B 가고 싶지만 다음 주에 출장이 있어서 못 갈 것 같아요. 죄송해요. 行きたいんですが、来週出張があって行けなそうです。すみません。

次の絵を見て、適切な単語を選び、-(으)ㄴ/는/(으)ㄹ 것 같다を使って、対話を完成させてください。

맑다　　　　가족이다　　　　먹다　　　　하다

(1)　A 세 사람은 어떤 관계일까요?

B ＿＿＿＿＿＿＿＿＿＿＿＿.

(2)　A 고양이는 목욕을 했을까요?

B ＿＿＿＿＿＿＿＿＿＿＿＿.

(3)　A 오늘 날씨가 어떤 것 같아요?

B ＿＿＿＿＿＿＿＿＿＿＿＿.

(4)　A 강아지는 목욕이 끝난 후에 무엇을 할까요?

B ＿＿＿＿＿＿＿＿＿＿＿＿.

270　実用韓国語文法・初級

Unit **18.**

品詞変化

가방이 예뻐요. 그 가방을 사고 싶어요.
かばんがかわいいです。 そのかばんを買いたいです。

Track 177

→ **예쁜** 가방을 사고 싶어요.
かわいいかばんを買いたいです。

소파에서 사람이 자요. 그 사람이 누구예요?
ソファーで人が寝ています。 その人は誰ですか。

→ 소파에서 **자는** 사람이 누구예요?
ソファーで寝ている人は誰ですか。

오늘 저녁에 한국 음식을 먹을 거예요.
그 음식이 뭐예요?

今日の夕方に韓国料理を食べるつもりです。
その料理は何ですか。

→ 오늘 저녁에 **먹을** 한국 음식이 뭐예요?
今日の夕方に食べる韓国料理は何ですか。

文法解説

動詞や形容詞を、名詞を修飾する形に変える役割をする。 日本語では「〜い, 〜な, 〜する, 〜した」などに相当する。 形容詞の現在と動詞の過去には−(으)ㄴ、動詞の現在には−는、動詞の未来には−(으)ㄹをそれぞれ用いる。 否定形の場合、形容詞は−지 않은と結合し、動詞の場合は−지 않는と結合する。

形容詞 現在		動詞 過去		動詞 現在	動詞 未来	
母音終わり	子音終わり	母音終わり	子音終わり	있다/없다	母音終わり	子音終わり
−ㄴ N	−은 N	−ㄴ N	−은 N	−는 N	−ㄹ N	−을 N
예쁜 날씬한	높은 낮은	간 본	읽은 먹은	가는 읽는 있는 없는	갈 볼	읽을 먹을

基本形	過去	現在	未来
넓다	–	넓은 방	–
친절하다	–	친절한 사람	–
읽다	읽은 책	읽는 책	읽을 책
먹다	먹은 빵	먹는 빵	먹을 빵
공부하다	공부한 사람	공부하는 사람	공부할 사람
*만들다	만든 요리	만드는 요리	만들 요리
*듣다	들은 음악	듣는 음악	들을 음악

＊ 印は不規則

（※ 形容詞の過去形は上級で学びます。）

会話

Track 178

A 어떤 영화를 좋아해요?　　　　　　　A どんな映画が好きですか。

B 재미있는 영화를 좋아해요.　　　　　B おもしろい映画が好きです。

A 지금 커피를 마시는 사람이 누구예요?　A 今、コーヒーを飲んでいる人は誰ですか。

B 제 친구예요.　　　　　　　　　　　B 私の友だちです。

A 어제 간 식당이 어땠어요?　　　　　A 昨日行った食堂はどうでしたか。

B 친절한 서비스 때문에 기분이 좋았어요.　B 親切なサービスで気分がよかったです。

A 주말에 왜 못 만나요?　　　　　　　A 週末、どうして会えないんですか。

B 할 일이 너무 많아서 못 만나요.　　　B やることがすごく多くて会えません。

ここに注意!

形容詞を2つ以上つなげるときは、最後に出てくる形容詞のみ連体形に変える。

• 착해요. 그리고 예뻐요. 그런 여자를 좋아해요. やさしいです。そしてきれいです。そんな女性が好きです。

→ 착한 예쁜 여자를 좋아해요. (×)
　착하고 예쁜 여자를 좋아해요. (○)　やさしくてきれいな女性が好きです。

1 次の絵を見て、-(으)ㄴ/는/(으)ㄹを使って、対話を完成させてください。

(1)

A 어떤 음식을 먹고 싶어요?

B _____.

(맵다, 뜨겁다)

(2)

A 내일 영화 봐요? 무슨 영화를 볼 거예요?

B 내일 _____.

(보다, 해리포터)

2 次の文を読んで、-(으)ㄴ/는/(으)ㄹを使って、文章を完成させてください。

어제는 날씨가 아주 (例) 추웠어요. 저는 학교 앞에서 친구를 만났어요. 배가 고파서 친구와 같이 식당에 갔어요. 저는 김치찌개를 먹었어요. 김치찌개는 아주 (1)매웠어요. 친구는 불고기를 먹었어요. 불고기는 맛있고 (2)맵지 않았어요. 밥을 먹고 친구와 영화를 봤어요. 그 영화는 정말 (3)재미있었어요. 영화를 보고 친구하고 커피숍에 갔어요. 저와 친구는 커피를 마셨어요. 커피가 아주 (4)뜨거웠어요. 친구와 이야기를 많이 하고 집에 왔어요. 내일은 친구와 월드컵경기장에 (5)갈 거예요.

↓

어제는 아주 (例) **추운** 날씨였어요. 저는 학교 앞에서 친구를 만났어요. 배가 고파서 친구와 같이 식당에 갔어요. 저는 아주 (1)_____ 김치찌개를 먹었어요. 친구는 맛있고 (2)_____ 불고기를 먹었어요. 밥을 먹고 친구와 정말 (3)_____ 영화를 봤어요. 영화를 보고 친구하고 커피숍에 갔어요. 저와 친구는 (4)_____ 커피를 마셨어요. 친구와 이야기를 많이 하고 집에 왔어요. 내일 친구와 (5)_____ 곳은 월드컵경기장이에요.

---

02 A/V-기

Track 179

한국말을 **공부하기**가 어려워요.
韓国語を勉強するのが難しいです。

제 취미는 **요리하기**예요.
私の趣味は料理することです。

다리가 아파서 **걷기**가 힘들어요.
脚が痛くて歩くのが大変です。

文法解説

動詞や形容詞を名詞に変える役割をする。日本語では「〜こと, 〜の」に相当する。文の中で主語や目的語など、多様な文成分として使われる。

1 名詞として定着している場合

말하다 → 말하기		크다 → 크기		세다 → 세기	
言う	話すこと, 会話	大きい	大きさ	強い	強さ
듣다 → 듣기		밝다 → 밝기		뛰다 → 뛰기	
聞く	聞くこと, 聞き取り	明るい	明るさ	走る	走ること
쓰다 → 쓰기		굵다 → 굵기		달리다 → 달리기	
書く	書くこと, 作文	太い	太さ	駆ける	かけっこ
읽다 → 읽기		빠르다 → 빠르기		던지다 → 던지기	
読む	読むこと, 読解	速い	速さ	投げる	投げること

2 文全体が1つの名詞として使われる場合

- 집이 멀어서 학교에 오기가 힘들어요.　　　家が遠くて、学校に来るのが大変です。
- 한국 노래 듣기를 좋아해요.　　　　　　　韓国の歌を聞くのが好きです。
- 혼자 밥 먹기를 싫어해요.　　　　　　　　一人でごはんを食べるのが嫌いです。

| 달리다 + **-기** → 달리기 | 받다 + **-기** → 받기 |

基本形	**-기**	基本形	**-기**
보다	보기	입다	입기
배우다	배우기	살다	살기
만나다	만나기	먹다	먹기
기다리다	기다리기	찾다	찾기

会話

Track 180

A 한국어 공부할 때 뭐가 제일 어려워요?　A 韓国語の勉強をするとき、何が一番難しいですか。
B 말하기가 제일 어려워요.　　　　　　　B 話すのが一番難しいです。

A 왜 이 옷을 안 사요?　　　　　　　　A どうしてこの服を買わないんですか。
B 그 옷은 입기가 불편해요.　　　　　　B その服は着づらいです。
　그래서 안 사요.　　　　　　　　　　　なので、買いません。

A 우리 버스를 탈까요?　　　　　　　　A バスに乗りましょうか。
B 아니요, 여기는 버스 타기가　　　　　B いいえ、ここだとバスは不便です。
　불편해요. 지하철을 탑시다.　　　　　　地下鉄に乗りましょう。

ここに注意!

ー기はいくつかの助詞と結合し、文の主語・目的語・副詞語などとして使われる。

- ー기(를) 좋아하다/싫어하다
- ー기(를) 바라다/원하다
- ー기(를) 시작하다/끝내다/그만두다
- ー기(가) 쉽다/어렵다/좋다/싫다/나쁘다/재미있다/편하다/불편하다/힘들다
- ー기(에) 좋다/나쁘다

- 한국말을 잘하면 한국에서 살기가 편해요.　韓国語が上手なら、韓国で暮らしやすいです。
- 댄 씨, 대학에 꼭 합격하기를 바라요.　　ダンさん、大学にきっと合格することを願っています。
- 이 책은 글씨가 커서 보기에 좋아요.　　この本は文字が大きくて、見やすいです。

次の絵を見て、ー기を使って、対話を完成させてください。

(1)

A 취미가 뭐예요?

B 제 취미는 _____예요.
　　　　　　　　(우표 모으다)

(2)

A 요리를 자주 하세요?

B 아니요. 저는 _____를 싫어해요.
　　　　　　　　(요리하다)

(3)

A 여보, 일어나세요, 회사에 갈 시간이에요.

B 아, 오늘은 피곤해서 _____가 싫어요.
　　　　　　　　　　　(회사에 가다)

(4)

A 태권도 재미있어요?

B 네, 재미있는데 _____가 어려워요.
　　　　　　　　(배우다)

Track 181

머리를 **짧게** 잘랐어요.
髪を短く切りました。

오늘 아침에 **늦게** 일어났어요.
今朝、遅く起きました。

크게 읽으세요.
大きな声で読んでください。

文法解説

後ろに来る行為に関する目的や基準・程度・方法・考えなどを表し、文中で副詞の機能をする。日本語では「〜く、〜に」に相当する。形容詞の語幹に**-게**をつけて副詞にする。

예쁘다 + **-게** → 예쁘게   길다 + **-게** → 길게

基本形	-게	基本形	-게
크다	크게	가깝다	가깝게
작다	작게	멀다	멀게
쉽다	쉽게	귀엽다	귀엽게
어렵다	어렵게	편하다	편하게
짧다	짧게	깨끗하다	깨끗하게

会話

A 여보, 이제 무엇을 할까요?

A ねえ、今から何をしましょうか。

B 화장실 청소를 해 주세요.
깨끗하게 해 주세요.

B トイレ掃除をしてください。
きれいにしてくださいね。

A 넥타이가 아주 멋있어요.

A ネクタイがとても素敵ですね。

B 고마워요. 세일해서 싸게 샀어요.

B ありがとう。セールしてて、安く買ったんですよ。

A 엄마, 오늘 날씨가 추워요?

A お母さん、今日、寒いですか。

B 응, 추우니까 따뜻하게 입어.

B うん、寒いから暖かい服を着なさい。

ここに注意!

❶ 一般的に形容詞の副詞形は語幹に-게をつけて作るが、많다と이르다は많게、이르게より
は많이と일찍を主に使う。

많다 → 많이

A 잘 먹겠습니다. いただきます。

B 많이 드세요.　たくさん召し上がってください。

이르다 → 일찍

A 늦어서 죄송합니다. 遅れてすみません。

B 내일은 일찍 오세요. 明日は早く来てください。

❷ 副詞にする時、-게の形ともう1つの形の両方を使うこともある。

빠르다 → 빠르게/빨리

• 비행기가 빠르게 지나가요.
飛行機が速く通りすぎます。

• 이쪽으로 빨리 오세요.
こちらへ早く来てください。

적다 → 적게/조금

• 소금은 적게 넣으세요.
塩を少な目に入れてください。

• 커피 조금 더 드실래요?
コーヒーもう少し召し上がりますか。

느리다 → 느리게/천천히

• 시계가 느리게 가요.
時計が遅く進みます。

• 천천히 드세요.
ゆっくりお召し上がりください。

次の絵を見て、適切な単語を選び、−게を使って、対話を完成させてください。

맛있다   예쁘다   재미있다   행복하다

---

(1)

A 요즘 어떻게 지내요?
B _____ 지내요.

(2)

A _____ 드세요.
B 잘 먹겠습니다.

(3)

A 제가 주말에 제주도에 가요.
B 와, 좋겠어요. _____ 놀고 오세요.

(4)

A 자, 사진 찍습니다. _____ 웃으세요.
B 김~치.

Track 183

아이들이 배고파해요.
子どもたちがおなかをすかしています。

요즘 아버지가 피곤해하세요.
最近、父がお疲れです。

아이가 심심해해요.
子どもが退屈しています。

文法解説

一部の形容詞の後ろについて、その形容詞を動詞にする役割をするが、話し手の心理や感じたことが行動や外見で表現される。日本語では「～がる，～する」などに相当する。語幹末の母音がㅏまたはㅗの場合は**−아하다**、その他の母音の場合は**−어하다**、**하다**で終わる場合は**−해하다**になる。

語幹末の母音が ㅏまたはㅗのとき	語幹末の母音が ㅏまたはㅗ以外のとき	**하다**で終わるとき
좋다 + **−아하다** → 좋아하다	예쁘다 + **−어하다** → 예뻐하다	미안하다 + **−해하다** → 미안해하다

基本形	**−아/어하다**	基本形	**−아/어하다**
아프다	아파하다	피곤하다	피곤해하다
싫다	싫어하다	*무섭다	무서워하다
*밉다	미워하다	*어렵다	어려워하다
*덥다	더워하다	*즐겁다	즐거워하다

* 印は不規則

形容詞の語幹に**ー지 마세요**がつく場合、**ー아/어하지 마세요**の形になる。

- 무서워하지 마세요. (○) 怖がらないでください。　무섭지 마세요. (×)

- 어려워하지 마세요. (○) 難しがらないでください。　어렵지 마세요. (×)

会話

Track 184

A 왜 부디 씨는 롤러코스터를 안 타요?　A なぜブディさんはローラーコースターに乗らないんですか。

B 부디 씨는 롤러코스터를 무서워해요.　B ブディさんはローラーコースターを怖がっています。

A 아이들이 이 게임을 좋아해요?　A 子どもたちはこのゲームが好きですか。

B 네, 재미있어해요.　B はい、おもしろがっています。

ここに注意!

예쁘다, 귀엽다に**ー아/어하다**が結合した形である예뻐하다, 귀여워하다は、かわいがるという意味である。

- 할아버지는 나를 귀여워하세요. おじいさんは私をかわいがります。
- 동생이 강아지를 예뻐해요.　弟/妹が犬をかわいがっています。

やってみよう

次を読みながら、適切な表現に○をつけてください。

　우리 집에는 강아지 한 마리가 있는데 이름은 바비예요.
바비는 아주 (1) (귀여워요/귀여워해요). 그래서 우리 가족들은 모두 바비를
(2) (좋아요/좋아해요). 바비는 하루에 두 번 밥을 먹어요. 그런데 밥 먹는 시간
이 지나면 아주 (3) (배고파서/배고파해서) 크게 짖어요. 그래서 밥을 빨리 줘야
해요. 또 겨울에 밖에 나갈 때 바비는 많이 (4) (추워서/추워해서) 옷이 필요해
요. 강아지를 키우기가 조금 힘들지만 바비가 없으면 저는 정말 슬플 거예요.

状態を表す表現

01 V-고 있다 ②

Track 185

목걸이와 귀걸이를 하고 있어요.
ネックレスとピアスをしています。

블라우스를 입고 있어요.
ブラウスを着ています。

치마를 입고 있어요.
スカートをはいています。

부츠를 신고 있어요.
ブーツを履いています。

안경을 쓰고/끼고 있어요.
眼鏡をかけています。

장갑을 끼고 있어요.
手袋をしています。

양복을 입고 있어요.
スーツを着ています。

가방을 들고 있어요.
かばんを持っています。

구두를 신고 있어요.
靴を履いています。

文法解説

입다(着る)、신다(履く)、쓰다(かける, かぶる)、끼다(はめる, する)、벗다(脱ぐ)などの着用動詞について、そのような行動が終わった結果が現在継続している状態であることを表す。日本語では「〜ている」に相当する。同じ意味で完了状態を表す過去形ー았/었어요を使うこともある。

- 치마를 입고 있어요. = 치마를 입었어요.　スカートをはいています。
- 안경을 쓰고 있어요. = 안경을 썼어요.　眼鏡をかけています。

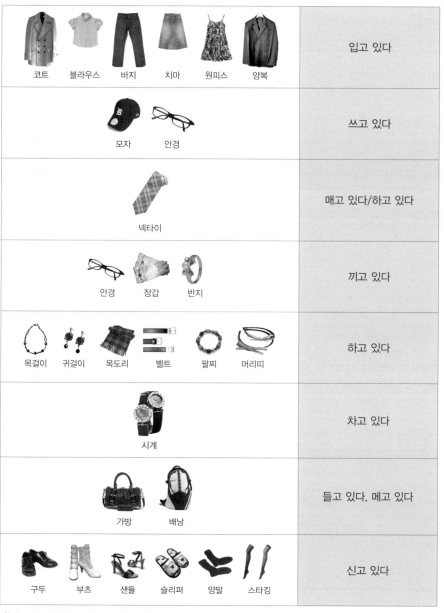

코트　블라우스　바지　치마　원피스　양복	입고 있다
모자　안경	쓰고 있다
넥타이	매고 있다/하고 있다
안경　장갑　반지	끼고 있다
목걸이　귀걸이　목도리　벨트　팔찌　머리띠	하고 있다
시계	차고 있다
가방　배낭	들고 있다, 메고 있다
구두　부츠　샌들　슬리퍼　양말　스타킹	신고 있다

(参照 : 1課 時制 05 V−고 있다 ① p.54)

会話

Track 186

A 하영 씨가 누구예요?

B 저 사람이 하영 씨예요.
빨간색 원피스를 입고 있어요.

A 왜 집에서 양말을 신고 있어요?

B 우리 집은 추워요. 그래서 양말을
신고 있어요.

A 이민우 씨가 결혼했어요?

B 네, 결혼반지를 끼고 있어요.

A ハヨンさんって誰ですか。

B あの人がハヨンさんです。
赤いワンピースを着ています。

A なぜ家で靴下を履いているんですか。

B うちは寒いんです。
それで、靴下を履いています。

A イ・ミヌさんは結婚していますか。

B はい、結婚指輪をしていますよ。

やってみよう

絵の人は何を着ていますか。次の絵を見て、例のように、文を完成させてください。

> 例 모자를 <u>쓰고 있어요.</u>

(1) 안경을 ＿＿＿＿＿＿＿＿.

(2) 목도리를 ＿＿＿＿＿＿＿.

(3) 넥타이를 ＿＿＿＿＿＿＿.

(4) 재킷을 ＿＿＿＿＿＿＿.

(5) 바지를 ＿＿＿＿＿＿＿.

(6) 배낭을 ＿＿＿＿＿＿＿.

(7) 책을 ＿＿＿＿＿＿＿.

(8) 양말을 ＿＿＿＿＿＿＿.

(9) 운동화를 ＿＿＿＿＿＿＿.

선생님이 서 있어요.
先生が立っています。

학생들이 앉아 있어요.
学生たちが座っています。

Track 187

환자들이 병원에 누워 있어요.
患者たちが病院で横になっています。

우산에 이름이 쓰여 있어요.
傘に名前が書いてあります。

文法解説

ある動作が終わった後に、その状態が継続していることを表す。日本語では「～ている」に相当する。
열리다(開く)、**닫히다**(閉まる)、**켜지다**(〔明かり・火などが〕つく)、**꺼지다**(消える)、**떨어지다**(落ちる)、**놓이다**(置かれる)などの受身動詞と結合して使われることが多い。

語幹末の母音が ㅏまたはㅗのとき	語幹末の母音が ㅏまたはㅗ以外のとき	하다で終わるとき
앉다 + **-아 있다** → 앉아 있다	피다 + **-어 있다** → 피어 있다	하다 → 해 있다

基本形	-아/어 있어요	基本形	-아/어 있어요	基本形	-어 있어요
가다	가 있어요	서다	서 있어요	잠기다	잠겨 있어요
오다	와 있어요	붙다	붙어 있어요	닫히다	닫혀 있어요
남다	남아 있어요	*쓰이다	쓰여 있어요	꺼지다	꺼져 있어요
켜지다	켜져 있어요	*눕다	누워 있어요	떨어지다	떨어져 있어요

* 印は不規則

会話

Track 188

A 지갑을 잃어버렸어요.
B 어떻게 해요? 지갑 안에 뭐가 들어 있었어요?
A 돈하고 카드가 들어 있었어요.

A 하숙집을 어떻게 찾았어요?
B 학교 앞에 광고가 붙어 있었어요.

A 왜 식당에 안 들어가요?
B 문이 닫혀 있어요.

A 財布をなくしてしまいました。
B どうしましょう。財布の中に何が 入っていましたか。
A お金とカードが入っていました。

A 下宿をどうやって見つけましたか。
B 学校の前に広告が張ってありました。

A なぜ食堂に入らないんですか。
B ドアが閉まっているんです。

ここに注意!

❶ 입다, 신다, 쓰다のような着用動詞の場合には、입어 있다, 신어 있다, 써 있다と言わず、 −고 있다を使って、입고 있다, 신고 있다, 쓰고 있다と言う。

- 우리 동생은 코트를 입어 있어요. (×) → 코트를 입고 있어요. (○)　コートを着ています。
- 운동화를 신어 있어요. (×) → 운동화를 신고 있어요. (○)　　　　運動靴を履いています。
- 모자를 써 있어요. (×) → 모자를 쓰고 있어요. (○)　　　　　　　　帽子をかぶっています。
- 가방을 들어 있어요. (×) → 가방을 들고 있어요. (○)　　　　　　　かばんを持っています。
- 넥타이를 매 있어요. (×) → 넥타이를 매고 있어요. (○)　　　　　　ネクタイをしめています。

❷ −아/어 있다は目的語が必要ない動詞のみと使われる。

- 창문을 열었어요. 그래서 창문이 열려 있어요. (○)　　　　　窓を開けました。それで、窓が開いています。
- 창문을 열어 있어요. (×)

どこが違う?

−고 있다	−아/어 있다
今、動作が進行していることを表す。	動作が終わった後に、その状態が続いていることを表す。
• 의자에 앉고 있다 (今、椅子に座ろうとしているところ。)	• 의자에 앉아 있다 (椅子に座った状態が持続している。)
• 꽃이 피고 있다 (花が咲きつつあるところ。)	• 꽃이 피어 있다 (花が咲いて、その状態が続いている。)
• 죽고 있다 (今、だんだんと死につつある状態。)	• 죽어 있다 (死んで、その状態が続いている。)

やってみよう

下の絵を見て、文章に合うものを選んでください。

(1) 칠판에 "생일 축하합니다!"라고 (쓰고/쓰여) 있습니다.

(2) 창문이 (열고/열려) 있습니다.

(3) 책상 위에는 케이크가 (놓이고/놓여) 있습니다.

(4) 케이크에 촛불이 (켜고/켜져) 있습니다.

(5) 왕징 씨는 열쇠를 (찾고/찾아) 있습니다.

(6) 열쇠가 의자 밑에 (떨어지고/떨어져) 있습니다.

(7) 티루엔 씨는 지금 카드를 (쓰고/써) 있습니다.

(8) 요코 씨는 커피를 (마시고/마셔) 있습니다.

(9) 캐럴 씨는 노래를 (부르고/불러) 있습니다.

(10) 민우 씨가 (서고/서) 있습니다.

(11) 하영 씨가 (앉고/앉아) 있습니다.

Track 189

풍선이 커졌어요.
風船が大きくなりました。

언니가 날씬해졌어요.
姉がスリムになりました。

피노키오는 거짓말을 하면 코가 길어져요.
ピノキオはうそをつくと、鼻が長くなります。

文法解説

時間が経過するにつれて、ある状態に変化することを表す。日本語では「～になる, ～くなる」の意味である。語幹末の母音が ㅏ または ㅗ のときは **-아지다** を、それ以外の母音のときは **-어지다** をつけ、**하다** で終わるときは **해지다** になる。

語幹末の母音が ㅏ または ㅗ のとき	語幹末の母音が ㅏ または ㅗ 以外のとき	하다で終わるとき
작다 + **-아지다** → 작아지다	길다 + **-어지다** → 길어지다	하다 → 해지다

基本形	-아/어져요	基本形	-아/어져요
좋다	좋아져요	따뜻하다	따뜻해져요
*예쁘다	예뻐져요	건강하다	건강해져요
*덥다	더워져요	편하다	편해져요
*빨갛다	빨개져요	*다르다	달라져요

* 印は不規則

会話

A 회사가 멀어요?

B 옛날에는 멀었는데 이사해서
　가까워졌어요.

A 날씨가 많이 추워요?

B 비가 오고 나서 추워졌어요.

A 눈이 나빠요. 어떻게 해야 돼요?

B 당근을 많이 먹으면 눈이 좋아져요.

A 会社が遠いんですか。

B 昔は遠かったですが、引っ越して
　近くなりました。

A とても寒いですか。

B 雨が降ってから、寒くなりました。

A 目が悪いです。どうすればいいですか。

B にんじんをたくさん食べると、目がよくなりま
　すよ。

ここに注意！

❶ 常に形容詞と共に使う。動詞とは一緒に使わない。

　• 요코 씨가 예뻐졌습니다. (○) 洋子さんがきれいになりました。

　• 요코 씨가 한국말을 잘해졌습니다. (×) → 요코 씨가 한국말을 잘하게 되었습니다. (○)
　　　　　　　　　　　　　　　　　　洋子さんが韓国語が上手になりました。

(参照：19課 状態を表す表現 04 V–게 되다 p.293)

❷ 過去のある行動の結果、変化した現在の状態を表すときは、過去形–아/어졌어요を使う。
　そして、一般的にある行動をすると変化するという意味のときは、現在形–아/어져요を使う。

　• 아이스크림을 많이 먹어서 뚱뚱해져요. (×) → 아이스크림을 많이 먹어서 뚱뚱해졌어요. (○)
　　　　　　　　　　　　　　　　　　アイスクリームをたくさん食べて、太りました。

　• 아이스크림을 많이 먹으면 뚱뚱해졌어요. (×) → 아이스크림을 많이 먹으면 뚱뚱해져요. (○)
　　　　　　　　　　　　　　　　　　アイスクリームをたくさん食べると、太ります。

絵を見てください。何が変わりましたか。適切な単語を選び、-아/어지다を使って、文を完成させてください。

건강하다	넓다	높다	많다	빨갛다
시원하다	예쁘다	적다	크다	

(1) 몸이 약했는데 지금은 _____.

(2) 눈이 _____.

(3) 얼굴이 _____.

(4) 가을이 되어서 날씨가 _____.

(5) 나뭇잎이 _____.

(6) 바다에 사람들이 _____.

(7) 길이 _____.

(8) 차가 _____.

(9) 빌딩이 _____.

04 V-게 되다

요리를 잘하게 되었어요.
料理が上手になりました。

Track 191

축구를 좋아하게 되었어요.
サッカーが好きになりました。

외국으로 출장을 가게 됐어요.
外国へ出張に行くことになりました。

文法解説

ある状態から他の状態へ変化することや、主語の意志と関係なく他の人の行為や環境によって、ある状況になることを表す。動詞の語幹に**-게 되다**をつける。日本語では「～になる, ～くなる, ～ことになる, ～ようになる」の意味である。

- 옛날에는 축구를 싫어했는데 남자 친구가 생기고 나서부터 축구를 좋아하게 되었어요.
  昔はサッカーが嫌いでしたが、彼氏ができてからサッカーが好きになりました。
- 출장을 가기 싫었는데 사장님의 명령 때문에 출장을 가게 되었어요.
  出張に行くのが嫌だったのですが、社長の命令で出張に行くことになりました。

가다 + **-게 되다** → 가게 되었어요   먹다 + **-게 되다** → 먹게 되었어요

基本形	-게 되었어요	基本形	-게 되었어요
보다	보게 되었어요	살다	살게 되었어요
마시다	마시게 되었어요	듣다	듣게 되었어요
잘하다	잘하게 되었어요	알다	알게 되었어요

会話

A 요즘 일찍 일어나요?

B 네, 회사에 다닌 후부터 일찍
일어나게 되었어요.

A 영화배우 장동건 씨를 알아요?

B 한국에 오기 전에는 몰랐는데 한국에
와서 알게 되었어요.

A 最近、早く起きるんですか。

B はい、会社に勤めはじめてから早く
起きるようになりました。

A 映画俳優のチャン・ドンゴンさんを
知っていますか。

B 韓国に来る前は知りませんでしたが、
韓国に来て知りました。

やってみよう

イ・ミヌさんは結婚後に何が変わりましたか。適切な動詞を選んで、例のように、-게 되다を使って、文章を完成させてください。

| 가다 | 끊다 | 들어가다 | 마시다 | 만나다 | 먹다 | 저축하다 |

例 술을 안 마시게 되었어요.

(1) 집에 일찍 _____. 친구들을 자주 못 _____.

(2) 담배를 _____.

(3) 맛있는 음식을 _____.

(4) 시장에 자주 _____.

(5) _____.

Unit 20.

....

情報確認

01 A/V-(으)ㄴ/는지

02 V-는 데 걸리다/들다

03 A/V-지요?

명동에 어떻게 **가는지** 알아요?
明洞にどうやって行くか知っていますか。

Track 193

저분이 **누구인지** 모르겠어요.
あの方が誰なのかわかりません。

어제 무엇을 **했는지** 생각이 안 나요.
昨日、何をしたのか思い出せません。

文法解説

ある情報を必要とする文と、後ろの動詞を結合する時に使う連結語尾である。このとき、後ろには主に**알다**(知る, わかる)、**모르다**(知らない, わからない)、**궁금하다**(気がかりだ)、**질문하다**(質問する)、**조사하다**(調査する)、**알아보다**(調べる)、**생각나다**(思い出す)、**말하다**(言う)、**가르치다**(教える)などの動詞が来る。

- 내일 날씨가 좋아요, 나빠요? + 알아요? → 내일 날씨가 좋은지 나쁜지 알아요?
  明日、天気がいいですか、悪いですか。+ 知っていますか。
  → 明日、天気がいいか悪いか知っていますか。

- 명동에 어떻게 가요? + 가르쳐 주세요. → 명동에 어떻게 가는지 가르쳐 주세요.
  明洞にどうやって行きますか。+ 教えてください。
  → 明洞にどうやって行くか教えてください。

形容詞の現在には、語幹が母音やㄹで終わる場合**-ㄴ지**、ㄹ以外の子音で終わる場合**-은지**を使う。動詞の現在の場合は、動詞の語幹に**-는지**をつける。形容詞や動詞の過去の場合は**-았/었는지**を、動詞の未来の場合には**-(으)ㄹ 건지**をつける。

形容詞/이다 現在		動詞 現在	動詞/形容詞/이다 過去	動詞 未来	
母音終わり	子音終わり			母音終わり	子音終わり
-ㄴ지	-은지	-는지	-았/었는지	-ㄹ 건지	-을 건지
큰지 인지	작은지	가는지 먹는지	갔는지　컸는지 의사였는지 학생이었는지	갈 건지	먹을 건지

基本形	-(으)ㄴ/는지	基本形	-(으)ㄴ/는지
예쁘다	예쁜지	만나다	만나는지
높다	높은지	입다	입는지
학생이다	학생인지	운동하다	운동하는지
*길다	긴지	청소하다	청소하는지
*춥다	추운지	*살다	사는지
더웠다	더웠는지	찍었다	찍었는지
교수였다	교수였는지	공부했다	공부했는지
선생님이었다	선생님이었는지	일했다	일했는지

* 印은 不規則

会話

Track **194**

A 제이슨 씨가 병원에 입원했어요.
어디가 아픈지 알아요?

B 글쎄요. 저도 어디가 아픈지
모르겠어요.

A 여보, 우리 아들이 지금 공부하고
있어요?

B 방에 있는데 공부하는지 자는지
잘 모르겠어요.

A 이거 제가 만들었어요.
드셔 보세요.

B 와, 맛있어요. 이거 어떻게
만들었는지 가르쳐 주세요.

A ジェイソンさんが病院に入院しました。
どこが悪いのか知っていますか。

B そうですね。
私もどこが悪いのか知りません。

A あなた、うちの息子はいま勉強していますか。

B 部屋にいるけど、勉強しているのか寝ている
のかよくわかりません。

A これ私が作りました。
召し上がってみてください。

B わあ、おいしいですね。
これどうやって作ったのか教えてください。

—는지は次のような様々な形で使われる。

❶ 疑問詞 + V —(으)ㄴ/는지

- 우리 아이가 방에서 무엇을 하는지 모르겠어요.　　うちの子が部屋で何をしているのかわかりません。
- 그 사람이 어느 나라 사람인지 알아요?　　その人はどの国の人か知っていますか。

❷ V1—(으)ㄴ/는지 V2—(으)ㄴ/는지

- 우리 아이가 방에서 자는지 공부하는지 모르겠어요.　うちの子が部屋で寝ているのか、勉強しているのかわかりません。
- 그 사람이 일본 사람인지 중국 사람인지 알아요?　その人が日本人か中国人か知っていますか。

❸ V1—(으)ㄴ/는지 안 V1—(으)ㄴ/는지

- 우리 아이가 공부를 하는지 안 하는지 모르겠어요.　うちの子が勉強しているのか、していないのかわかりません。
- 그 사람이 일본 사람인지 아닌지 모르겠어요.　その人が日本人なのか、違うのかわかりません。

やってみよう

この人について知っていますか。—(으)ㄴ/는지を使って、この人について尋ねてみてください。

(1) A 이 사람이 ＿＿＿＿＿＿＿＿ 알아요?
　　B 네, 알아요. 제이슨 씨예요.

(2) A 제이슨 씨의 나이가 ＿＿＿＿＿＿＿ 모르겠어요.
　　B 제이슨 씨는 22살이에요.

(3) A 제이슨 씨가 ＿＿＿＿＿＿＿＿＿ 알아요?
　　B 네, 알아요. 작년에 한국에 왔어요.

(4) A ＿＿＿＿＿＿＿＿＿＿＿＿＿＿＿＿＿?
　　B 네, 알아요. 한국대학교에 다녀요.

(5) A 무엇을 ＿＿＿＿＿＿＿ 말해 주세요.
　　B 제이슨 씨는 노래하고 운동을 좋아해요.

(6) A 여자 친구가 있는지 ＿＿＿＿＿ 궁금해요.
　　B 제이슨 씨는 여자 친구가 있어요.

02 V–는 데 걸리다/들다

운전을 배우는 데 두 달 걸렸어요.
運転を習うのに2ヶ月かかりました。

숙제하는 데 한 시간 걸려요.
宿題するのに1時間かかります。

차를 고치는 데 30만 원 들었어요.
車を直すのに30万ウォンかかりました。

文法解説

動詞の後ろについて、何かをするのにお金・時間・努力が費やされることを表すときに使う。日本語では「〜(する)のにかかる」の意味である。動詞の語幹に–는 데 들다/걸리다をつける。所要時間を表すときは–는 데 걸리다、所用費用を表すときは–는 데 들다を使う。

- 차를 고쳐요. 30만 원 들어요. → 차를 고치는 데 30만 원 들어요.
  車を直します。30万ウォンかかります。→ 車を直すのに30万ウォンかかります。

가다 + –는 데 → 가는 데		짓다 + –는 데 → 짓는 데

基本形	–는 데	
여행하다	여행하는 데	(時間) (費用) + 걸리다 들다
읽다	읽는 데	
짓다	짓는 데	
*만들다	만드는 데	

* 印は不規則

会話

Track 196

A 여기에서 명동까지 가는 데 얼마나
　걸려요?

B 버스로 가면 40분, 지하철로 가면
　20분 걸려요.

A 지난주에 이사했어요? 이사하는 데
　얼마 들었어요?

B 150만 원쯤 들었어요.

A ここから明洞まで行くのに、
　どれくらいかかりますか。

B バスで行くと40分、地下鉄で行くと
　20分かかります。

A 先週、引っ越しましたか。
　引っ越すのにいくらかかりましたか。

B 150万ウォンくらいかかりました。

やってみよう

下の絵にあることをするのに、時間がどれくらいかかりますか。費用はどれくらいかかりますか。—는 데 걸리다／들다를 使って、対話を完成させてください。

(1)

A 와, 맛있는 갈비예요.

B 갈비 ＿＿＿＿＿＿ 10시간이나 걸렸어요.
　　　　(만들다)

A 그래요? ＿＿＿＿＿＿ 10분밖에 안 걸려요.
　　　　　(먹다)

(2)

A 한글 자음, 모음 다 외웠어요?

B 네, 자음, 모음 ＿＿＿＿＿ 일주일 걸렸어요.
　　　　　　　(외우다)

(3)

A 이를 ＿＿＿＿＿＿ 얼마나 들어요?
　　　(치료하다)

B 이를 ＿＿＿＿＿＿ 보통 6만 원쯤 ＿＿＿＿＿.
　　　(치료하다)　　　　　　　　(들다)

(4)

A 한국에서 머리를 자르고 싶어요. 돈이 얼마쯤 들어요?

B 머리 ＿＿＿＿＿＿ 20,000원 정도 ＿＿＿＿＿.
　　　(자르다)　　　　　　　　(들다)

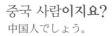

중국 사람?

중국 사람이지요?
中国人でしょう。

Track 197

불고기가 맛있지요?
プルコギがおいしいでしょう。

한국어를 배우지요?
韓国語を習っているでしょう。

文法解説

話者が知っている事実を、聞き手に尋ねて確認したり、同意を求めたりするときに使う表現である。日本語では「〜でしょう，〜ですよね」の意味である。形容詞・動詞の現在の場合は**-지요?**、形容詞・動詞の過去の場合は**-았/었지요?**、動詞の未来の場合は**-(으)ㄹ 거지요?**を使う。口語では**-지요?** を縮約して、**-죠?**と言うこともある。

크다 + **-지요?** → 크지요?　　　　　먹다 + **-지요?** → 먹지요?

基本形	-지요?	基本形	-지요?
싸다	싸지요?	가다	가지요?
많다	많지요?	읽다	읽지요?
춥다	춥지요?	듣다	듣지요?
멀다	멀지요?	공부하다	공부하지요?
맛있다	맛있지요?	재미없다	재미없지요?
학생이다	학생이지요?	학생이 아니다	학생이 아니지요?

会話

A 우리 아이가 벌써 10살이 되었어요.
세월이 참 빠르지요?

A うちの子がもう10歳になりました。
月日は本当に早いですね。

B 네, 정말 세월이 빨라요.

B ええ、本当に月日は早いです。

A 호앙 씨, 어제 밤새웠지요?

A ホアンさん、昨日、徹夜したでしょう。

B 어떻게 알았어요? 제가 피곤해
보여요?

B どうして分かったんですか。
私が疲れて見えますか。

A 내일 회의에 참석할 거지요?

A 明日、会議に参加するでしょう。

B 네, 회의에 꼭 참석하겠습니다.

B ええ、会議に必ず参加します。

次の絵を見て分かることを、キャロルさんに質問してみてください。

(1) A 캐럴 씨, 백화점에서 ＿＿＿＿＿＿＿？
B 네, 한국백화점에서 쇼핑했어요.

(2) A 요즘 한국백화점에서 ＿＿＿＿＿＿？
B 네, 다음 주까지 세일을 해요.

(3) A 세일 기간이라서 백화점에 사람이 ＿＿＿＿＿＿＿？
B 정말 많았어요. 복잡했어요.

(4) A 남자 구두를 ＿＿＿＿＿＿？
B 네, 남자 구두를 샀어요.

(5) A 그 구두를 남자 친구에게 ＿＿＿＿＿＿？
B 아니요, 아버지께 드릴 거예요.

Unit **21.**

事実発見と感嘆

01 A-군요, V-는군요

02 A/V-네요

Track 199

눈이 **나쁘군요**.
目が悪いんですね。

아이스크림을 **좋아하는군요**.
アイスクリームが好きなんですね。

감기에 **걸렸군요**.
風邪をひいたんですね。

文法解説

自分が直接経験したり、他の人から聞いて新しく知った事実に対して、感嘆や驚きを表現したりするときに使う。日本語では「～ですね」に相当する。形容詞と結合するときは**–군요**が、動詞と結合するときは**–는군요**が来る。名詞と結合するときは**–(이)군요**が来る。過去の場合は**–았/었군요**と結合する。

形容詞 + –군요	動詞 + –는군요
크다 + **–군요** → 크군요	먹다 + **–는군요** → 먹는군요

基本形	–군요	基本形	–는군요
학생이다	학생이군요	가다	가는군요
의사이다	의사(이)군요	사다	사는군요
피곤하다	피곤하군요	운동하다	운동하는군요
덥다	덥군요	*만들다	만드는군요

* 印は不規則

会話

Track **200**

A 부디 씨가 이번에 차를 또 바꿨어요.
A ブディさんが今回、車をまた変えました。

B 그래요? 부디 씨는 정말 돈이 많군요.
B そうなんですか。
ブディさんは本当にお金持ちですね。

A 댄 씨, 인사하세요. 이분이 우리
회사 사장님이세요.
A ダンさん、あいさつしてください。
この方はうちの会社の社長です。

B 아, 사장님이시군요. 안녕하세요.
B あ、社長でいらっしゃるんですね。こんにちは。

A 우산 있어요? 지금 밖에 비가 와요.
A 傘ありますか。今、外は雨が降っています。

B 정말 비가 오는군요. 우산이 없는데
어떻게 하죠?
B 本当に雨が降ってますね。
傘ないんですが、どうしましょう。

ここに注意!

　-군요のパンマル形としては、形容詞の場合ー구나/군を使い、動詞の場合は-는구나/는군を
使う。また、名詞の場合はー(이)구나/(이)군と結合する。

A 저 아이가 제 동생이에요.　　　　　　　あの子が私の弟/妹です。

B (혼잣말로) 아, 저 아이가 민우 씨의 동생이구나.　(独り言で) ああ、あの子がミヌさんの弟/妹なんだ。

A 엄마, 오늘 학교에서 일이 있어서 늦게 왔어요.　お母さん、今日学校で仕事があって遅く帰って来ました。

B 응, 그래서 늦었구나.　　　　　　　　　うん、それで遅かったんだ。

やってみよう

次の対話を読んで、ー군요/는군요を使って、対話を完成させてください。

(1) A 오늘 아침에 출근하는 데 한 시간이나 걸렸어요.
　　B 그래요? 월요일이어서 길이 많이 _____. (막히다)

(2) A 제 여자 친구 사진이에요.
　　B 여자 친구가 _____. (예쁘다)

(3) A 요즘 사람들이 노란색 옷을 많이 입어요.
　　B 요즘 노란색이 _____. (유행하다)

(4) A 점심시간인데 밥 안 먹어요?
　　B 아, 벌써 _____. (점심시간이다)

21. 事実発見と感嘆　305

Track 201

벌써 여름이네요.
もう夏ですね。

가족이 많네요.
家族が多いですね。

글씨를 잘 쓰네요.
字を上手に書きますね。

책을 많이 읽었네요.
本をたくさん読んだんですね。

文法解説

自分が直接経験して新しく知った事実に対して感嘆や驚きを表したり、他の人の話を聞いて同意したりするときに使う表現である。形容詞・動詞の語幹に-네요が結合する。日本語では「～ですね、～ますね」に相当する。

1 自分が直接体験して新しく知った事実に対して感嘆や驚きを表すとき

A 한국말을 정말 잘하시네요.　　韓国語が本当にお上手ですね。
　　　　　　　　　　　　　　　　（友だちが韓国語を話すのを見ながら）

B 아니에요. 더 많이 공부해야 돼요.　いえいえ。もっとたくさん勉強しなければなりません。

2 他の人の話を聞いて自分もその話に同意するとき

A 오늘 날씨가 춥지요?　　今日、寒いでしょう。
B 네, 정말 춥네요.　　ええ、本当に寒いですね。

오다 + -네요 → 오네요　　　　　　가깝다 + -네요→ 가깝네요

基本形	-네요	基本形	-네요
책상이다	책상이네요	춥다	춥네요
아니다	아니네요	찍다	찍네요
예쁘다	예쁘네요	듣다	듣네요
친절하다	친절하네요	요리하다	요리하네요
주다	주네요	*멀다	머네요
마시다	마시네요	*살다	사네요

＊ 印は不規則

(参照：21課 事実発見と感嘆 01 A－군요, V－는군요 p.304)

どこが違う?

-군요	-네요
❶ 主に本や文章など文語で使われる。	❶ 主に日常会話でよく使われる。
❷ 自分が直接経験したり、他の人から聞いたりして、新しく知った事実に対して、感嘆や驚きを表現するときに使う。	❷ 自分が直接経験して、新しく知った事実ではない場合には使うことができない。

-군요 側:

A 이 식당에서 갈비 먹어 봤어요? 정말 맛있어요.
この食堂でカルビを食べたことありますか。
本当においしいですよ。

B 그래요? 이 집 갈비가 맛있군요. (O)
そうなんですか。このお店のカルビはおいしいんですね。

(カルビを直接食べてみたことはないが、他の人の話を通じて知った事実であるので使うことができる。)

-네요 側:

A 이 식당에서 갈비 먹어 봤어요? 정말 맛있어요.
この食堂でカルビを食べたことありますか。
本当においしいですよ。

B 그래요? 이 집 갈비가 맛있네요. (×)
(カルビを直接食べてみたことがないので、使うことができない。)

会話

A 남편이 키가 크시네요.

B 네, 187cm(센티미터)예요.

A 제 선물이에요. 빨리 열어 보세요.

B 예쁜 목도리네요. 고마워요.
　겨울에 잘 할게요.

A 우리 딸이 그린 그림인데 어때요?

B 정말 잘 그렸네요. 언제부터 그림을
　배웠어요?

A ご主人、背が高いですね。

B ええ、187cmです。

A 私のプレゼントです。早く開けてみてください。

B かわいいマフラーですね。
　ありがとうございます。冬にしますね。

A うちの娘が描いた絵なんですが、どうですか。

B 本当に上手ですね。
　いつから絵を習っているんですか。

次の絵を見て、−네요や−군요を使って、対話を完成させてください。

(1)

A 우리 동네 근처에 있는 시장에 가봤어요? 물건이 싸고 좋아요.

B 그래요? 그 시장 물건이 _____.

(2)

A 오늘 하늘 좀 보세요. 정말 아름다워요.

B 네, 하늘이 정말 _____.

(3)

A 자장면 배달 왔습니다.

B 오늘 짜장면이 빨리 _____.

(4)

A 요코 씨가 병원에 입원했어요.

B 요코 씨가 많이 _____.

(아프다)

その他の
終結表現

01 A-(으)ㄴ가요?, V-나요?

한국 친구가 많은가요?
韓国の友だちが多いですか。

Track 203

나를 사랑하나요?
私を愛していますか。

주말에 재미있게 보내셨나요?
週末、楽しく過ごされましたか。

文法解説

相手に親切に柔らかく質問するときに使う表現である。日本語では「～ですか、～ますか」に相当する。形容詞の場合、形容詞の語幹が母音やㄹで終わる場合は-ㄴ가요?、ㄹ以外の子音で終わる場合は-은가요?と結合し、動詞の場合、語幹に-나요?が結合する。

形容詞/이다 現在		動詞 現在	動詞/形容詞/이다 過去	動詞/形容詞 未来	
母音終わり	子音終わり			母音終わり	子音終わり
-ㄴ가요?	-은가요?	-나요?	-았/었나요?	-ㄹ 건가요?	-을 건가요?
아픈가요?	많은가요?	가나요?	갔나요?	갈 건가요?	먹을 건가요?
학생인가요?	적은가요?	있나요?	적었나요?	볼 건가요?	있을 건가요?

基本形	-(으)ㄴ가요?	基本形	-나요?
빠르다	빠른가요?	오다	오나요?
친절하다	친절한가요?	찾다	찾나요?
의사이다	의사인가요?	아팠다	아팠나요?

작다	작은가요?	받았다	받았나요?
*무섭다	무서운가요?	*만들다	만드나요?
*멀다	먼가요?	*살다	사나요?

* 印は不規則

会話

Track 204

A 오늘 시간이 있나요?　　　　　　　　　A 今日、時間ありますか。

B 네, 있는데 왜 그러세요?　　　　　　　B はい、ありますけど、どうしてですか。

A 요즘 바쁜가요?　　　　　　　　　　　A 最近、忙しいですか。

B 아니요, 그렇게 많이 바쁘지 않아요.　　B いいえ、そんなにすごく忙しくありません。

A 댄 씨 어머님이 언제 서울에 오시나요?　A ダンさんのお母様はいつソウルにいらっしゃいますか。

B 다음 주에 오실 거예요.　　　　　　　B 来週にいらっしゃる予定です。

A 몇 시에 집에서 출발할 건가요?　　　　A 何時に家から出発するつもりですか。

B 조금 이따가 할 거예요.　　　　　　　B 少ししたらしますよ。

やってみよう

例のように、対話を完成させてください。

> 例　A 오늘 **날씨가 좋은가요?**
>
> 　　B 네, 날씨가 좋아요.

(1) A 티루엔 씨, 요즘 회사에서 자꾸 자는데 ＿＿＿＿＿＿＿＿＿＿?

　　B 네, 피곤해요.

(2) A 여권을 만드는 데 며칠이 ＿＿＿＿＿＿＿＿＿?

　　B 아마 일주일쯤 걸릴 거예요.

(3) A 댄 씨, 한국에 ＿＿＿＿＿＿＿＿＿? 한국말을 잘하세요.

　　B 작년에 왔어요.

(4) A 캐럴 씨와 ＿＿＿＿＿＿＿＿＿?

　　B 물론이에요. 결혼할 거예요.

02 A/V-(으)ㄴ/는데요

Track 205

저는 재미있는데요.
私はおもしろいですけど。

민우 씨는 지금 자리에 없는데요.
ミヌさんは今、席にいませんが。

정말 높은데요!
本当に高いですね!

文法解説

1 会話で相手の言葉に対して同意しなかったり、反対の考えを控えめに表したりするときに使われる。日本語では「〜ですが, 〜ですけど」などに相当する。形容詞の場合、語幹が母音やㄹで終わる場合は**ㄴ데요**、ㄹ以外の子音で終わる場合は**-은데요**と結合し、動詞の場合は**-는데요**と結合する。

A 오늘 날씨가 안 추워요.　今日、寒くないですね。
B 저는 추운데요.　　　　　私は寒いですけど。

2 ある状況で相手の反応を待ったり、期待して言ったりするときに使う。日本語では「〜ですが, 〜ですけど」などに相当する。

A 여보세요, 거기 하영 씨 댁이지요?
　もしもし、そちらハヨンさんのお宅ですか。
B 네, 맞는데요. (누구세요? / 무슨 일이세요?)
　はい、そうですが。（どなたですか。/ 何のご用件ですか。）

3 ある場面を見て知ったり感じたりした事実について、驚きや意外さを込めて感嘆するように言うときに使う。日本語では「〜ですね、〜ますね」に相当する。

- (여자 친구를 보면서) 여자 친구가 정말 예쁜데요!
  (彼女を見ながら) 彼女が本当にきれいですね!
- (외국인을 보면서) 한국말을 아주 잘하시는데요.
  (外国人を見ながら) 韓国語がとてもお上手ですね。

形容詞/이다 現在		動詞 現在 있다/없다		動詞/形容詞/이다 過去	
母音終わり	子音終わり				
−ㄴ데요	−은데요	−는데요		−았/었는데요	
바쁜데요	많은데요	사는데요	읽는데요	샀는데	바빴는데요
의사인데요	높은데요	있는데요	없는데요	의사였는데요	학생이었는데요

基本形	−(으)ㄴ/는데요	基本形	−(으)ㄴ/는데요
예쁘다	예쁜데요	보다	보는데요
작다	작은데요	듣다	듣는데요
피곤하다	피곤한데요	일하다	일하는데요
*힘들다	힘든데요	*만들다	만드는데요
*덥다	더운데요	*살다	사는데요
친절했다	친절했는데요	받았다	받았는데요
편했다	편했는데요	찾았다	찾았는데요

* 印は不規則

会話

Track 206

A 내일 저녁에 시간 있어요?
A 明日の夕方、時間ありますか。
B 내일은 시간이 없는데요.
B 明日は時間がないんですが。

A 이 그림 어때요?
A この絵どうですか。
B 와, 멋있는데요.
B わあ、素敵ですね。

A 와, 댄 씨, 공부 열심히 하는데요.
A わあ、ダンさん、勉強一生懸命してるんですね。
B 아니에요. 그냥 책을 읽고 있어요.
B いえいえ。ただ、本を読んでいるだけです。

次の絵を見て、適切な単語を選び、-(으)ㄴ/는데요を使って、対話を完成させてください。

대단하다	먹다	불다	없다

(1)
A 저 선수 좀 보세요.
B 와, 정말 _____.

(2)
A 같이 저녁 먹을까요?
B 저는 벌써 _____.

(3)
A 웨슬리 씨, 돈 좀 빌려 주세요.
B 죄송해요. 지금 돈이 _____.

(4)
A 우리 산책하러 갈까요?
B 지금 바람이 많이 _____.

引用文

Track 207

에디슨은 "실패는 성공의 어머니입니다."
라고 했어요.

エジソンは「失敗は成功の母です」と言いました。

예수님은 "서로 사랑하세요."라고 말씀했어요.

イエス様は「愛し合いなさい」とおっしゃいました。

왕징 씨는 저에게 "내일 몇 시에 와요?" 하고
물어봤어요.

ワンジンさんは私に「明日、何時に来ますか」とききました。

부디 씨는 '문제가 너무 어려워.' 하고 생각했어요.

ブディさんは「問題が難しすぎる」と考えました。

文法解説

直接引用とは、文章や考え、あるいは誰かの言葉を引用符の中に入れ、そのまま引用するものである。引用符の次には、「**하고/라고**+動詞」が来る。質問をするときは**무엇을 말했어요?**, **무엇을 썼어요?**のように、**무엇을**と言わず**뭐라고**と言う。つまり、**카일리 씨가 뭐라고 말했어요?**のように使う。**하고/라고**の次には、**이야기하다**, **물어보다**, **말하다**, **생각하다**, **쓰다**などが来るが、このような動詞の代わりに**하다**や**그러다**を使うこともできる。

"引用する言葉"	하고 라고	(말)하다 (言う) / 이야기하다 (話す) / 그러다 (そう言う)
		물어보다 (尋ねる)
		생각하다 (考える)
		부탁하다 (頼む)
		쓰다 (書く)
		듣다 (聞く)
		쓰여 있다 (書いてある)

会話

Track 208

A 민우 씨하고 얘기했어요?

B 네, 민우 씨가 "요즘 너무 바빠서 만날 수 없어요."라고 그랬어요.

A 여보, "여기에 주차하지 마세요."라고 쓰여 있는데요.

B 그래요? 다른 곳에 주차할게요.

A ミヌさんと話しましたか。

B はい、ミヌさんが「最近、すごく忙しくて 会えません」と言っていました。

A あなた、「ここに駐車しないでください」って 書いてありますけど。

B そうですか。他の所に駐車します。

ここに注意!

❶ 引用符の中の言葉が하다で終わるとき、後ろには하고 했어요を使わない。また、하고の次に来る 動詞も하다を避ける方がよい。これは하다が何度も重複すると不自然に聞こえるためである。

- 민우 씨는 "운동하세요." 하고 했어요. (×)
  → 민우 씨는 "운동하세요."라고 (말)했어요. (○)
  → 민우 씨는 "운동하세요." 하고 말했어요. (○)
  ミヌさんは「運動してください」と言いました。

- 하영 씨는 "내일 만나요." 하고 했어요. (×)
  → 하영 씨는 "내일 만나요."라고 (말)했어요. (○)
  → 하영 씨는 "내일 만나요." 하고 말했어요. (○)
  ハヨンさんは「明日会いましょう」と言いました。

❷ 引用される文の次に来る하고と라고は同じように使われるが、若干ニュアンスの差がある。 하고がついた引用文は、라고の場合とは異り、抑揚や表情、感情までそのまま引用される感じが する。従って、擬声語や童話・昔話のように生き生きとした感じを伝達しなくてはならない場合 は하고が使われる。日常的な対話や文章では大体라고が多く使われる。

- 순호 씨가 벨을 누르니까 "딩동" 하고 소리가 났어요.　チュノさんがベルを押すと「ピンポン」と音がしました。

- 그 남자는 "살려 주세요!" 하고 소리쳤어요.　その男性は「助けてください!」と叫びました。

- 왕비는 "거울아, 거울아, 세상에서 누가 제일 예쁘니?" 하고 물어봤어요.
  王妃は「鏡よ、鏡。世界で誰が一番きれい?」と聞きました。
  (上の「ピンポン」や、男性と王妃の口調、抑揚、感情をそのまま伴って表現する。)

次の人々が言ったことを、直接引用文に変えてください。

(1)

전화할게요.

A 여자가 남자에게 뭐라고 말했어요?

B 여자는 남자에게 _____.

(2)

지수 씨 전화번호 알아요?

A 재준 씨가 무엇을 물어봤어요?

B 재준 씨는 _____.

(3)

A 카드에 뭐라고 썼어요?

B 카드에 _____.

(4)

항상 감사하세요.

A 성경에 뭐라고 써 있어요?

B 성경에 _____.

(5)

정말 마음에 들어요.

A 선물을 주니까 부디 씨가 뭐라고 했어요?

B 부디 씨는 _____.

Track 209

민우 씨가 저에게 정말 **아름답다고 했어요.**
ミヌさんが私に、本当に美しいと言いました。

하영 씨가 저에게 **사랑한다고 그랬어요.**
ハヨンさんが私に愛していると言いました。

민우 씨가 **결혼하자고 했어요.**
ミヌさんが結婚しようと言いました。

文法解説

間接引用とは、文や考え、あるいは誰かの言葉を、引用符を使わず引用するもので、引用符の中の文章の種類・時制・品詞などによって形が異なる。よって、直接引用より形が多く複雑である。引用しようとする文の形を変えた後、**-고**をつけて**말하다**(言う)、**물어보다**(尋ねる)、**전하다**(伝える)、**듣다**(聞く)などの動詞を使う。この時、これらの動詞の代わりに、**하다**や**그러다**を使うことができる。

文章の種類	時制	結合形態	例
平叙文	現在	動詞 語幹 + -(느)ㄴ다고 하다	만난다고 합니다 먹는다고 합니다
		形容詞 語幹 + -다고 하다	바쁘다고 합니다
		名詞 + (이)라고 하다	의사라고 합니다 회사원이라고 합니다
	過去	動詞/形容詞 語幹 + -았/었/였다고 하다	만났다고 합니다 먹었다고 합니다
	未来	動詞/形容詞 語幹 + -(으)ㄹ 거라고 하다	만날 거라고 합니다 먹을 거라고 합니다

疑問文	形容詞 語幹 + –(으)냐고 합니다	춥냐고 합니다 = 추우냐고 합니다
	動詞 語幹 + –(느)냐고 하다	먹냐고 합니다 = 먹(느)냐고 합니다
	名詞 + (이)냐고 하다	의사냐고 합니다 회사원이냐고 합니다
勧誘文	動詞 語幹 + –자고 하다	가자고 합니다
命令文	動詞 語幹 + –(으)라고 하다	가라고 합니다 입으라고 합니다
	–아/어 주다 → 動詞 語幹 + –아/어/여 달라고 하다 動詞 語幹 + –아/어/여 주라고 하다	도와 달라고 합니다 도와주라고 합니다

勧誘形と命令形の間接引用文の否定形は、それぞれ**–지 말자고 하다**と**–지 말라고 하다**になる。

1 勧誘文
- 민우 씨는 "내일 산에 가지 맙시다."라고 말했어요.
  ミヌさんは「明日、山に行くのをやめましょう」と言いました。
  → 민우 씨는 내일 산에 가지 **말자고** 했어요.
  ミヌさんは明日山に行くのをやめようと言いました。

2 命令文
- 의사 선생님이 "담배를 피우지 마세요."라고 하셨어요.
  医者の先生が「タバコを吸わないでください」とおっしゃいました。
  → 의사 선생님이 담배를 피우지 **말라고** 하셨어요.
  医者の先生が、タバコを吸うなとおっしゃいました。

1人称の**나/내**、あるいは**저/제**は引用文で**자기**に変わる。

- 왕징 씨가 "저한테 얘기하세요."라고 말했어요.
  ワンジンさんが「私に話してください」と言いました。
  → 왕징 씨가 자기한테 말하라고 했어요.
  ワンジンさんが自分に話せと言いました。

- 리처드 씨가 "제 고향은 뉴욕이에요."라고 말했어요.
  リチャードさんが「私の故郷はニューヨークです」と言いました。
  → 리처드 씨가 자기(의) 고향은 뉴욕이라고 말했어요.
  リチャードさんが自分の故郷はニューヨークだと言いました。

会話

Track 210

A 제이슨 씨 여기 있어요?
B 없는데요.
A 제이슨 씨가 오면 식당으로 오라고
　전해 주세요.

A 삼계탕 먹어 봤어요?
B 아니요, 그렇지만 먹어 본 친구들이
　맛있다고 해요.

A ジェイソンさん、ここにいますか。
B いませんけど。
A ジェイソンさんが来たら、
　食堂に来るように伝えてください。

A サムゲタン、食べたことありますか。
B いいえ、だけど食べたことがある友だちが
　おいしいと言っていますよ。

ここに注意!

引用される前の、元の文が주세요、あるいは-아/어 주세요で終わっている場合、間接引用文は
달라고 하다、-아/어 달라고 하다や주라고 하다、-아/어 주라고 하다になる。話し手自身にして
くれることを頼む場合には달라고 하다や-아/어 달라고 하다になり、話し手が聞き手に第3者を
助けてあげることを頼む場合は주라고 하다や-아/어 주라고 하다になる。

話し手自身にしてくれる場合 **달라고 하다, -아/어 달라고 하다**	第3者にしてあげる場合 **주라고 하다, -아/어 주라고 하다**
물 좀 주세요. 재준 씨는 물을 달라고 했어요. (チェジュンは自分自身に何かしてくれることを要求している ので달라고を使う。)	웨슬리 씨에게 이 물을 주세요.　웨슬리 캐럴 씨는 웨슬리 씨에게 물을 주라고 했어요. (キャロルはキャロル自身ではないウェスリー(第3者)に、何 かをしてあげることを要求しているので주라고を使う。)
저를 도와주세요. 재준 씨는 왕징 씨에게 도와 달라고 했어요. (話し手(チェジュン)と、助けを受ける人(チェジュン)が同じ なので달라고を使う。)	왕징 씨를 도와주세요. 재준 씨는 댄 씨에게 왕징 씨를 도와주라고 했어요. (話し手(チェジュン)と、助けを受ける人(ワンジン)が異なる ので주라고を使う。)

やってみよう

例のように、次の直接引用文を間接引用文に変えてください。

> 例　제니퍼 씨가 "비행기 표가 너무 비싸요."라고 말했어요.
>
> → 제니퍼 씨가 비행기 표가 너무 비싸다고 했어요.

(1) 요코 씨가 "어제 쇼핑했어요."라고 했어요.

→ _____.

(2) 란란 씨가 "빨간색 가방은 제 것이에요."라고 했어요.

→ _____.

(3) 민우 씨가 "언제 고향에 가요?"라고 물어봤어요.

→ _____.

(4) 마틴 씨가 "허리가 아프면 수영을 하세요."라고 했어요.

→ _____.

③ 間接引用の縮約

Track 211

요코 씨는 한국어가 **재미있대요**.
洋子さんは韓国語がおもしろいと言っています。

티루엔 씨는 다음 달에 **결혼한대요**.
ティルエンさんは来月結婚すると言っています。

웨슬리 씨는 저녁에 **전화하래요**.
ウェスリーさんは夕方電話しろと言っています。

재준 씨는 내일 같이 테니스를 **치재요**.
チェジュンさんは明日一緒にテニスをしようと
言っています。

부디 씨는 뭐 먹고 **싶내요**.
ブディさんは何を食べたいのかと言っています。

文法解説

間接引用は、次のように縮約した形でもよく使われる。普通、口語で多く使用される。

文章形態	時制	縮約形	例
平叙文	現在	動詞 語幹 + −(느)ㄴ다고 해요 → **−(느)ㄴ대요**	만난대요/먹는대요
		形容詞 語幹 + −다고 해요 → **−대요**	바쁘대요
		名詞 + (이)라고 해요 → **(이)래요**	변호사래요 선생님이래요
	過去	動詞/形容詞 語幹 + −았/었/였다고 해요 → **−았/었/였대요**	만났대요 먹었대요
	未来	動詞/形容詞 語幹 + −(으)ㄹ 거라고 해요 → **−(으)ㄹ 거래요**	만날 거래요 먹을 거래요

322 **実用韓国語文法・初級**

疑問文	現在	名詞 + −(이)냐고 해요 → **−(이)냬요**	변호사냬요 선생님이냬요
		動詞 語幹 + −(느)냐고 해요 → **−냬요** 形容詞 語幹 + −(으)냐고 해요 → **−(으)냬요**	가냬요/먹냬요 춥냬요 (= 추우냬요)
	過去	動詞/形容詞 語幹 + −았/었(느)냐고 하다 → **−았/었냬요**	갔냬요/먹었냬요 추웠냬요
	未来 (推測)	動詞/形容詞 語幹 + −(으)ㄹ 거냐고 하다 → **−(으)ㄹ 거냬요**	갈 거냬요/먹을 거냬요 추울 거냬요
勧誘文		動詞 語幹 + −자고 해요 → **−재요**	가재요/입재요
命令文		動詞 語幹 + −(으)라고 해요 → **−(으)래요**	가래요/입으래요
		動詞 語幹 + −아/어 달라고 하다 → **−아/어 달래요** 動詞 語幹 + −아/어/여 주라고 하다 → **−아/어 주래요**	도와 달래요 도와주래요

会話

Track 212

A 에릭 씨가 요즘 어떻게 지내는지 알아요?

A エリックさんが最近どう過ごしているか知っていますか。

B 네, 요즘 한국어를 배운대요.

B はい、最近韓国語を習っているそうです。

A 지수 씨가 주말에 같이 등산 가재요. 시간 있어요?

A チスさんが週末一緒に登山に行こうと言っています。時間ありますか。

B 네, 있어요. 같이 가요.

B ええ、あります。一緒に行きましょう。

A 사람들이 내일 몇 시에 모이냬요.

A 人々が明日何時に集まるのかと言っています。

B 9시까지 학교 앞으로 오라고 해 주세요.

B 9時までに学校の前に来いと言ってください。

A 재준 씨, 어디에 가요?

A チェジュンさん、どこに行くんですか。

B 유키 씨가 숙제를 좀 도와 달래요. 그래서 유키 씨를 만나러 가요.

B ゆきさんが宿題をちょっと手伝ってくれと言っています。それで、ゆきさんに会いに行くんです。

ティルエンさんがブディさんに、何と言いましたか。例のように、間接引用文の縮約形に変え
てください。

(10) 우리는 정말 멋있는 커플이 될 거예요!

(9) 우리 같이 커플티를 입어요.

(8) 부디 씨도 파란색 옷을 사세요.

티루엔

(7) 저는 파란색 옷을 살 거예요.

(6) 영화 본 후에 쇼핑하러 가요.

(1) 시간 있으면 같이 영화 봐요.

(2) 그런데 무슨 영화 좋아해요?

부디

(3) 저는 공포 영화를 안 좋아해요.

(4) 코미디 영화가 보고 싶어요.

(5) 그래서 제가 코미디 영화를 예매했어요!

例
> 부디 씨, 주말에 시간 있어요?
> → 티루엔 씨가 부디 씨에게 주말에 시간 있냬요.

티루엔 씨는 부디 씨에게 시간 있으면 (1) _____. 티루엔 씨는
부디 씨에게 무슨 영화를 (2) _____. 티루엔 씨는 공포 영화를
(3) _____. 코미디 영화가 (4) _____. 그래서 코미디 영화를
(5) _____. 영화를 본 후에 (6) _____. 티루엔 씨는 파란색
옷을 (7) _____. 티루엔 씨는 부디 씨도 (8) _____. 같이
(9) _____. 티루엔 씨는 자기와 부디 씨는 정말
(10) _____.

Unit 24.

不規則用言

01 '—' 불규칙 (—不規則)

02 'ㄹ' 불규칙 (ㄹ不規則)

03 'ㅂ' 불규칙 (ㅂ不規則)

04 'ㄷ' 불규칙 (ㄷ不規則)

05 '르' 불규칙 (르不規則)

06 'ㅎ' 불규칙 (ㅎ不規則)

07 'ㅅ' 불규칙 (ㅅ不規則)

Track 213

민우 씨는 요즘 많이 **바빠요**.
ミヌさんは最近、すごく忙しいです。

불 좀 **꺼** 주세요.
明かりちょっと消してください。

배가 **고파요**.
おなかがすきました。

文法解説

語幹が—で終わる動詞や形容詞は、母音—아/어で始まる語尾が来るとき、例外なく—が脱落し、—の前の母音によって、後ろに来る母音も変わる。つまり、—の前の母音が ㅏ または ㅗ であれば ㅏ がつき、それ以外の母音であれば ㅓ がつく。そして、語幹が1音節の場合は—が脱落し ㅓ がつく。

> 바쁘다 + **-아요** → 바빠요.

(—の前の母音が ㅏ なので、後ろに**-아요**が来る。)

> 예쁘다 + **-어서** → 예뻐서

(—の前の母音が ㅖ なので、後ろに**-어서**が来る。)

> 크다 + **-었어요** → 컸어요

(語幹が ㅋ 1音節なので、**-었어요**が来る。)

基本形	-(스)ㅂ니다	-고	-아/어요	-았/었어요	-아/어서	아/어도
예쁘다 かわいい	예쁩니다	예쁘고	예뻐요	예뻤어요	예뻐서	예뻐도
바쁘다 忙しい	바쁩니다	바쁘고	바빠요	바빴어요	바빠서	바빠도
아프다 痛い	아픕니다	아프고	아파요	아팠어요	아파서	아파도
(배가) 고프다 (おなかが) すいている	(배가) 고픕니다	(배가) 고프고	(배가) 고파요	(배가) 고팠어요	(배가) 고파서	(배가) 고파도
크다 大きい	큽니다	크고	커요	컸어요	커서	커도
나쁘다 悪い	나쁩니다	나쁘고	나빠요	나빴어요	나빠서	나빠도
쓰다 書く, 使う	씁니다	쓰고	써요	썼어요	써서	써도
끄다 (明かり・電源 などを)消す	끕니다	끄고	꺼요	껐어요	꺼서	꺼도

会話

Track 214

A 하미 씨, 지금 울어요?

B 네, 영화가 너무 슬퍼서 울고 있어요.

A ハミさん、いま泣いているんですか。

B はい、映画がすごく悲しくて泣いています。

A 주말에 소풍 잘 갔다 왔어요?

B 아니요, 날씨가 나빠서 소풍을 못 갔어요.

A 週末の遠足は無事に行ってきましたか。

B いいえ、天気が悪くて、
遠足に行けませんでした。

A 어제 왜 학교에 안 왔어요?

B 배가 많이 아팠어요. 그래서 학교에 못 왔어요.

A 昨日、どうして学校に来なかったんですか。

B おなかがとても痛かったんです。
それで、学校に来られなかったんです。

やってみよう

例のように、かっこの中の単語を適切な形に変えてください。

> **例** 시험을 못 봐서 기분이 <u>**나빠요**</u>. (나쁘다)
>   -아/어요

(1) 공연을 볼 때는 핸드폰을 _____ 주세요. (끄다)
                                         -아/어

(2) 오늘 너무 _____ 저녁 약속을 취소했어요. (바쁘다)
                    -아/어서

(3) 제 여자 친구는 저보다 키가 _____. (크다)
                                  -아/어요

(4) 요코 씨는 아이들이 세 명 있는데 모두 _____. (예쁘다)
                                                -아/어요

(5) 호앙 씨는 몸이 _____ 항상 운동을 해요. (아프다)
                              -아/어도

(6) 남자 친구한테서 프러포즈를 받고 너무 _____. (기쁘다)
                                             -았/었어요

(7) A 어제 오후에 뭐 했어요?
    B 부모님께 편지를 _____. (쓰다)
                              -았었어요

(8) A 배가 _____? (고프다)
                -아/이요?
    B 아니요, 배가 _____. (고프다)
                           -지 않아요

(9) A 주희 씨는 참 예쁘지요?
    B 얼굴은 _____ 성격이 별로 안 좋아요. (예쁘다)
                    -지만

Track 215

아이가 혼자서 잘 **놉니다**.
子どもが一人でよく遊びます。

백화점이 몇 시에 **여는지** 알고 싶어요.
デパートが何時に開くのか知りたいです。

지금 **만드는** 게 뭐예요?
今、作っているのは何ですか。

文法解説

語幹がㄹで終わる動詞や形容詞は、例外なくㄴ, ㅂ, ㅅの前でㄹが脱落する。ㄹで終わる動詞と形容詞が—으で始まる語尾と結合するとき、ㄹがパッチムにあっても、ㄹは子音というより母音として扱われて—으が来ない。

만들다 + -(으)세요 → 만드세요〔만들으세요 (×)〕
알다 + -(스)ㅂ니다 → 압니다〔알읍니다 (×)〕
살다 + -는 → 사는〔살는 (×)〕

基本形	-아/어요	-(으)러	-(스)ㅂ니다	-(으)세요	-(으)ㅂ시다	-(으)니까	連体形 (現在) -(으)ㄴ/는
살다 住む, 暮らす, 生きる	살아요	살러	삽니다	사세요	삽시다	사니까	사는
팔다 売る	팔아요	팔러	팝니다	파세요	팝시다	파니까	파는

만들다 作る	만들어요	만들러	만듭니다	만드세요	만듭시다	만드니까	만드는
열다 開く, 開ける	열어유	열러	엽니다	여세요	엽시다	여니까	여는
놀다 遊ぶ	놀아요	놀러	놉니다	노세요	놉시다	노니까	노는
알다 知る, わかる	알아요	–	압니다	아세요	압시다	아니까	아는
멀다 遠い	멀어요	–	멉니다	머세요	–	머니까	먼
달다 甘い	달아요	–	답니다	다세요	–	다니까	단

語幹が ㄹ で終わる動詞の次に -(으)ㄹ 때, -(으)ㄹ게요, -(으)ㄹ래요? などのように、-(으)ㄹ が来る時、-(으)ㄹ がなくなり、語尾が結合する。

살다 + -(으)ㄹ 때 → 살 때   만들다 + -(으)ㄹ래요? → 만들래요?

会話

Track 216

A 살을 좀 빼고 싶어요.
B 그러면 케이크나 초콜릿 같은
　단 음식을 먹지 마세요.

A ちょっとやせたいです。
B それなら、ケーキとかチョコレートみ
　たいな甘いものは食べないでください。

A 전자사전을 어디에서 싸게 파는지
　아세요?
B 용산에서 전자 제품을 싸게 파니까
　가 보세요.

A 電子辞書をどこで安く売っているか
　ご存知ですか。
B 龍山で電子製品を安く売っているから
　行ってみてください。

A 우리 집은 머니까 학교 다니기
　힘들어요.
B 학교 근처로 이사 오는 게 어때요?

A 私たちの家は遠いから、学校に通うのが
　大変です。
B 学校の近くに引っ越すのはどうですか。

例のように、かっこの中の単語を適切な形に変えてください。

> **例** 재준 씨가 어디에서 __사는지__ 알아요? (살다)
> -(으)ㄴ/는지

(1) 바람이 많이 _____ 창문을 좀 닫아 주세요. (불다)
-(으)니까

(2) 저기 _____ 아이가 제 동생이에요. (울다)
-(으)ㄴ/는

(3) 저 식당에서 우리나라 음식을 _____, 같이 먹으러 갈래요. (팔다)
-(으)ㄴ/는데

(4) 질문이 있으면 손을 _____. (들다)
-(으)세요

(5) 저는 학교 근처에서 _____. (살다)
-(스)ㅂ니다

(6) 외국 생활은 _____ 재미있어요. (힘들다)
-지만

(7) A 옆 반에 혹시 _____ 사람이 있어요? (알다)
-(으)ㄴ/ 는
  B 제 고등학교 때 친구가 옆 반에 있는데, 왜요?

(8) A 에릭 씨를 언제 만났어요?
  B 한국에 _____ 만났어요. (살다)
-(으)ㄹ 때

(9) A 이 치마 어때요? 하영 씨에게 잘 어울릴 것 같아요.
  B 저는 _____ 치마를 안 좋아해요. (길다)
-(으)ㄴ/ 는

커피가 **뜨거우니까** 조심하세요.
コーヒーが熱いので気をつけてください。

Track 217

날씨가 **추워서** 집에 있었어요.
寒いので家にいました。

저는 **매운** 음식을 좋아해요.
私は辛い食べ物が好きです。

文法解説

語幹がㅂで終わる一部の動詞と形容詞が、母音で始まる語尾と結合するとㅂが**오**や**우**に変わる。
ー아/어が来るとき、오に変わる動詞は**돕다**, **곱다**の2つしかなく、他の単語は全て**우**に変わる。

쉽다 + ー어요 → 쉬우+ー어요 → 쉬워요

돕다 + ー아요 → 도오+ー아요 → 도와요

基本形	ー(스)ㅂ니다	ー고	ー아/어요	ー아/어서	ー(으)면	連体形 ー(으)ㄴ/는
쉽다 易しい	쉽습니다	쉽고	쉬워요	쉬워서	쉬우면	쉬운
어렵다 難しい	어렵습니다	어렵고	어려워요	어려워서	어려우면	어려운

맵다 辛い	맵습니다	맵고	매워요	매워서	매우면	매운
덥다 暑い	덥습니다	덥고	더워요	더워서	더우면	더운
춥다 寒い	춥습니다	춥고	추워요	추워서	추우면	추운
무겁다 重い	무겁습니다	무겁고	무거워요	무거워서	무거우면	무거운
*돕다 助ける	돕습니다	돕고	**도와요**	**도와서**	도우면	도운

좁다(狭い)、입다(着る)、씹다(かむ)、잡다(つかむ)などは語幹がㅂで終わるが、規則活用をする。

基本形	-(스)ㅂ니다	-고	-아/어요	-아/어서	-(으)면	連体形 -(으)ㄴ/는
입다 着る	입습니다	입고	입어요	입어서	입으면	입는
좁다 狭い	좁습니다	좁고	좁아요	좁아서	좁으면	좁은

会話

Track 218

A 어떤 영화를 좋아하세요?

B 저는 무서운 영화를 좋아해요.

A 음식이 싱거운데 소금 좀 주세요.

B 여기 있습니다.

A 아이가 누구를 닮았어요?
정말 귀여워요.

B 감사합니다. 엄마를 많이 닮았어요.

A どんな映画が好きですか。

B 私はこわい映画が好きです。

A 料理の味がうすいので、塩をちょっとください。

B はい、どうぞ。

A 子どもが誰に似ていますか。
本当にかわいらしいです。

B ありがとうございます。母親にとても似ています。

やってみよう

例のように、かっこの中の単語を適切な形に変えてください。

> **例** A 왜 음악을 껐어요?
>
> B **시끄러워서** 껐어요. (시끄럽다)
>   ─아/어서

(1) A 가방이 무거워요?

   B 아니요, _____. (가볍다)
          ─아/어요

(2) A 숙제가 _____ 좀 도와주시겠어요? (어렵다)
             ─(으)ㄴ/는데

   B 네, 알겠어요.

(3) A 날씨가 _____ 따뜻한 음식을 먹으러 가요. (춥다)
            ─(으)니까

   B 네, 좋아요.

(4) A 기사 아저씨, 저기 앞에서 세워 주실 수 있어요?

   B 저기는 길이 _____ 자동차가 못 들어가요. (좁다)
             ─아/어서

(5) A 이 음식이 정말 맵지요?

   B 음식이 _____ 맛있어요. (맵다)
          ─지만

(6) A 한국어 배우기가 어때요?

   B 생각보다 _____ 재미있어요. (쉽다)
             ─고

(7) A 그 옷을 _____ 멋있네요. (입다)
            ─(으)니까

   B 그래요? 감사합니다.

04 'ㄷ' 불규칙 (ㄷ不規則)

음악을 **들으**면서 운동해요.
音楽を聞きながら運動します。

Track 219

돈이 없어서 **걸어서** 갔어요.
お金がないので、歩いて行きました。

전화번호?

그 여자에게 전화번호를 **물어**봤어요.
その女性に電話番号をききました。

文法解説

語幹がㄷで終わる一部の動詞の次に、母音で始まる語尾が来る場合、ㄷがㄹに変わる。

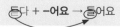

듣다 + -어요 → 들어요 　　　 걷다 + -을 거예요 → 걸을 거예요

基本形	-(스)ㅂ니다	-고	-아/어요	-았/었어요	-(으)세요	-(으)ㄹ까요?	-(으)면
듣다 聞く	듣습니다	듣고	들어요	들었어요	들으세요	들을까요?	들으면
묻다 尋ねる	묻습니다	묻고	물어요	물었어요	물으세요	물을까요?	물으면
걷다 歩く	걷습니다	걷고	걸어요	걸었어요	걸으세요	걸을까요?	걸으면

닫다(閉める, 閉じる)、받다(受ける, もらう)、믿다(信じる)などは語幹がㄷで終わるが、規則活用をする。

基本形	-(스)ㅂ니다	-고	-아/어요	-았/었어요	-(으)세요	-(으)ㄹ까요?	-(으)면
닫다	닫습니다	닫고	닫아요	닫았어요	닫으세요	닫을까요?	닫으면
받다	받습니다	받고	받아요	받았어요	받으세요	받을까요?	받으면

会話

Track 220

A 캐럴 씨, 날씨가 좋은데 밖에 나가서 좀 걸을까요?
B 네, 좋아요.

A キャロルさん、天気がいいので、外に出てちょっと歩きましょうか。
B ええ、いいですよ。

A 이 노래 들어 봤어요? 정말 좋아요.
B 그래요? 누구 노래인데요?

A この歌、聞いたことありますか。本当にいいですよ。
B そうですか。誰の歌ですか。

やってみよう

例のように、かっこの中の単語を適切な形に変えてください。

> 例　A 학교에 어떻게 가요?
> 　　B **걸어서** 가요. (걷다)
> 　　　　─아/어서

(1) A 내일 같이 영화 볼까요?
　　B 좋아요. 제가 에릭 씨에게도 내일 시간이 있는지 _____ 볼게요. (묻다)
　　　　　　　　　　　　　　　　　　　　　　　　　　　─아/어

(2) A 어떻게 하면 한국어 듣기가 좋아질까요?
　　B 한국 드라마와 영화도 많이 보고, 한국어 CD도 많이 _____. (듣다)
　　　　　　　　　　　　　　　　　　　　　　　　　　　　　　　─(으)세요

(3) A 어제 많이 _____ 다리 안 아파요? (걷다)
　　　　　　　　　─았/었는데
　　B 평소에 많이 _____ 괜찮아요. (걷다)
　　　　　　　─아/어서

(4) A 백화점이 몇 시에 문을 _____? (닫다)
　　　　　　　　　　　　　　─아/아요
　　B 보통은 8시에 _____ 세일 기간에는 9시까지 열어요. (닫다)
　　　　　　　　　─(으)ㄴ/는데

05 '르' 불규칙 (르不規則)

Track 221

댄 씨는 노래를 잘 **불러서** 인기가 많아요.
ダンさんは歌が上手で人気があります。

출근 시간에는 지하철이 버스보다 **빨라요**.
出勤時間には地下鉄がバスより速いです。

Excuse me.

저는 영어를 **몰라요**.
私は英語が分かりません。

文法解説

語幹が르で終わる大部分の動詞と形容詞の次に、母音–**아/어**で始まる語尾が来ると르の—が脱落し、ㄹがついて ㄹ ㄹになる。

다르다 + –아요 → 다르다 + ㄹ + 아요 → 달라요
부르다 + –어요 → 부르다 + ㄹ + 어요 → 불러요

基本形	–(스)ㅂ니다	–고	–(으)면	–아/어요	–았/었어요	–아/어서
다르다 違う, 異なる	다릅니다	다르고	다르면	달라요	달랐어요	달라서
빠르다 速い	빠릅니다	빠르고	빠르면	빨라요	빨랐어요	빨라서
자르다 切る	자릅니다	자르고	자르면	잘라요	잘랐어요	잘라서

모르다 知らない, 分からない	모릅니다	모르고	모르면	몰라요	몰랐어요	몰라서
부르다 呼ぶ, 歌う	부릅니다	부르고	부르면	불러요	불렀어요	불러서
기르다 育てる, 飼う	기릅니다	기르고	기르면	길러요	길렀어요	길러서

会話

Track 222

A 준호 씨, 머리 잘랐어요? 멋있네요.

B 그래요? 고마워요.

A 에릭 씨와 제이슨 씨는 쌍둥이인데 얼굴이 안 닮았어요.

B 네, 성격도 많이 달라요.

A チュノさん、髪切ったんですか。かっこいいですね。

B そうですか。ありがとうございます。

A エリックさんとジェイソンさんは双子ですが、顔が似ていませんね。

B ええ、性格もすごく違います。

やってみよう

例のように、かっこの中の単語を適切な形に変えてください。

> 例 A 더 드세요.
>
> B 배가 **불러서** 더 못 먹겠어요. (부르다)
>   -아/어서

(1) A 이 노래 부를 수 있어요?

    B 아니요, 노래가 너무 _____ 못 불러요. (빠르다)
                        -아/어서

(2) A 중국의 결혼식은 한국과 비슷해요?

    B 아니요, 많이 _____. (다르다)
                   -아/어요

(3) A 한국말을 잘하시네요.

    B 아니에요, 아직도 한국말이 _____ 실수를 많이 해요. (서투르다)
                        -아/어서

(4) A 벨을 여러 번 _____ 아무도 안 나와요. (누르다)
                    -았/었는데

    B 이상하네요. 소냐 씨가 오늘 집에 있겠다고 했는데……

06 'ㅎ' 불규칙 (ㅎ不規則)

Track 223

백설공주는 머리는 **까맣고** 피부는 **하얘요**.
白雪姫は髪は黒く、肌は白いです。

왕비는 백설공주에게 **빨간** 사과를 줬어요.
王妃は白雪姫に赤いりんごをあげました。

왕자는 크고 **파란** 눈으로 공주를 봤어요.
王子は大きく青い目で姫を見ました。

文法解説

語幹がㅎで終わる大部分の形容詞の後ろに母音で始まる語尾が来ると、語幹末のㅎが脱落する。

1 ㅎ形容詞の語幹は、後ろに一으で始まる語尾が来るとㅎと으が脱落する。

> 하얗다 + -(으)ㄴ → 하얀   까맣다 + -(으)니까 → 까마니까

2 ㅎ形容詞の語幹の後ろに一아/어で始まる語尾が来ると、ㅎと으が脱落し、語幹にㅣがつけ加わる。

> 까맣다 + -아서 → 까마 + ㅣ + -아서 → 까매서
> 하얗다 + -아요 → 하야 + ㅣ + -아요 → 하얘요

基本形	-(스)ㅂ니다	-고	-(으)면	-(으)ㄴ/는	-아/어요	-았/었어요	-아/어서
까맣다 黒い	까맣습니다	까맣고	까마면	까만	까매요	까맸어요	까매서
노랗다 黄色い	노랗습니다	노랗고	노라면	노란	노래요	노랬어요	노래서
파랗다 青い	파랗습니다	파랗고	파라면	파란	파래요	파랬어요	파래서
빨갛다 赤い	빨갛습니다	빨갛고	빨가면	빨간	빨개요	빨갰어요	빨개서
하얗다 白い	하얗습니다	하얗고	하야면	하얀	하얘요	하얬어요	하얘서
이렇다 このようだ	이렇습니다	이렇고	이러면	이런	이래요	이랬어요	이래서
그렇다 そのようだ	그렇습니다	그렇고	그러면	그런	그래요	그랬어요	그래서
저렇다 あのようだ	저렇습니다	저렇고	저러면	저런	저래요	저랬어요	저래서
어떻다 どのようだ	어떻습니다	어떻고	어떠면	어떤	어때요	어땠어요	어때서

좋다(よい)、 **많다**(多い)、 **낳다**(生む)、 **놓다**(置く)、 **넣다**(入れる)などは、語幹が ㅎ で終わるが、規則活用をする。

基本形	-(스)ㅂ니다	-고	-(으)면	-(으)ㄴ/는	-아/어요	-았/었어요	-아/어서
낳다	낳습니다	낳고	낳으면	낳는	낳아요	낳았어요	낳아서
좋다	좋습니다	좋고	좋으면	좋은	좋아요	좋았어요	좋아서

会話

Track 224

A 보세요! 가을 하늘이 정말 파래요.

A 見てください! 秋空が本当に青いですよ。

B 하늘은 파랗고 구름은 하얘서 그림 같아요.

B 空は青く、雲は白くて、絵みたいですね。

A 얼굴이 많이 까매졌네요.

A 顔がとても黒くなりましたね。

B 휴가 때 바다에 갔다 와서 그래요.

B 休暇のときに、海に行って来ましたので。

A 파란 티셔츠 입은 남자가 누군지 아세요?

A 青いTシャツを着た男性が誰だかご存知ですか。

B 네, 제 동생이에요. 관심 있어요?

B ええ、私の弟です。関心があるんですか。

ここに注意!

이렇다, 그렇다, 저렇다, 어떻다의 次に、-아/어で始まる語尾が来ると이레, 그레, 저레, 어떼에 되지 않고 되지 않고, 이래, 그래, 저래, 어때のように活用する。

- 날씨가 어떼요? (×) → 날씨가 어때요? (○) 天気はどうですか。
- 이번 성적이 너무 안 좋구나. 성적이 그레서 대학에 갈 수 있겠니? (×)
  → 이번 성적이 너무 안 좋구나. 성적이 그래서 대학에 갈 수 있겠니? (○)
  今回の成績はかなりよくないな。成績がそんなで、大学に行けるの。

やってみよう

絵を見て、かっこの中の単語を適切な形に変えてください。

(1)

A 혹시 티루엔 씨가 누군지 아세요?

B 네, 저기 _____ 정장을 입은 사람이에요. (노랗다)
      -(으)ㄴ/는

(2)

A 댄 씨가 술을 많이 마신 것 같아요.

B 맞아요. 지금 얼굴이 _____. (빨갛다)
      -아/어요

(3)

A 눈이 많이 왔네요!

B 네, 눈 때문에 세상이 다 _____. (하얗다)
      -아/어요

(4)

A 어머, 캐럴 씨 머리 바꼈네요.

B 네, 요즘 _____ 머리가 유행이에요. (이렇다)
      -(으)ㄴ/는

어떤 색?

(5)

A _____ 색을 좋아해요? (어떻다)
    -(으)ㄴ/는

B 저는 _____색을 좋아해요. (까맣다)
      -(으)ㄴ/는

07 'ㅅ' 불규칙 (ㅅ不規則)

모기가 물어서 눈이 **부었어요**.
蚊に刺されて、目が腫れました。

Track 225

컵에 커피와 크림, 설탕을 넣고 **저어요**.
カップにコーヒーとクリーム、砂糖を入れて混ぜます。

어느 옷이 더 **나아요?**
どちらの服の方がいいですか。

文法解説

語幹がㅅで終わる一部の動詞と形容詞の次に、母音で始まる語尾が来る場合、ㅅが脱落する。

웃다 + **-어요** → 이어요   젓다 + **-을 거예요** → 지을 거예요

基本形	-(스)ㅂ니다	-고	-아/어요	-았/었어요	-아/어서	-(으)면
잇다 結ぶ, つなぐ	잇습니다	잇고	이어요	이었어요	이어서	이으면
낫다 ① 治る ② 優れている	낫습니다	낫고	나아요	나았어요	나아서	나으면
붓다 ① 腫れる ② 注ぐ	붓습니다	붓고	부어요	부었어요	부어서	부으면

긋다 (線を)引く	긋습니다	긋고	그어요	그었어요	그어서	그으면
젓다 かき混ぜる	젓습니다	젓고	저어요	저었어요	저어서	저으면
짓다 作る、 (名前を)付ける	짓습니다	짓고	지어요	지었어요	지어서	지으면

벗다(脱ぐ)、웃다(笑う)、씻다(洗う)などは語幹がㅅで終わるが、規則活用をする。

基本形	-(스)ㅂ니다	-고	-아/어요	-았/었어요	-아/어서	-(으)면
웃다	웃습니다	웃고	웃어요	웃었어요	웃어서	웃으면
씻다	씻습니다	씻고	씻어요	씻었어요	씻어서	씻으면

会話

Track 226

A 아이 이름을 누가 지었어요?

B 할아버지가 지어 주셨어요.

A 子どもの名前を誰がつけましたか。

B おじいさんがつけてくださいました。

A 감기 다 나았어요?

B 네, 이제 괜찮아요.

A 風邪すっかり治りましたか。

B ええ、もう大丈夫です。

A 이 단어는 중요하니까 단어 밑에
줄을 그으세요.

B 네, 알겠습니다.

A この単語は重要だから、
単語の下に線を引いてください。

B はい、分かりました。

ここに注意!

韓国語で母音が重なるときは、大部分縮約される。(배우 + 어요 → 배워요) しかし、ㅅ不規則の場合、ㅅが脱落すると母音が重なるが、この場合は母音は縮約されない。

• 짓다 + -어요 → 지어요 (○) / 져요 (×) (져요는지다 + -어요が縮約した形)

• 낫다 + -아요 → 나아요 (○) / 나요 (×) (나요는나다 + -아요が縮約した形)

例のように、かっこの中の単語を適切な形に変えてください。

> **例** 이 노래를 누가 **지었어요?** (짓다)
>   -았/었어요

(1) 어제 밤에 라면을 먹고 자서 얼굴이 많이 _____. (붓다)
                                 -았/었어요

(2) 커피를 잘 _____ 드세요. (젓다)
             -아/어서

(3) 지금 회사보다 더 _____ 곳에서 일하고 싶어요. (낮다)
                -(으)ㄴ/는

(4) 저기 지금 _____ 있는 건물이 뭐예요? (짓다)
             -고

(5) 제니퍼 씨는 _____ 때 참 예뻐요. (웃다)
             -(으)ㄹ

(6) 피터 씨의 한국말보다 요코 씨의 한국말이 더 _____. (낮다)
                                   -아/어요

(7) 저는 중요한 문장에 밑줄을 _____ 공부를 합니다. (긋다)
                        -(으)면서

(8) 과일을 _____ 드세요. (씻다)
            -아/어서

(9) 옷을 _____ 후에 저 옷걸이에 거세요. (벗다)
            -(으)ㄴ

(10) 커피 잔에 물을 _____. (붓다)
                -(으)세요

付録

- お役立ちメモ
- 正解
- 韓国語文法説明
- 文法索引

1. 指示代名詞

A 이것이 무엇입니까?
これは何ですか。

B 이것은 연필입니다.
これは鉛筆です。

A 그것이 무엇입니까?
それは何ですか。

B 이것은 가방입니다.
これは鉛筆です。

A 저것이 무엇입니까?
あれは何ですか。

B 저것은 시계입니다.
あれは時計です。

物や位置を指し示すときは、名詞の前に이/그/저を使って表現する。話し手が自分と近い所を指すときは이、聞き手と近い所は그、話し手と聞き手のどちらからも離れた所を指すときは저を使う。

	話し手と近いとき	聞き手と近いとき	話し手と聞き手の どちらからも遠いとき
	이	그	저
物	이것	그것	저것
人	이 사람/이 분	그 사람/그 분	저 사람/저 분
場所	이곳 (여기)	그곳 (거기)	저곳 (저기)

이것, 그것, 저것に、助詞이がつくと이것이, 그것이, 저것이になるが、会話ではこれを縮約して이게, 그게, 저게になる。은や을も同じ方法で縮約して使う。

이것이 → 이게	이것은 → 이건	이것을 → 이걸
그것이 → 그게	그것은 → 그건	그것을 → 그걸
저것이 → 저게	저것은 → 저건	저것을 → 저걸

A **이건** 뭐예요?　　　　　これは何ですか。

B **이건** 꽃이에요.　　　　　これは花です。

A 너무 커요. **이걸** 어떻게 먹어요?　大きすぎます。これをどうやって食べるんですか。

B 그럼 **저게** 작으니까 **저걸** 드세요.　それじゃ、あれが小さいから、あれを召し上がってください。

指示代名詞は前に一度述べられた言葉を受けて言うときにも使われる。

어제 동대문시장에 갔어요.
거기는 예쁜 옷이 아주 많았어요.
(= 동대문시장)

昨日、東大門市場に行きました。
そこはかわいい服がとても多かったです。
(=東大門市場)

지난주에 댄 씨를 만났어요
그분은 아주 친절했어요.
(= 댄 씨)

先週、ダンさんに会いました。
その方はとても親切でした。
(=ダンさん)

2. 時間副詞

01

아직 まだ / 이미 すでに, もう / 벌써 もう, すでに

● **아직** まだ

(1) ある事態や状態になるまで、時間がもっと過ぎなくてはならないことを表す。常に否定表現と結合する。

A 밥 먹었어요?   ごはん食べましたか。

B 아니요, **아직** 안 먹었어요.   いいえ、まだ食べていません。

(2) ある事態や状態が終わらず、続いていることを表す言葉である。

A 숙제 다 했어요?   宿題全部やりましたか。

B 아니요, **아직** 하고 있어요.   いいえ、まだやっています。
조금만 더 하면 끝나요.   もう少しやれば終わります。

이미 すでに, もう	**벌써** もう, すでに
全部終わったことや過ぎたことを指し示すときに使う言葉である。	予想より早く
A 지금 가면 영화를 볼 수 있을까요? いま行ったら、映画を見られるでしょうか。 B 아니요, 지금 6:40분이에요. **이미** 늦었으니까 9시 영화를 봅시다. いいえ、いま6時40分です。もう遅いから9時の映画を見ましょう。	A 저녁에 뭐 먹고 싶어요? 夕食に何を食べたいですか。 B 저녁 먹었는데요. 夕飯は食べたんですが。 A 5시인데 **벌써** 먹었어요? 5時なのにもう食べたんですか。

A 댄 씨를 만나고 싶은데 지금 한국에 있어요? ダンさんに会いたいんですが、いま韓国にい ますか。	A 댄 씨를 만나고 싶은데 지금 한국에 있어요? ダンさんに会いたいんですが、いま韓国にい ますか。
B **이미** 미국으로 떠났어요. もうアメリカへ出発しましたよ。	B 지난주에 미국으로 떠났어요. 先週、アメリカに出発しましたよ。
	A **벌써** 떠났어요? 이제 出発したんですか。
(アメリカに行ったため、会いたくてもどうすることもで きないという意味)	(予想した時間より早く、アメリカに行ったという意味)

 지금 今 / 이제 今, もう / 요즘 最近

지금 今	이제 今, もう
話しているまさにこのとき、その瞬間	지금(今)の意味があるが、過去と断絶した感 じがあり、지금부터(今から)の意味を含んで いる。
A **지금** 뭐하고 있어요? いま何してますか。	A **이제** 그 식당에 안 갈 거예요. もうその食堂に行かないつもりです。
B 음악을 듣고 있어요. 音楽を聞いています。	B 왜요? 음식이 맛이 없어요? どうしてですか。料理がおいしくないですか。
現在進行形である**-고 있다**と一緒に使うこと ができる。	現在進行形である**-고 있다**と一緒に使うこと ができない。

• 지금 공부하고 있어요. (○)
  いま勉強しています。
• (일 이외의 다른 것을 하고 있다가)
  (仕事以外の他のことをしていて)
  자, 지금 일합시다. (×)
	• 이제 공부하고 있어요. (×)
	• (일 이외의 다른 것을 하고 있다가)
	  (仕事以外の他のことをしていて)
	  자, 이제 일합시다. (○)
	  さあ、もう仕事しましょう。

● **요즘** 最近

少し前から今まで。

A **요즘** 피곤하세요?	最近お疲れですか。
B 네, 조금 피곤해요.	はい、少し疲れています。
A **요즘** 어떤 헤어스타일이 유행이에요?	最近どんなヘアースタイルが流行ですか。
B 단발머리가 유행이에요.	ショートヘアーが流行です。

③

먼저 先に / 아까 さっき / 나중에 後で / 이따가 少ししたら

● **먼저** 先に

時間的順序から見たとき、先立って。

A 나탈리아 씨, 점심 안 먹어요?   ナタリアさん、お昼ごはん食べないんですか。
B 저는 지금 할 일이 있으니까 **먼저** 드세요.   私は今、することがあるから、先に召し上がってください。

A 민우 씨는 갔어요?   ミヌさんは行きましたか。
B 네, 약속이 있어서 **먼저** 갔어요.   はい、約束があって先に行きました。

● **아까** さっき

少し前に。1日の中の時間的範囲。

A 댄 씨 봤어요?   ダンさん見ましたか。
B **아까** 도서관에 가는 거 봤어요.   さっき図書館に行くのを見ましたよ。

A **아까** 커피숍에서 인사한 사람이 누구예요?   さっきコーヒーショップで、あいさつしたのは誰ですか。
B 대학교 때 후배예요.   大学の時の後輩です。

이따가 少ししたら	나중에 後で
時間が少し過ぎた後に	いくらかの時間が過ぎた後に、他のことを先にした後に。時間の範囲は今日中にもなりうるし、そうでない場合もある。
A 오늘 영화 보러 갈 거야? 今日、映画見に行くの? B 응, **이따가** 갈 거야. うん、少ししたら行くつもり。 A 오늘 모임에 와요? 今日、集まりに来ますか。 B 네, **이따가** 만나요. ええ、後で会いましょう。 (時間が少し過ぎた後、今日中に会うという意味) A 언제 결혼할 거예요? いつ結婚するつもりですか。 B **이따가** 결혼할 거예요. (×)	A 여보세요? 댄 씨, 지금 전화할 수 있어요? もしもし。ダンさん、いま電話できますか。 B 미안해요. 지금 바쁘니까 **나중에** 전화할게요. ごめんなさい。いま忙しいから後で電話します。 A 오늘 모임에 와요? 今日、集まりに来ますか。 B 아니요, 못 가요. 우리 **나중에** 만나요. いいえ、行けません。後で会いましょう。 (今日はだめだが、時間がある程度過ぎてから会おうという意味)

3. 頻度副詞

| 항상 · 언제나 | 자주 | 가끔 | 거의 -지 않다 | 전혀 -지 않다 |

> 항상 常に / 언제나 いつも / 자주 しょっちゅう / 가끔 時々
> 거의 -지 않다 ほとんど~しない / 전혀 -지 않다 全然~しない

늘(항상 · 언제나), 자주, 가끔は肯定文と否定文で使われ、별로, 전혀は否定文だけで使われる。

- 저는 매일 아침에 운동해요. **항상(언제나)** 운동해요.
  私は毎朝、運動します。いつも(いつでも)運動します。

- 저는 일주일에 4번 운동해요. **자주** 운동해요.
  私は1週間に4回、運動します。しょっちゅう運動しています。

- 저는 일주일에 한 번 운동해요. **가끔** 운동해요.
  私は1週間に1回、運動します。時々運動します。

- 저는 한 달에 한 번 운동해요. **거의** 운동을 하지 않아요.
  私は1ヶ月に1回、運動します。ほとんど運動をしません。

- 저는 운동을 싫어해요. **전혀** 운동을 하지 않아요.
  私は運動が嫌いです。全然運動をしません。

4. 接続副詞

01

> ## 그리고 そして

2つの文を羅列したり、時間的な順序を表すときに使う。日本語では「そして、それから」の意味である。

- 하영 씨는 날씬해요. **그리고** 예뻐요.
  ハヨンさんはスリムです。そして、きれいです。
- 농구를 좋아해요. **그리고** 축구도 좋아해요.
  バスケが好きです。それから、サッカーも好きです。
- 주말에 친구를 만났어요. **그리고** 같이 영화를 봤어요.
  週末、友だちに会いました。そして、一緒に映画を見ました。

02

> ## 그렇지만 だけど

前の文の内容と、後ろの文の内容が対立するときに使う。日本語では「だけど、しかし」の意味である。同じ意味で**하지만**と**그러나**があるが、口語体では**하지만**を多く使い、文語体では**그러나**を多く使う。

- 요코 씨는 일본 사람이에요. **그렇지만** 재준 씨는 한국 사람이에요.
  洋子さんは日本人です。だけど、チェジュンさんは韓国人です。
- 한국어는 영어와 다릅니다. **그러나** 배우기 어렵지 않습니다.
  韓国語は英語と違います。しかし、学ぶのは難しくありません。
- 고기를 좋아해요. **하지만** 채소는 안 좋아해요.
  お肉が好きです。だけど、野菜は好きじゃありません。

03

> ## 그래서 それで

前の文が原因や理由、後ろの文が結果になるときに使う。日本語では「それで、だから」の意味である。

- A 어디 아파요?
  どこか具合が悪いんですか。
- B 어제 술을 많이 마셨어요. **그래서** 머리가 아파요.
  昨日、お酒をたくさん飲みました。それで、頭が痛いです。

A 왜 차가 안 가요?
どうして車が動かないんですか。

B 주말이에요. **그래서** 길이 막혀요.
週末です。それで、道が混んでいるんです。

• 외국 사람입니다. **그래서** 한국말을 못합니다.
外国人です。だから、韓国語ができません。

그러니까 だから

前の文が後ろの文の必然的な理由になる時に使う。日本語では「だから」の意味である。**그러니까**は普通、後ろに**-(으)세요, -(으)ㅂ시다, -아/어야 하다, -(으)ㄹ 거다**が来る。

• 비가 와요. **그러니까** 우산을 가져가세요.
雨が降っています。だから、傘を持って行ってください。

• 이 영화는 재미없어요. **그러니까** 다른 영화를 봅시다.
この映画はおもしろくありません。だから、他の映画を見ましょう。

• 한국 대학교에 입학하고 싶어요. 그리고 한국 회사에 취직해서 한국에서 살고 싶어요.
그러니까 한국말을 열심히 공부할 거예요.
韓国の大学に入学したいです。そして、韓国の会社に就職して、韓国で暮らしたいです。
だから、韓国語を一生懸命勉強するつもりです。

A 여보, 우리 차가 있는데 왜 버스를 타요?
あなた、私たち、車があるのに、どうしてバスに乗るんですか。

B 자동차가 고장 났어요. **그러니까** 버스를 타야 해요.
自動車が故障しました。だから、バスに乗らなければなりません。

그러면 それでは

前の文が後ろの文の前提や仮定であることを表す。日本語で「それでは、それなら」の意味である。対話では**그러면**の縮約形**그럼**をよく使う。

A 점심시간이에요. 배가 고파요.
お昼休みです。おなかがすきました。

B **그러면** (=**그럼**) 같이 식당에 가서 식사할까요?
それでは(=それじゃ)一緒に食堂に行って、食事しましょうか。

A 한국말을 잘하고 싶어요.
韓国語が上手になりたいです。

B 그래요? **그러면** 한국 친구를 사귀세요.
そうですか。それなら、韓国の友だちと付き合ってください。

- 나는 피곤할 때 목욕을 해요. **그러면** 기분이 좋아져요.
  私は疲れたとき、お風呂に入ります。そうすると、気分がよくなります。

06

그런데 ところで

前の文が、後ろの文の背景になることを表す。日本語では「ところで、ところが」の意味である。

(1) 前の文と後ろの文が対立関係にあるときに使う。**그렇지만**と同じ意味。

- 아버지는 키가 작아요. **그런데** 아들은 키가 커요.
  父は背が低いです。ところが、息子は背が高いです。

(2) 前の文が後ろの文の背景や状況提示であるときに使う。日本語では「それで」の意味である。

- 어제 명동에 갔어요. **그런데** 거기에서 영화배우를 봤어요.
  昨日、明洞に行きました。それで、そこで映画俳優に会いました。

(3) 対話で相手が言った話題に対して反応せず、他の話題に転換したいときに使う。

A 올해 나이가 어떻게 되세요?
今年、おいくつですか。

B 네? 저, **그런데** 지금 몇 시예요?
えっ? …… あの、ところで、いま何時ですか。

07

그래도 でも

前の文章の内容と関係なく、後ろの文章の内容があることを表すときに使う。日本語では「でも、それでも」の意味である。

- 아까 밥을 많이 먹었어요. **그래도** 배가 고파요.
  さっき、ごはんをたくさん食べました。でも、おなかがすきました。

- 5년 동안 한국에서 살았어요. **그래도** 아직 한국말을 잘 못해요.
  5年間、韓国に住んでいました。でも、まだ韓国語が下手です。

- 그 여자는 나를 좋아하지 않아요. **그래도** 나는 그 여자를 좋아해요.
  その女性は私を好きではありません。でも、私はその女性が好きです。

準備しましょう

01 이다 (〜だ, 〜である)
(1) A 입니까 (= 예요) B 입니다 (= 예요)
(2) A 입니까 (= 이에요) B 입니다 (= 예요)
(3) A 입니까 (= 예요) B 입니다 (= 예요)
(4) 입니다 (= 이에요)

02 있다 (ある, いる)
(1) 위　　　　(2) 뒤　　　　(3) 웨슬리
(4) 안　　　　(5) 밑 (= 아래) (6) 댄 씨

03 数
〈漢数詞〉
(1) 공일공 칠삼팔의 삼오공구　(2) 삼십사
(3) 백칠십오　　　　　　　　　(4) 육만 이천
〈韓国の固有数詞〉
(1) 한 마리　　(2) 한 대, 두 대　(3) 두, 한 개
(4) 네 병, 두 잔 (5) 여덟 권, 일곱

04 日にちと曜日
(1) 이천 구년 유월 육일, 토
(2) 천구백팔십칠 년 십이월 십오일, 일
(3) 이천십삼 년 시월 십일, 목

05 時間
(1) 오전 일곱 시 삼십 분 (= 일곱 시 반)
(2) 오전 아홉 시
(3) 오후 한 시
(4) 오후 세 시 이십 분
(5) 오후 여섯 시 삼십 분 (= 여섯 시 반)
(6) 여덟 시　　(7) 열 시　　(8) 열한 시

Unit 1. 時制

01 現在時制 A/V-(스)ㅂ니다
(1) A 먹습니까 B 네, 먹습니다
(2) 기다립니다
(3) A 읽습니까 B 네, 읽습니다
(4) B 만납니다
(5) 씁니다
(6) A 삽니까 B 네, 삽니다

02 現在時制 A/V-아/어요
1 (1) A 학생이에요 B 네, 학생이에요
(2) A 의사예요 B 네, 의사예요
(3) A 책상이에요 B 네, 책상이에요
(4) A 사과예요 B 네, 사과예요
2 (1) A 봐요 B 봐요　　(2) 전화해요
(3) A 읽어요 B 읽어요　(4) A 먹어요 B 먹어요
(5) 공부해요　　　　　(6) A 마셔요 B 마셔요

03 過去時制 A/V-았/었어요
(1) 만났어요　　(2) 먹었어요　　(3) 맛있었어요
(4) 갔어요　　　(5) 샀어요　　　(6) 됐어요
(7) 아팠어요　　(8) 불렀어요　　(9) 청소했어요
(10) 봤어요　　 (11) 재미있었어요

04 未来時制 V-(으)ㄹ 거예요 ①
(1) 갈 거예요　　　(2) 놀 거예요　(3) 탈 거예요
(4) 공부할 거예요 (5) 먹을 거예요
(6) 부를 거예요　　(7) 쉴 거예요

05 進行時制 V-고 있다 ①
(1) 세수하고 있어요　　(2) 한국어를 배우고 있어요
(3) 밥을 먹고 있어요　　(4) 반지를 찾고 있어요

06 過去完了時制 A/V-았/었었어요
(1) 키가 작았었어요　　(2) 머리가 길었었어요
(3) 고기를 안 먹었었어요 (4) 치마를 안 입었었어요

Unit 2. 否定表現

01 語彙否定
(1) 가 아니에요 (= 가 아닙니다)
(2) 가 없어요 (= 가 없습니다)
(3) 가 없어요 (= 가 없습니다)
(4) 몰라요 (= 모릅니다)

02 안 A/V-아/어요 (A/V-지 않아요)
(1) 안 봐요 (= 보지 않아요)
(2) 매일 운동 안 해요 (= 매일 운동하지 않아요)
(3) 안 깊어요 (= 깊지 않아요)
(4) 안 친절해요 (= 친절하지 않아요)

03 못 V-아/어요 (V-지 못해요)
(1) 못했어요 (= 하지 못했어요)
(2) 못 가요 (= 가지 못해요)
(3) 못 봤어요 (= 보지 못했어요)

Unit 3. 助詞

01 N이/가
1 (1) 티루엔이 (2) 유키가 (3) 부디가 (4) 댄이
2 (1) 가　　　 (2) 이　　　 (3) 가　　　 (4) 이

02 N은/는
1 (1) 은　　(2) 는　　(3) 은　　(4) 는　　(5) 는
(6) 는　　(7) 은　　(8) 은　　(9) 는　　(10) 은
2 (1) 은　　(2) 는　　(3) 은　　(4) 는　　(5) 는

03 N을/를
(1) 를　　　　　　　　　(2) 를
(3) 커피를/차를 마셔요　(4) 빵을 사요

04 N와/과, N(이)랑, N하고
(1) 과 (= 이랑, = 하고)　　(2) 와 (= 랑, = 하고)
(3) 가족과 (= 가족이랑, = 가족하고) 여행을 할 거
　예요
(4) 재준 씨와 (= 재준 씨랑, = 재준 씨하고)

05 N의
(1) 제　　　　　　(2) 부디 씨의
(3) 김 선생님의 남편이에요　(4) 우리 어머니예요

06 N에 ①
(1) 도서관에 가요　　(2) 회사에 다녀요
(3) 공원에 있어요　　(4) 탁자 위에 있어요

07 N에 ②
(1) 오전 11시에 만나요　(2) 2008년 5월 13일에 왔어요
(3) 목요일에 해요　　(4) 겨울에 결혼해요

08 N에서
(1) 우체국에서 일해요
(2) 서울역에서 타요
(3) 백화점에서 쇼핑할 거예요
(4) 헬스클럽에서 운동했어요

09 N에서 N까지, N부터 N까지
(1) 에서, 까지　(2) 학교에서 집까지 (자전거로)
(3) 부터, 까지　(4) 10월 8일부터 (10월)10일까지

10 N에게/한테
(1) 에게 (= 한테)　　(2) 에
(3) 호양 씨에게 (= 한테)　(4) 에

11 N도
(1) 도　　　　　　(2) 캐럴 씨도 예뻐요
(3) 만났어요, 도 만났어요　(4) 샀어요, 구두도 샀어요

12 N만
(1) 캐럴 씨만 미국 사람이에요
(2) 부모님에게만/부모님께만 썼어요
(3) 회사에서만 일해요

13 N밖에
(1) 밖에　　　　　(2) 밖에
(3) 한 명밖에 없어요　(4) 선풍기밖에 없어요

14 N(으)로
(1) B 자전거로 C 택시로 D 지하철로　(2) 걸어서
(3) 컴퓨터로, 펜으로　　　　(4) 로

15 N(이)나 ①
(1) 이나　(2) 이나 (= 에서나)　(3) 산이나 바다에

16 N(이)나 ②
(1) 한 시간이나　(2) 세 번이나　(3) 다섯 번이나
(4) 열 마리나　(5) 여섯 잔이나

17 N쯤
(1) 일곱 시쯤 일어났어요　(2) 두 시간쯤 걸려요
(3) 2주일쯤 여행했어요　(4) 30,000원쯤 해요

18 N처럼, N같이
(1) ⓔ　(2) ⓑ　(3) ⓐ　(4) ⓒ　(5) ⓓ　(6) ⓕ

19 N보다
(1) 적비 씨의 가방이 운룡 씨의 가방보다 (더) 무거워요
(2) 소파가 의자보다 더 편해요
(3) 신발이 가방보다 더 싸요
(4) 중국이 호주보다 더 가까워요

20 N마다
(1) 방학마다 고향에 가요　(2) 나라마다
(3) 토요일마다　　　　(4) 5분마다 지하철이 와요

Unit 4. 羅列と対照

01 A/V-고
(1) 붉고
(2) 멋있고 친절해요
(3) 운동하고, 데이트해요
(4) 요리, 하, 텔레비전, 봤어요

02 V-거나
(1) 외식을 하거나　　(2) 쓰거나
(3) 물어보거나　　　(4) 선물을 주거나

03 A/V-지만
(1) 맵지만 맛있어요　(2) 학생이지만, 회사원이에요
(3) 바쁘지만, 한가해요　(4) 옷을 많이 입었지만 추워요

04 A/V-(으)ㄴ/는데 ①
(1) 맛있는데 비싸요　(2) 크지 않은데, 2개예요
(3) 결혼 안 했는데　(4) 먹었는데

Unit 5. 時間を表す表現

01 N 전에, V-기 전에
(1) ⓓ, 회의 전에 (= 회의하기 전에)
(2) ⓒ, 식사 전에
　　(= 식사하기 전에, = 밥을 먹기 전에)
(3) ⓑ, 방문 전에 (= 친구 집에 가기 전에)
(4) ⓐ, 자기 전에

02 N 후에, V-(으)ㄴ 후에
(1) ⓓ, 운동 후에 (= 운동한 후에, = 운동한 다음에)
(2) ⓐ, 이사 후에 (= 이사한 후에, = 이사한 다음에)
(3) ⓑ, 내린 후에 (= 내린 다음에)
(4) ⓒ, 우유를 산 후에 (= 우유를 산 다음에)

❸ V-고 나서
(1) 일어나서 　(2) 샤워하고 나서 　(3) 먹고 나서
(4) 가서 　(5) 가르치고 나서 　(6) 보고 나서
(7) 끝나고 나서 (8) 운동하고 나서 (9) 가서

❹ V-아/어서
(1) 만나서 　　　　　(2) 가서
(3) A 사(서) B 만들어(서) (4) 들어가서

❺ N 때, A/V-(으)ㄹ 때
(1) 크리스마스 때
(2) 식사 때 (= 식사할 때 = 밥을 먹을 때)
(3) 없을 때 (4) 더울 때

❻ V-(으)면서
(1) 커피를 마시면서 신문을 봐요
　(= 신문을 보면서 커피를 마셔요)
(2) 노래를 하면서 샤워를 해요
　(= 샤워를 하면서 노래를 해요)
(3) 아이스크림을 먹으면서 걸어요
　(= 걸으면서 아이스크림을 먹어요)
(4) 친구를 기다리면서 책을 읽어요
　(= 책을 읽으면서 친구를 기다려요

❼ N 중, V-는 중
(1) ⓑ 　　(2) ⓐ 　　(3) ⓓ 　　(4) ⓒ
(5) ⓖ 　　(6) ⓗ 　　(7) ⓔ 　　(8) ⓕ

❽ V-자마자
(1) ⓓ, 오자마자 　　　(2) ⓒ, 나가자마자
(3) ⓑ, 시작하자마자 　(4) ⓐ, 끊자마자

❾ N 동안, V-는 동안
(1) 10분 동안 　　　(2) 한 달 동안
(3) 요리하는 동안 　(4) 자는 동안

❿ V-(으)ㄴ 지
(1) 졸업한 지 　　　(2) 결혼한 지
(3) 온 지 　　　　　(4) 영어를 가르친 지
(5) 한국어를 배운 지 (6) 헬스클럽에 다닌 지
(7) 한국여행을 한 지

Unit 6. 能力と可能

❶ V-(으)ㄹ 수 있다/없다
(1) 고칠 수 있어요
(2) A 부를 수 있어요 B 부를 수 있어요, 출 수 있어요
(3) 걸을 수 없어요
(4) A 열 수 없어요 B 열 수 있어요

❷ V-(으)ㄹ줄 알다/모르다
1 탈 줄 알아요
2 A 둘 줄 알아요 B 둘 줄 알아요, 둘 줄 몰라요
3 사용할 줄 몰라요.

---

❶ V-(으)세요
(1) ⓑ 　　　(2) ⓒ 　　　(3) ⓓ 　　　(4) ⓐ

❷ V-지 마세요
(1) 햄버거를 먹지 마세요
(2) 담배를 피우지 마세요
(3) 커피를 마시지 마세요
(4) 컴퓨터게임을 하지 마세요

❸ A/V-아/어야 되다/하다
(1) 공항에 가야 돼요 (= 공항에 가야 해요)
(2) 프랑스어를 잘해야 돼요 (= 프랑스어를 잘해야 해요)
(3) 운전해야 돼요 (= 운전해야 해요)
(4) 12시에 출발해야 돼요 (= 12시에 출발해야 해요)
(5) 병원에 가야 됐어요 (= 병원에 가야 했어요)

❹ A/V-아/어도 되다
(1) 술을 마셔도 돼요 　(2) 켜도 돼요
(3) 들어가도 돼요 　　(4) 써도 돼요

❺ A/V-(으)면 안 되다
(1) 키우면 안 돼요 　(2) 마시면 안 돼요
(3) 버리면 안 돼요 　(4) 들어오면 안 돼요

❻ A/V-지 않아도 되다 (안 A/V-아/어도 되다)
(1) 기다리지 않아도 돼요 (= 안 기다려도 돼요)
(2) 맞지 않아도 돼요 (= 안 맞아도 돼요)
(3) 책을 사지 않아도 돼요 (= 안 사도 돼요)
(4) 일찍 일어나지 않아도 돼요 (= 일찍 안 일어나도
　돼요)

---

❶ V-고 싶다
(1) 제주도에서 말을 타고 싶어요
(2) 가수에게 사인을 받고 싶어요
(3) 휴대전화를 사고 싶어요
(4) 윤사마를 만나고 싶어요
(5) 쇼핑을 하고 싶어요

❷ A/V-았/었으면 좋겠다
1 (1) 애인이 생겼으면 좋겠어요
　(2) 세계 여행을 했으면 좋겠어요
　(3) 아파트로 이사했으면 좋겠어요
2 (1) 키가 컸으면 좋겠어요
　(2) 주말이었으면 좋겠어요
　(3) 운동을 잘했으면 좋겠어요

Unit 9. 理由と原因

01 A/V-아/어서 ②
(1) 맛있어서   (2) 많아서   (3) 와서   (4) 마셔서

02 A/V-(으)니까 ①
1 (1) 모르니까   (2) 고장 났으니까 (3) 일이 많으니까
(4) 깨끗하니까   (5) 가니까
2 (1) 없으니까   (2) 더우니까   (3) 나니까
(4) 도와주셔서   (5) 떠났으니까

03 N 때문에, A/V-기 때문에
(1) 휴일이기 때문에 (2) 내일은 약속이 있기 때문에
(3) 회사 일 때문에   (4) 향수 냄새 때문에

Unit 10. 要請と援助

01 V-아/어 주세요, V-아/어 주시겠어요?
(1) 문을 (좀) 열어 주시겠어요
(2) 천천히 이야기해 주세요
(3) 조용히 해 주세요
(4) 책을 (좀) 찾아 주시겠어요

02 V-아/어 줄게요, V-아/어 줄까요?
(1) 빌려 줄게요 (= 빌려 드릴게요)
(2) 내려 줄까요 (= 내려 드릴까요)

Unit 11. 試みと経験

01 V-아/어 보다
1 (1) 한복을 입어 보세요
(2) 비빔밥을 먹어 보세요
(3) 한라산에 올라가 보세요
2 (1) 안 가 봤어요 (= 가 보지 않았어요)
(2) 가 봤어요   (3) 마셔 봤어요   (4) 구경해 보세요

02 V-(으)ㄴ 적이 있다/없다
(1) 탄 적이 없어요, 탄 적이 있어요
(2) 간 적이 없어요, 간 적이 있어요
(3) 잃어버린 적이 없어요, 잃어버린 적이 있어요

Unit 12. 意見を尋ねる, 提案する

01 V-(으)ㄹ까요? ①
(1) 볼까요   (2) 봐요   (3) 만날까요
(4) 만나요   (5) 먹을까요   (6) 쇼핑할까요
(7) 이야기해요

02 V-(으)ㄹ까요? ②
(1) A 가져갈까요 B 가져가세요
(2) A 먹을까요 B 드세요

(3) A 갈까요 B 가세요
(4) A 볼까요 B 보지 마세요

03 V-(으)ㅂ시다
(1) 갑시다 (= 가요)
(2) 여행합시다 (= 여행해요)
(3) 갑시다 (= 가요)
(4) 선탠도 합시다 (= 선탠도 해요)
(5) 가져갑시다 (= 가져가요)
(6) 먹읍시다 (= 먹어요)

04 V-(으)시겠어요?
(1) ⓓ   (2) ⓐ   (3) ⓔ   (4) ⓑ

05 V-(으)ㄹ래요? ①
(1) 앉을래요 (= 앉으실래요)
(2) 탈래요
(3) 쇼핑할래요
(4) 걸을래요
(5) 보지 않을래요 (= 안 볼래요)

Unit 13. 意志と計画

01 A/V-겠어요 ①
1 (1) 공부하겠어요
(2) 도와주겠어요
(3) 컴퓨터게임을 하지 않겠어요
(= 컴퓨터게임을 안 하겠어요)
2 (1) 눈이 오겠습니다
(2) 바람이 불겠습니다
(3) 흐리겠습니다

02 V-(으)ㄹ게요
(1) 살게요
(2) 보내 드릴게요
(3) 이야기하지 않을게요 (= 이야기 안 할게요)
(4) 늦게 자지 않을게요 (= 늦게 안 잘게요)

03 V-(으)ㄹ래요 ②
(1) 입을래요   (2) 먹을래요
(3) 배울래요   (4) 안 먹을래요 (= 먹지 않을래요)

Unit 14. 背景と説明

01 A/V-(으)ㄴ/는데 ②
(1) 친구인데   (2) 고픈데   (3) 오는데   (4) 없는데

02 V-(으)니까 ②
(1) ⓓ, 지하철을 타 보니까 빠르고 편해요
(2) ⓐ, 한국에서 살아 보니까 한국 생활이 재미있어요
(3) ⓑ, 부산에 가 보니까 생선회가 싸고 맛있었어요
(4) ⓔ, 동생의 구두를 신어 보니까 작았어요

Unit 15. 目的と意図

01 V-(으)러 가다/오다
(1) 만나러　　(2) 데이트하러　　(3) 씻으러

02 V-(으)려고
(1) 한국 사람과 이야기하려고
(2) 한국을 여행하려고
(3) 한국에서 살려고
(4) 한국 회사에 취직하려고
(5) 한국 드라마를 보려고

03 V-(으)려고 하다
(1) 쓰려고 해요　　(2) 공부하려고 해요
(3) 들으려고 해요　　(4) 주려고 해요
(5) 치려고 해요　　(6) 찍으려고 해요
(7) 하려고 해요

04 N을/를 위해(서), V-기 위해(서)
(1) 건강을 위해서　　(2) 당신을 위해서
(3) 취직하기 위해서　　(4) 만나기 위해서

05 V-기로 하다
(1) 사기로 했어요　　(2) 끊기로 했어요
(3) 배우기로 했어요　　(4) 공부하기로 했어요
(5) 하지 않기로 했어요

Unit 16. 条件と仮定

01 A/V-(으)면
(1) ⓑ, 먹으면　　(2) ⓒ, 출발하면
(3) ⓓ, 오지 않으면　　(4) ⓐ, 가면

02 V-(으)려면
(1) ⓓ　　(2) ⓒ　　(3) ⓑ　　(4) ⓐ

03 A/V-아/어도
(1) 먹어도　(2) 반대해도　(3) 보내도

Unit 17. 推測

01 A/V-겠어요 ②
(1) 피곤하겠어요　　(2) 한국말을 잘하겠어요
(3) 바쁘겠어요　　(4) 기분이 좋겠어요
(5) 일본 요리를 잘하겠어요　(6) 배가 고프겠어요

02 A/V-(으)ㄹ 거예요 ②
(1) 올 거예요　　(2) 문을 닫았을 거예요
(3) 알 거예요　　(4) 갔을 거예요
(5) 비빴을 거예요　　(6) 잤을 거예요
(7) 설릴 거예요　　(8) 예쁠 거예요

03 A/V-(으)ㄹ까요? ③
(1) 돈이 많을까요　(2) 막힐까요　(3) 도착했을까요
(4) 바쁘실까요　　(5) 돌아오실까요

04 A/V-(으)ㄴ/는/-(으)ㄹ 것 같다
(1) 가족인 것 같아요 (= 가족일 것 같아요)
(2) 안 한 것 같아요
(3) 맑은 것 같아요
(4) 먹을 것 같아요. ('쉴 것 같아요', '잘 것 같아요' 등
　'-(으)ㄹ 것 같아요'를 사용해서 대답 가능)

Unit 18. 品詞変化

01 連体形 -(으)ㄴ/-는/-(으)ㄹ N
1 (1) 맵고 뜨거운 음식을 먹고 싶어요
　(2) 볼 영화는 해리포터예요
2 (1) 매운　　(2) 맵지 않은　　(3) 재미있는
　(4) 뜨거운　　(5) 갈

02 A/V-기
(1) 우표 모으기　　(2) 요리하기
(3) 회사에 가기　　(4) 배우기

03 A-게
(1) 행복하게　(2) 맛있게　(3) 재미있게　(4) 예쁘게

04 A-아/어하다
(1) 귀여워요　　(2) 좋아해요
(3) 배고파해서　　(4) 추워해서

Unit 19. 状態を表す表現

01 V-고 있다 ②
(1) 쓰고 있어요 (= 끼고 있어요)　(2) 하고 있어요
(3) 매고 있어요 (= 하고 있어요)
(4) 입고 있어요　(5) 입고 있어요　(6) 메고 있어요
(7) 들고 있어요　(8) 신고 있어요　(9) 신고 있어요

02 V-아/어 있다
(1) 쓰여　(2) 열려　　(3) 놓여　(4) 켜져
(5) 찾고　(6) 떨어져　(7) 쓰고　(8) 마시고
(9) 부르고　(10) 서　　(11) 앉아

03 A-아/어지다
(1) 건강해졌어요　(2) 커졌어요　　(3) 예뻐졌어요
(4) 시원해졌어요　(5) 빨개졌어요　(6) 적어졌어요
(7) 넓어졌어요　　(8) 많아졌어요　(9) 높아졌어요

04 V-게 되다
(1) 들어가게 되었어요, 만나게 되었어요
(2) 끊게 되었어요　(3) 벅게 되었어요
(4) 가게 되었어요　(5) 저축하게 되었어요

Unit 20. 情報確認

01 A/V−(으)ㄴ/는지
(1) 누구인지 (2) 몇 살인지 (3) 언제 한국에 왔는지
(4) 어느 학교에 다니는지 알아요 (5) 좋아하는지
(6) 없는지

02 V−는 데 걸리다/들다
(1) B 만드는 데 A 먹는 데 (2) 외우는 데
(3) A 치료하는 데 B 치료하는 데, 들어요
(4) 자르는 데, 들어요

03 A/V−지요?
(1) 쇼핑했지요 (2) 세일을 하지요 (3) 많았지요
(4) 샀지요   (5) 줄 거지요

Unit 21. 事実発見と感嘆

01 A−군요, V−는군요
(1) 막혔군요   (2) 예쁘군요
(3) 유행하는군요   (4) 점심시간이군요

02 A/V−네요
(1) 싸고 좋군요   (2) 아름답군요/아름답네요
(3) 왔군요/왔네요   (4) 아프군요

Unit 22. その他の終結表現

01 A−(으)ㄴ가요?, V−나요?
(1) 피곤한가요   (2) 걸리나요
(3) 언제 왔나요 (= 오셨나요) (4) 결혼할 건가요

02 A/V−(으)ㄴ/는데요
(1) 대단한데요   (2) 먹었는데요
(3) 없는데요   (4) 부는데요

Unit 23. 引用文

01 直接引用
(1) "전화할게요."라고/하고 말했어요
(2) "지수 씨 전화번호 알아요?"라고/하고 물어봤어요
(3) "생일 축하합니다."라고 썼어요
(4) "항상 감사하세요."라고 써 있어요
(5) "정말 마음에 들어요."라고 (말)했어요/하고 (말)
    했어요

02 間接引用
(1) 요코 씨가 어제 쇼핑했다고 했어요.
(2) 란란 씨가 빨간색 가방은 자기(의) 것이라고 했어요.
(3) 민우 씨가 언제 고향에 가(느)냐고 물어봤어요.
(4) 마틴 씨가 허리가 아프면 수영을 하라고 했어요.

03 間接引用の縮約
(1) 같이 영화를 보재요 (2) 좋아하네요
(3) 안 좋아한대요   (4) 보고 싶대요
(5) 예매했대요   (6) 쇼핑하러 가재요
(7) 살 거래요   (8) 사래요
(9) 커플 티를 입재요   (10) 멋있는 커플이 될 거래요

Unit 24. 不規則用言

01 '—' 불규칙 (—不規則)
(1) 꺼   (2) 바빠서   (3) 커요
(4) 예뻐요   (5) 아파도   (6) 기뻤어요
(7) 썼어요   (8) A 고파요 B 고프지 않아요
(9) 예쁘지만

02 'ㄹ' 불규칙 (ㄹ不規則)
(1) 부니까   (2) 우는   (3) 파는데
(4) 드세요   (5) 삽니다   (6) 힘들지만
(7) 아는   (8) 살 때   (9) 긴

03 'ㅂ' 불규칙 (ㅂ不規則)
(1) 가벼워요 (2) 어려운데   (3) 추우니까
(4) 좁아서   (5) 맵지만   (6) 쉽고
(7) 입으니까

04 'ㄷ' 불규칙 (ㄷ不規則)
(1) 물어
(2) 들으세요
(3) A 걸었는데 B 걸어서
(4) A 닫아요 B 닫는데

05 '르' 불규칙 (르不規則)
(1) 빨라서   (2) 달라요
(3) 서툴러서   (4) 눌렀는데

06 'ㅎ' 불규칙 (ㅎ不規則)
(1) 노란   (2) 빨개요   (3) 하얘요
(4) 이런   (5) A 어떤 B 까만

07 'ㅅ' 불규칙 (ㅅ不規則)
(1) 부었어요 (2) 저어서   (3) 나은
(4) 짓고   (5) 웃을   (6) 나아요
(7) 그으면서 (8) 씻어서   (9) 벗은
(10) 부으세요

한국어의 개요

1. 한국어의 문장 구조

한국어의 문장은 주어+서술어(혹은 동사)로 구성되거나 주어+목적어+서술어(혹은 동사)로 구성된다. 단어 뒤에는 조사가 오는데 조사는 그 단어가 문장에서 어떤 역할을 하는지 나타내준다. 문장의 주어 뒤에는 '이'나 '가'가 오고, 문장의 목적어 뒤에는 '을'이나 '를'이 오며, '에'나 '에서'가 오면 문장의 부사어가 된다. (참고: 3. 조사)

문장의 서술어는 항상 문장 끝에 오지만 주어, 목적어, 부사어 등의 순서는 말하는 사람의 의도에 따라 자리가 바뀌기도 한다. 그러나 자리가 바뀌어도 단어 뒤에 나오는 조사에 의해 무엇이 주어이고 목적어인지 알 수 있다. 또한 문맥 안에서 주어를 분명히 알 수 있는 경우, 주어가 생략되기도 한다.

2. 동사와 형용사의 활용

한국어의 동사와 형용사는 시제, 높임표현, 수동, 사동, 발화 스타일 등에 따라 활용을 한다는 특징이 있다. 동사와 형용사는 어간과 어미로 구성되는데 동사와 형용사의 기본형은 단어의 의미를 지니는 어간에 '다'가 붙으며 보통 '사전형'이라고도 한다. 따라서 사전을 찾으면 기본형인 '가다, 오다, 먹다, 입다' 등의 형태로 되어 있다. 활용을 할 때는 어간은 변하지 않고 '다'가 빠지며 '다'의 자리에 화자의 의도에 따라 다른 형태가 붙는다.

3. 문장의 연결

한국어에서 문장을 연결하는 방법은 두 가지가 있다. 접속부사(그리고, 그렇지만, 그런데)를 사용해서 연결하는 방법과 연결 어미를 사용하는 방법이 있다. 접속부사로 연결할 때는 문장과 문장 사이에 접속부사를 넣으면 되지만 연결 어미를 사용할 때는 어간에 연결 어미를 붙여 문장을 연결한다.

4. 문장의 종류

한국어 문장의 종류는 크게 평서문, 의문문, 명령문, 청유문 4가지로 나뉜다. 이 문장은 발화될 때 장소와 대상에 따라 격식체와 비격식체(반말 포함)로 나뉠 수 있다. 격식체 '-(스)ㅂ니다'는 군대나 뉴스, 발표, 회의, 강의와 같은 격식적이거나 공식적 상황에서 많이 쓰인다. 비격식체 '-아/어요'는 일상생활에서 많이 쓰이는 존댓말의 형태이다. 격식체에 비해 부드럽고 비공식적이고 가족이나 친구 사이 등 보통 친근한 사이에서 많이 사용된다. 격식체의 경우 평서문, 의문문, 명령문, 청유문의 형태가 다 다르지만 비격식체는 격식체와는 달리 평서문, 의문문, 명령문, 청유문이 따로 없고, 대화의 상황과 억양에 따라 구분하여 비격식체가 격식체에 비해 간단하고 쉽다. 비격식체 중의 반말 '-아/어'는 친한 친구나 선후배 사이, 가족 사이에서 주로 쓰이고, 모르는 사이나 친하지 않은 사이에서 쓰면 실례가 된다. 여기에서는 격식체와 비격식체이 문장 형태만 보기로 하겠다.

(1) 평서문: 어떤 것에 대해 설명하거나 질문에 답을 할 때 사용한다. (참고: 1. 시제 02 현재 시제)
 ① 격식체: 격식체의 평서문은 어간에 '-(스)ㅂ니다'를 붙인다.
 ② 비격식체: 비격식체의 평서문은 어간에 '-아/어요'를 붙인다.

(2) 의문문: 질문할 때 사용한다. (참고: 1. 시제 01, 02 현재 시제)
 ① 격식체: 격식체의 의문문은 어간에 '-(스)ㅂ니까?'를 붙인다.
 ② 비격식체: 비격식체의 의문문은 어간에 '-아/어요?'를 붙이는데 평서문과 형태는 같고 문장의 끝만 올리면 의문 형태가 된다.

(3) 명령문: 명령을 하거나 충고를 할 때 사용한다. (참고: 7. 명령과 의무, 허락과 금지 01 V-(으)세요)
 ① 격식체: 격식체의 명령문은 '-(으)십시오'를 어간에 붙여 만든다.
 ② 비격식체: 비격식체의 명령문은 다른 문장 형태와 같이 어미 뒤에 '-아/어요'를 붙여도 되지만, '-(으)세요'가 '-아/어요'보다 좀더 공손한 느낌을 주므로 '-(으)세요'를 사용하는 것이 좋다.

(4) 청유문: 제안을 하거나 어떤 제안에 동의할 때 사용한다. (참고: 12. 의견 묻기와 제안하기 03 V-(으)ㅂ시다)
 ① 격식체: 격식체의 청유문은 어간에 '-(으)ㅂ시다'를 붙여 만든다. '-(으)ㅂ시다'는 상대방이 비슷한 나이나 위치일 때 사용할 수 있고, 윗사람에게는 사용할 수 없다. 윗사람에게 사용하면 예의에 어긋난 표현이 된다.
 ② 비격식체: 비격식체의 청유문은 비격식체의 다른 문장 형태와 마찬가지로 어간에 '-아/어요'를 붙여서 만든다.

5. 높임 표현

한국은 유교적인 사고방식의 영향으로 나이, 가족 관계, 사회적인 지위, 사회적 거리(친분 관계)에 따라 상대를 높이기도 하고 낮추기도 한다.

(1) 문장의 주어를 높이는 방법: 문장에 나오는 사람이 화자보다 나이가 많을 때, 가족 중에서 웃어른일 때, 사회적 지위가 높은 사람일 때, 높임말을 사용한다. 형용사나 동사 어간에 높임을 나타내는 '-(으)시-'를 붙여서 사용한다. 동사의 어간이 모음으로 끝난 경우 '-시-'를 붙이고, 자음으로 끝날 경우는 '-으시-'를 붙인다.

(2) 말을 듣는 상대를 높이는 방법: 말을 듣는 사람이 말하는 사람보다 나이가 많거나 사회적 지위가 높은 경우, 또 상대와 나이가 같거나 어려도 친분이 없는 경우에는 높임말을 쓴다. 종결 어미에 따라 높임의 정도가 표현되는데 격식체, 비격식체가 그 형태이다.

(참고: 한국어의 개요 4. 문장의 종류)

(3) 그 밖의 높임법
① 몇몇 동사는 동사의 어간에 '-(으)시-'를 붙이지 않고 다른 형태의 동사로 바꿔서 높임을 표현한다.
② 높임의 의미를 가지고 있는 명사를 사용한다.
③ 사람을 가리키는 명사 뒤에 높임을 나타내는 조사를 붙인다.
④ 명사 뒤에 '-님'을 붙여서 사람을 나타내는 명사를 높인다.
⑤ 말을 듣는 상대나 행위를 받는 대상을 높일 경우 다음의 단어를 사용한다.
⑥ 말하는 사람이 듣는 상대를 높이지 않고 말하는 자신을 낮추어 상대를 높이는 방법도 있다.

(4) 높임법 사용 시 주의점
① 한국어에서는 누구에 대해 이야기하거나 그 사람을 부를 때 '당신', '너', '그', '그녀', '그들' 등의 표현을 쓰지 않고 이름이나 호칭을 여러 번 반복해서 쓴다.
② 나보다 나이가 많거나 사회적 지위가 높은 상대, 또는 모르는 사람의 이름이나 나이를 물을 때는 "성함이 어떻게 되세요?", "연세가 어떻게 되세요?"등의 표현을 사용한다.
③ 윗사람의 나이를 말할 때 '살'을 쓰지 않는 경우가 많다.
④ '주다'의 높임말 '드리다'와 '주시다'
행동의 주체가 행동을 받는 상대보다 나이가 어릴 때는 '드리다'를 사용하고, 행동의 주체가 행동을 받는 상대보다 나이가 많을 때는 '주시다'를 사용한다.

준비합시다

01 이다
명사 뒤에 붙어 그 명사가 문장의 서술어가 되게 한다. 문장에서 주어와 술어가 동일함을 나타내거나 사물을 지정하는 뜻을 나타낸다. 격식체의 경우 서술형은 '입니다'이고 의문형은 '입니까?'이다. 비격식체의 서술형과 의문형은 '예요/이에요'로 형태가 같다. '예요/이에요.'는 서술형, 끝을 올린 '예요?/이에요?'는 의문형이다. 앞 명사가 모음으로 끝날 때는 '예요', 자음으로 끝날 때는 '이에요'를 쓴다. 부정형은 '아니다'이다. (참고: 2. 부정 표현 01 어휘부정)

02 있다
1 존재나 사물이 위치하는 곳을 나타낸다. 일본어로는 '있る, いる'의 뜻이다. 'N이/가 N(지점)에 있다'의 형태로 쓰이는데, 이때 'N(지점)에 N이/가 있다'처럼 주어와 장소가 바뀌어도 상관이 없다. 반대말은 '없다'이다. 'N에 있다'가 위치를 나타낼 때 이와 함께 사용하는 위치명사로 다음과 같은 것들이 있다.
→ 앞, 뒤, 위, 아래(=밑), 옆(오른쪽, 왼쪽), 가운데, 사이, 안, 밖

2 '있다'는 'N이/가 있다'로 쓰여 소유의 뜻을 나타내기도 한다. 일본어로는 'ある, いる'의 뜻이다. 반대말은 '없다'이다. (참고: 2. 부정 표현 01 어휘부정)

03 수
〈한자 숫자〉
한국어에서 수를 나타낼 때는 두 가지 방식이 있다. 하나는 한자 숫자이고 하나는 한국 고유 숫자이다. 그중 한자 숫자는 전화번호나 버스번호, 키, 몸무게, 방 호수, 연도, 월, 시간의 분, 초, 물건의 가격 등을 표시할 때 사용한다.

ここに注意!
① 한국어에서 숫자는 천(千) 단위가 아니라 만(万) 단위로 끊어서 읽는다. 그래서 354,970은 35/4970(35만 4970 → 삼십오만 사천구백칠십)으로 읽고, 6,354,790은 635/4790(635만 4790 → 육백삼십오만 사천칠백구십)으로 읽는다.
② 숫자가 1(일)로 시작할 때는 '일'을 생략하고 읽는다.
③ '16' '26' '36'…… '96'은 [심뉵] [이심뉵] [삼심뉵]…… [구심뉵]으로 발음한다.
④ '0'은 '공'이나 '영'으로 읽는데 전화번호나 휴대전화 앞 번호는 주로 '공'으로 읽는다.
⑤ 전화번호를 읽을 때는 두 가지 방법이 있다. 7804-3577 → 칠팔공사의[에] 삼오칠칠, 칠천팔백사 국의[에] 삼천오백칠십칠 번, 이때 '의'는 [의]라고 발음하지 않고 [에]로 발음한다.

〈한국 고유 숫자〉
한국 고유 숫자는 물건이나 사람을 셀 때 단위를 나타내는 명사와 함께 사용하는데 고유 숫자 뒤에 '명, 마리, 개, 살, 병, 잔……' 같은 단위명사를 붙여 사용한다. 이 때 숫자 뒤에 단위명사가 오면 '하나 → 한', '둘 → 두', '셋 → 세', '넷 → 네', '스물 → 스무'로 바뀌어 '학생 한 명, 개 두 마리, 커피 세 잔, 콜라 네 병, 사과 스무 개……' 같은 형태가 된다.

04 날짜와 요일
ここに注意!
① 6월과 10월은 '육월' '십월'이라고 하지 않고 '유월' '시월'이라고 읽고 쓴다.
② 연도를 물을 때는 '몇 년'이라 하고 월을 물을 때는 '몇 월'이라고 한다. 그렇지만 날짜를 물을 때는 '몇일'이라고 적지 않고 '며칠'이라고 적는다.

05 시간
• 시간은 '한 시, 두 시, 세 시, 네 시, 다섯 시, 여섯 시, 일곱 시, 여덟 시, 아홉 시, 열 시, 열한 시, 열두 시'와 같이 한국 고유 숫자로 읽고, 분은 '일 분, 이 분, 십 분……'과 같이 한자 숫자로 읽는다. 동작이 행해진 시간을 말할 때는 시간 뒤에 조사 '에'를 쓴다. (일곱 시에 일어나요.)

- A.M.은 '오전', P.M.은 '오후'의 뜻이지만, 한국에서는 보통 '오전'이라고 하면 '아침 시간'을, '오후'라고 하면 '낮 시간'을 이야기한다. 그리고 한국에서는 보통 '새벽', '아침', '점심', '저녁', '밤' 등으로 시간을 좀 더 세분화해서 말한다.

Unit 1. 시제

01 현재 시제 A/V-(스)ㅂ니다

한국어의 현재 시제는 격식체의 경우 어간에 '-(스)ㅂ니다'를 붙여 사용하는데, 격식체는 군대에서나 뉴스, 발표, 회의, 강의 같은 격식적이거나 공식적인 상황에서 많이 쓰인다.

02 현재 시제 A/V-아/어요

비격식체는 격식체에 비해 일상생활에서 많이 쓰이는 존댓말의 형태이다. 격식체에 비해 부드럽고 비공식적이고 가족이나, 친구 사이 등 보통 친근한 사이에서 많이 사용된다. 비격식체는 서술형과 의문형이 같다. 문장의 끝을 내리면 서술형이 되고, 끝을 올리면 의문형이 된다.

ここに注意!
〈현재 시제 형태의 특징〉
① 한국어의 현재 시제 형태는 현재뿐만 아니라 진행형, 그리고 분명히 일어날 미래 사건에도 사용할 수 있다.
② 보편적인 진리나 습관적으로 반복되는 사실도 현재 시제로 표현한다.

03 과거 시제 A/V-았/었어요

형용사나 동사 어간에 '-았/었-'을 붙여 과거형으로 만든다. 앞 어간의 마지막 모음이 'ㅏ, ㅗ'이면 '-았어요'를, 그 외의 모음일 경우에는 '-었어요'를 붙인다. '하다'로 끝나는 동사나 형용사는 '-였어요'가 붙어 '하+였어요'가 되고 이것이 줄어들어 '했어요'가 된다. 격식체일 경우는 '-았/었습니다', '했습니다'이다.

ここに注意!
'주다'는 '주었어요', '줬어요'로도 쓰이고 '보다'도 '보았어요', '봤어요'로도 다 쓰이지만 '오다'는 '오았어요'로 쓰이지 않고 '왔어요'로만 쓰인다.

04 미래 시제 V-(으)ㄹ 거예요 ①

미래의 계획이나 예정을 나타낼 때 사용하며 일본어의 '〜つもりです'에 해당한다. 동사 어간에 '-(으)ㄹ거예요'를 붙이는데 어간이 모음이나 'ㄹ'로 끝나면 '-ㄹ 거예요'를, 자음으로 끝나면 '-을 거예요'를 붙인다.

05 진행 시제 V-고 있다 ①

어떤 동작이 진행되고 있음을 나타내는 표현이며 일본어의 '〜している'에 해당한다. 동사 어간에 '-고 있다'를 붙인다. 과거의 어느 때에 동작이 진행되고 있었음을 나타낼 때는 동사 어간 뒤에 '-고 있었다'를 사용한다.

ここに注意!
단순히 과거에 했던 동작을 나타낼 때는 단순 과거 '-았/었어요'를 쓴다.

06 대과거 A/V-았/었었어요

과거에 일어난 일이나 상황이 그 후에 계속되지 않고 현재와 다를 때나 말하는 시점보다 아주 긴 시간 전의 일이어서 현재와 단절되어 있음을 표현할 때 사용한다. 일본어의 '〜していました, 〜でした'에 해당한다. 동사나 형용사 어간의 모음이 'ㅏ, ㅗ'로 끝나면 '-았었어요', 그 외의 모음으로 끝나면 '-었었어요'가 오며, '하다'로 끝난 동사는 '했었어요'로 바뀐다.

どこが違う?
- -았/었어요: 단순한 사건이나 행동이 과거에 일어났음을 나타내거나 과거에 끝난 행위나 상태가 유지됨을 나타낸다.
- -았/었었어요: 현재와 이어지지 않는 과거의 사건을 나타낸다.

Unit 2. 부정 표현

01 어휘 부정

한국어에서 부정문은 그 문장을 부정 형태로 만드는 경우가 있고, 어휘로 부정을 하는 경우가 있다. 어휘를 사용해서 부정문을 만드는 경우에, '이다'는 '아니다'를, '있다'는 '없다'를, '알다'는 '모르다'를 쓴다. 이 중 '아니다'는 '이/가 아니다'의 형태로 쓰이는데, 구어체에서는 '이/가'가 생략되기도 한다. '아니다'의 경우 'N1이/가 아니라 N2이다'의 표현으로 쓰이기도 한다.

02 안 A/V-아/어요 (A/V-지 않아요)

- 동사나 형용사에 붙어 행위나 상태를 부정한다. 일본어의 '〜しない, 〜くない, 〜ではない'에 해당한다. 동사 앞에 '안'을 붙이거나 동사 어간 끝에 '-지 않아요'를 붙인다.
- '하다'로 끝나는 동사의 경우 '명사+하다'의 구성이므로 동사 앞에 '안'을 써서 '명사+안 하다'의 형태로 쓴다. 그렇지만 형용사는 '안+형용사'의 형태로 쓴다. 다만, 동사 '좋아하다', '싫어하다'의 경우는 'N+하다'의 형태가 아닌 하나의 동사이므로 '안 좋아하다/좋아하지 않다', '안 싫어하다/싫어하지 않다'의 형태로 쓴다.
- '안'이나 '-지 않다'는 서술문과 의문문에는 쓰이지만 명령문이나 청유문에는 쓸 수 없다.

03 못 V-아/어요 (V-지 못해요)

주어의 능력이 없거나 주어의 의지나 바람은 있지만 외부의 어떤 이유 때문에 의지대로 되지 않음을 나타내는 표현이다. 일본어의 '〜できない'에 해당한다. 동사 앞에 '못'을 붙이거나 동사 어간 끝에 '-지 못해요'를 붙인다. 그러나 '명사+하다'의 형태는 명사 뒤에 '못'이 와서 '명사+못하다'의 형태로 쓴다.

どこが違う?
- '안' (-지 않다): ① 동사, 형용사와 모두 결합한다. ② 능력이나 외부 조건에 상관없이 하지 않음을 나타낸다.

• '못' (−지 못하다): ① 동사와 결합하고 형용사와는 보통 결합하지 않는다. ② 능력이 안 되거나 가능하지 않을 때 사용한다.

Unit 3. 조사

01 N이/가

1 문장의 주어 다음에 와서 '이/가'가 붙은 말이 문장의 주어임을 나타낸다. 모음으로 끝나는 단어 뒤에는 '가'가, 자음으로 끝나는 단어 다음에는 '이'가 온다.
2 '이/가' 앞에 오는 말을 특별히 선택하여 지적한다는 뜻을 나타낸다.
3 문장의 새 정보를 나타내는 데 쓰인다. 즉 새로운 화제를 도입할 때 쓴다.

ここに注意!
'나, 저, 누구'와 '가'가 결합할 때, '나+가 → 내가', '저+가 → 제가', '누구+가 → 누가'가 된다.

02 N은/는

1 '은/는' 앞에 오는 말이 그 문장에서 이야기하려고 하는 주제, 설명의 대상임을 나타낸다. '∼에 대해서 말하면'과 같은 뜻이다. 단어가 모음으로 끝나면 '는'이, 자음으로 끝나면 '은'이 온다.
2 앞에서 말한 것을 다시 이야기하거나 대화하는 사람이 이미 알고 있는 것을 이야기할 때 쓴다. 즉, 구정보를 나타내는 데 쓴다. (참고: 3. 조사 01 N이/가)
3 두 개를 대조하거나 비교할 때 쓰는데, 주어의 자리뿐 아니라 목적어나 기타 문장의 다른 자리에도 쓰일 수 있다.

03 N을/를

명사 뒤에 붙어 그 명사가 문장의 목적어임을 나타내 준다. 명사가 모음으로 끝나면 '를', 자음으로 끝나면 '을'을 붙인다. 목적격 조사를 필요로 하는 동사로는 보통 '먹다, 마시다, 좋아하다, 읽다, 보다, 만나다, 사다, 가르치다, 배우다, 쓰다' 등이 있다. 구어에서는 목적격 조사 '을/를'을 생략하고 말하기도 한다.

ここに注意!
① N+하다 → N하다: '공부를 하다, 수영을 하다, 운동을 하다, 산책을 하다 ……' 등은 조사 '을/를'을 생략하면 '공부하다, 수영하다, 운동하다, 산책하다 ……,' 같이 하나의 동사가 된다. 그러나 '좋아하다' '싫어하다'는 '좋아−' '싫어−'가 명사가 아니기 때문에 '좋아하다' '싫어하다' 자체가 하나의 동사이다.
② 뭐 해요?: 의문대명사 '무엇'이 줄어 '무어'가 되고 이것이 또 줄어 '뭐'가 된다. 그래서 '무엇을 해요?'가 '뭐를 해요?'가 되고, 이것이 다시 '뭘 해요?'로 되고, 이것은 다시 '뭐 해요?'가 된다. '뭐 해요?'는 회화체에서 많이 사용한다.

04 N와/과, N(이)랑, N하고

1 여러 가지 사물이나 사람을 나열하는 의미를 나타내며 일본어의 '∼と'에 해당한다. '와/과'는 주로 글이나 발표, 연설 등에서 사용되고, '(이)랑'과 '하고'는 일상적인 대화에서 사용된다. 모음으로 끝나는 명사에는 '와', '랑'을 사용하고 자음으로 끝나는 명사에는 '과', '이랑'을 사용한다. '하고'는 받침의 유무와 관계없이 쓰인다.
2 행위를 함께 하는 대상임을 나타내며 일본어의 '∼と'에 해당한다. 행위를 함께 하는 대상을 나타낼 때는 주로 '같이', '함께' 등과 자주 쓰인다.

ここに注意!
① 열거의 기능으로 쓰일 때 '(이)랑'과 '하고'는 마지막에 연결되는 명사 뒤에 쓰이기도 하지만 '와/과'는 마지막에 연결되는 명사 뒤에는 쓸 수 없다.
② '와/과', '(이)랑', '하고'는 동일하게 열거의 기능을 가지고 있지만 이들을 섞어서 사용하지 않는다.

05 N의

앞 단어가 뒤 단어의 소유가 됨을 나타내는 말로 일본어로는 '∼の'의 의미이다. '의'가 소유의 의미일 경우 '의'의 발음은 [의]와 [에] 둘 다 가능한데 보통 [에]로 발음을 많이 한다. 구어에서는 조사 '의'가 생략되는 경우가 많다. 사람을 나타내는 명사 '나, 저, 너'의 경우에는 '나의 → 내', '저의 → 제', '너의 → 네'로 축약되며 '의'가 보통 생략되지 않는다. 소유자와 소유물 사이에 '의'를 넣어 표시한다.

ここに注意!
한국에서는 자신이 소속감을 갖는 단체(집, 가족, 회사, 나라, 학교)에 대해서는 '나'보다는 '우리/저희'라는 말을 쓴다. 또한 가족 구성원에 대해서도 '제, 내' 대신에 '우리'라는 말을 많이 쓴다. 그러나 '동생'의 경우는 '우리 동생'보다는 '내 동생' 혹은 '제 동생'을 많이 쓴다. 상대방을 높여서 표현할 때는 '우리'의 낮춤말인 '저희'를 사용하여 '저희 어머니, 저희 아버지' 등으로 말한다. 그러나 '나라'를 이야기할 때는 '저희 나라'라고 쓰지 않고 '우리나라'라고 쓴다.

06 N에 ①

1 주로 '가다', '오다', '다니다', '돌아가다', '도착하다', '올라가다', '내려가다' 등의 동사와 결합하여 행동이 진행되는 방향을 나타낸다. 일본어의 '∼に'에 해당한다.
2 '있다', '없다'와 결합하여 사람이 존재하는 곳이나 사물이 위치하는 곳을 나타내는데 일본어의 '∼に' 혹은 '∼に'에 해당한다. (참고: 준비합시다 02 있다)

07 N에 ②

• 시간을 나타내는 명사와 결합하여 어떤 행동이나 일, 상태가 일어나는 시간이나 때를 나타내며 일본어의 '∼に'에 해당한다. 조사 '는', '도'와 결합하여 '에는', '에도'로 사용되기도 한다.
• 시간을 나타내는 단어 중 그제(그저께), 어제(어저께), 오늘, 내일, 모레, 언제 등에는 '에'를 쓰시 않는다.

ここに注意!
시간을 나타낼 때 시간 표현이 여러 번 겹쳐질 경우에는 마지막에 한 번만 '에'를 사용한다.

08 N에서

명사 뒤에 '에서'를 붙여서 어떤 행위나 동작이 이루어지고 있는 장소를 나타낸다. 일본어의 '〜で'에 해당한다.

'살다' 동사 앞에는 조사 '에'와 '에서'를 둘 다 쓸 수 있는데 조사 '에'와 '에서'가 '살다' 동사와 함께 쓰이면 의미 차이가 거의 없어진다.

· 에: 사람이나 사물의 동작이나 상태가 나타나는 지점을 가리키므로 주로 이동, 위치나 존재를 나타내는 동사와 함께 쓰인다.
· 에서: 어떤 행위나 동작이 이루어지고 있는 장소임을 나타내므로 여러 가지 동사와 함께 쓰인다.

09 N에서 N까지, N부터 N까지

어떤 일이나 행위가 일어나는 장소나 시간의 범위를 표현하며 일본어의 '〜から〜まで'에 해당한다. 장소를 나타낼 때는 보통 'N에서 N까지'를 쓰고 시간의 범위를 나타낼 때는 'N부터 N까지'를 쓴다. 때로 이 둘을 구분 없이 쓰기도 한다.

10 N에게/한테

· 사람이나 동물을 나타내는 명사에 붙어서 그 명사가 어떤 행동의 영향을 받는 대상임을 나타낸다. '에게'보다 '한테'가 더 구어적 표현이다. 선행 명사가 사람이나 동물인 경우에는 '에게/한테'를 쓰고, 사람이나 동물이 아닌 경우(식물, 물건, 장소 등)에는 '에'를 쓴다. 모든 동사에 '에게/한테' 조사를 쓸 수 있는 것은 아니고, 제한된 동사에 사용하는데 '에게/한테'를 사용하는 동사로는 '주다, 선물하다, 던지다, 보내다, 부치다, 쓰다, 전화하다, 묻다, 가르치다, 말하다, 팔다, 가다, 오다' 등이 있다.

① 친구나 동생같이 아랫사람에게 무엇인가를 줄 때는 '에게 주다'라고 한다. 그러나 '할아버지나 할머니, 아버지, 어머니, 선생님. 사장님'과 같이 높여야 할 대상에게 줄 경우에는 '에게/한테'를 '께'로 바꾸고 '주다'를 '드리다'로 바꾸어 말한다. (참고 한국어의 개요 5. 높임표현)
② 다른 사람에게서 무엇인가를 받거나 배울 때는 '에게서 받다/배우다' '한테서 받다/배우다'라고 한다. 이때 '서'를 생략하고 '에게 받다/배우다' '한테 받다/배우다'라고 쓰기도 한다. 높임의 대상에게서 받거나 배울 때는 '에게서', '한테서' 대신 '께'를 사용한다.

11 N도

· 주어나 목적어 기능을 하는 명사 뒤에서 쓰여 대상을 나열하거나 그 앞의 대상에 더해짐을 나타낸다. 일본어의 '〜も'에 해당한다.
· 주격조사 뒤에서는 주격조사 '이/가'를 생략하고 '도'를 쓴다.
· 목적격 조사 뒤에서도 목적격 조사 '을/를'을 생략하고 '도'를 쓴다.
· '도'는 주격 조사, 목적격 조사 외에 다른 조사와 같이 쓰일 때는 '도' 앞의 조사를 생략하지 않는다.

12 N만

· 다른 것은 배제하고 유독 그것만 선택함을 나타낸다. 일본어의 '〜だけ, 〜のみ'에 해당한다. 숫자 뒤에 붙을 경우 그 수량을 최소로 제한한다는 의미도 가진다. 다른 것을 배제하거나 선택하고자 하는 단어 뒤에 '만'을 붙여 사용한다.
· 조사 '만'은 문장에서 조사 '이/가', '은/는', '을/를' 등과 대치해서 쓸 수 있고 같이 쓸 수도 있다 이들 조사와 같이 쓸 경우 '만' 뒤에 '이', '은', '을'이 와서 '만이', '만은', '만을'의 형태가 된다. 그러나 '이/가', '은/는', '을/를' 이외의 조사 경우에는 '만'이 뒤에 와서 '에서만', '에게만', '까지만' 등의 형태가 된다.

13 N밖에

· 다른 가능성이 없고 그것이 유일하게 선택할 수 있는 경우임을 나타낸다. 일본어의 '〜しか'에 해당한다. '밖에' 앞에 오는 단어가 매우 적거나 작다는 느낌을 준다. 뒤에 반드시 부정 형태가 온다.
· 조사 '밖에' 뒤에는 항상 부정문이 오지만 '아니다'가 올 수 없고, '명령형', '청유형'도 올 수 없다.

조사 '밖에'는 조사 '만'과 비슷한 의미를 가지지만 '만'이 긍정문과 부정문에 모두 쓰이는 반면, '밖에'는 부정문에 쓰인다.

14 N(으)로

1 (어떤 장소 쪽으로의) 방향을 나타내는 조사이며 일본어의 '〜へ'에 해당한다. 앞의 명사가 모음이나 'ㄹ'로 끝나면 '로'를 쓰고, 그 외의 자음으로 끝나면 '으로'를 쓴다.

2 '이동 수단', '수단', '도구', '재료'를 나타낼 때도 사용한다. 일본어의 '〜で'에 해당한다.

이동의 수단이 명사가 아닌 동사일 때는 '-아/어서'를 사용하여 '걸어서, 뛰어서, 달려서, 운전해서, 수영해서 ……' 등으로 쓴다.

① '차로 왔어요'와 '운전해서 왔어요'는 어떻게 다를까?
: '차로 왔어요'는 차를 타고 왔는데, 그 차를 주어가 운전할 수도 있고 다른 사람이 운전할 수도 있는 경우 다 된다. 그렇지만 '운전해서 왔어요'는 반드시 주어가 운전을 해서 오는 경우이다.
② 'ㅇㅇ(으)로 가다'와 'ㅇㅇ에 가다'는 어떻게 다를까?
: 'ㅇㅇ(으)로 가다'는 방향성에 초점을 두어 그 방향을 향해서 가는 것을 나타낸다. 'ㅇㅇ에 가다'는 목표점에 초점을 둔다. 그래서 이때는 방향성은 없고 오직 목적지만을 나타낸다.

15 N(이)나 ①

· 둘 이상의 나열된 명사 중에서 하나를 선택한다는 의미이다. 앞의 명사가 모음으로 끝나면 '나'를 쓰고 자음으로 끝나면 '이나'를 쓴다.
· '(이)나'는 주격 조사 뒤에서는 주격 조사 '이/가'를 생략하고 '(이)나'를 쓰고, 목적격 조사 뒤에서도 목적격 조사 '을/를'을 생략하고 '(이)나'를 쓴다.

- '(이)나'를 조사 '에, 에서, 에게'와 같이 쓰는 경우에는 앞 단어에 '(이)나'를 쓰고 뒤 단어에 '에, 에서, 에게'를 쓰기도 하고, 앞에서 조사에 '(이)나'를 붙여 '에나, 에서나, 에게나'를 쓰기도 한다. 그러나 '(이)나'를 한 번 사용하는 것이 더 자연스럽다.

⑯ N(이)나 ②
수량이 기대하는 것보다 상당히 많거나 혹은 보통 사람들이 생각하는 일반적인 수준을 넘었음을 나타낸다. 일본어의 '～も'에 해당한다. 모음으로 끝나는 단어 다음에는 '나'가 오고, 자음으로 끝나는 단어 다음에는 '이나'가 온다.

> **どこが違う?**
> 조사 '밖에'가 수량이 기대한 것보다 적거나 일반적인 기준에 미치지 못함을 나타내는 반면, 조사 '(이)나'는 수량이 기대한 것보다 많거나 일반적인 기준을 넘음을 나타낸다. 같은 수량에 대해 사람에 따라 그것이 기대보다 적다고 느낄 수도 있고, 많다고도 느낄 수 있는데 이때 '밖에'와 '(이)나'를 사용해서 표현할 수 있다.

⑰ N쯤
시간, 양(量), 숫자 뒤에 쓰여서 대략적인 것을 나타낸다. 일본어의 '～くらい'에 해당한다.

> **ここに注意!**
> 대략적인 가격을 말할 때 'N쯤이다'보다는 'N쯤 하다'로 많이 쓴다.

⑱ N처럼, N같이
어떤 모양이나 행동이 앞의 명사와 같거나 비슷함을 나타내며 'N같이'로 바꿔 쓸 수 있다. 일본어의 '～のように, ～みたいに'에 해당한다.

> **ここに注意!**
> '처럼/같이'는 보통 동물이나 자연물에 비유해서 특징을 표현하기도 한다. 그래서 무서운 사람을 '호랑이처럼 무섭다', 귀여운 사람을 '토끼처럼 귀엽다', 느린 사람이나 행동을 '거북이처럼 느리다', 뚱뚱한 사람을 '돼지처럼 뚱뚱하다', 마음이 넓은 사람을 '바다처럼 마음이 넓다' 등으로 비유해서 말한다.

⑲ N보다
'보다' 앞에 오는 말이 비교의 기준이 되는 대상임을 나타내며 일본어의 '～より'에 해당한다. 명사 뒤에 '보다'를 붙여서 'N이/가 N보다 -하다'의 형태로 쓰는데 주어와 '보다'의 위치를 바꿔서 'N보다 N가 -하다'의 형태로도 쓸 수 있다. 보통 '더', '덜' 등의 부사와 함께 쓰이는데 이들은 생략이 가능하다.

⑳ N마다
1 시간을 나타내는 말에 붙어서 일정한 기간에 비슷한 행동이나 상황이 반복됨을 나타낸다. 일본어의 '～ごとに'에 해당한다.
2 하나도 빠짐없이 모두를 나타낸다. 일본어의 '～ごとに, 毎～, どの～も'에 해당한다. 명사 다음에 '마다'를 붙인다.

> **ここに注意!**
> ① '날마다, 일주일마다, 달마다, 해마다'는 '매일, 매주, 매월/매달, 매년'으로 바꾸어 쓸 수 있다.
> ② '집'은 '집마다'라고 하지 않고 '집집마다'로 말한다.

Unit 4. 나열과 대조

① A/V-고
1 두 가지 이상의 행동이나 상태, 사실을 나열하는 표현이며 일본어의 '～て/で'에 해당한다. 동사나 형용사 어간 뒤에 '-고'를 붙인다.
2 선행절의 행동을 하고 후행절의 행동을 한다는 의미를 나타내며 일본어로는 '～て/で'에 해당한다. 시제는 앞 문장에 표시하지 않고 뒷 문장에 표시한다. (참고: 5. 시간을 나타내는 표현 03 V-고 나서)

> **ここに注意!**
> 동일 주어로 두 가지 이상의 사실을 나열할 때는 'N도 Vst고 N도 V'의 형태로 쓰인다.

② V-거나
동사나 형용사 뒤에 붙어 앞이나 뒤의 것 중에서 하나를 선택함을 나타낸다. 일본어의 '～たり'에 해당한다. 보통 두 내용이 연결되지만 세 가지 이상의 내용을 연결하여 사용할 수도 있다. 동사나 형용사 어간 뒤에 '-거나'를 붙여 쓴다. 명사 다음에는 '이나'가 온다. (참고: 3. 조사 15 N(이)나 ①)

③ A/V-지만
선행절의 내용과 반대되는 내용을 후행절에서 이어서 말할 때 사용한다. 일본어의 '～が, ～けど'에 해당한다. 동사와 형용사의 어간 뒤에 '-지만'을 붙인다. 과거의 경우 '-았/었지만'을 붙인다.

④ A/V-(으)ㄴ/는데 ①
선행절의 내용과 반대되거나 대조되는 상황이나 결과가 뒤에 이어질 때 사용하며 일본어의 '～が, ～けど'에 해당한다. 형용사 현재일 때 어간이 모음으로 끝나면 '-ㄴ데', 자음으로 끝나면 '-은데'와 결합한다. 동사 현재, 동사·형용사 과거형과 '있다/없다'는 모두 '-는데'와 결합한다.

Unit 5. 시간을 나타내는 표현

① N 전에, V-기 전에
'일정한 시간 전'이나 '어떤 행동 이전에'라는 뜻으로 일본어의 '～前, ～する前'에 해당한다. '時間 전에', 'N 전에', 'V-기 전에'로 사용한다. 'N 전에'는 주로 '하다'가 붙는 명사와 쓰인다. 그래서 같은 뜻의 동사에 '-기 전에'를 붙여 써도 괜찮다(식사 전에, 식사하기 전에). 그렇지만 '하다'가 붙지 않는 동사는 '-기 전에'만 쓸 수 있다.

'1시 전에'와 '1시간 전에'는 어떻게 다를까?

• 1시 전에 오세요. (12시 50분에 와도 좋고, 12시나 11시에 와도 좋다는 뜻. 다만 1시가 되기 전까지 오라는 뜻)

• 1시간 전에 오세요. (약속 시간이 3시라면 1시간 전인 2시에 오라는 뜻)

02 N 후에, V-(으)ㄴ 후에

'일정한 시간 다음'이나 '어떤 행동의 다음'이라는 뜻으로 일본어의 '〜後, 〜後に'가 이에 해당한다. '時間 후에', 'N 후에', 'V-(으)ㄴ 후에'로 사용한다. 동사의 어간이 모음으로 끝날 때는 '-ㄴ 후에' 'ㄹ'로 끝날 때는 'ㄹ'을 삭제하고 '-ㄴ 후에', 동사의 어간이 'ㄹ' 이외의 자음으로 끝날 때는 '은 후에'를 쓴다. '-(으)ㄴ 후에'는 '-(으)ㄴ 다음에'로 바꿔 쓸 수 있다.

'1시 후에'와 '1시간 후에'는 어떻게 다를까?

• 1시 후에 오세요. (1시 10분에 와도 좋고, 2시나 3시 혹은 그 이후에 와도 좋다는 뜻. 다만 1시가 넘은 다음에 오라는 뜻)

• 1시간 후에 오세요. (약속 시간이 3시라면 1시간 후인 4시에 오라는 뜻)

03 V-고 나서

• 하나의 행동이 끝나고 그 다음의 행동이 이어진다는 뜻으로 일본어의 '〜してから'에 해당한다. '-고 나서'는 "일을 하고 나서 쉬세요."를 "일을 하고 쉬세요."처럼 일본어의 '나서'를 생략한 '-고'의 형태로 사용하기도 한다. 그렇지만 '-고 나서'가 '-고'보다 앞 행위가 끝났음을 분명하게 드러내 준다.

• '-고 나서'는 시간적인 순서를 나타내기 때문에 동사와만 쓸 수 있다. 그리고 선행절의 주어와 후행절의 주어가 같은 경우 '가다, 오다, 들어가다, 들어오다, 나가다, 나오다, 올라가다, 내려가다' 등의 이동 동사와 '일어나다, 앉다, 눕다, 만나다' 등의 동사에는 '-고', '-고 나서'를 쓰지 않고 '-아/어서'를 사용한다.

04 V-아/어서 ①

• 시간의 선후 관계를 나타내는 연결어미로 앞의 행위가 일어난 상태에서 뒤의 행위가 일어남을 나타낸다. 이때 앞의 행위와 뒤의 행위는 아주 밀접한 관계에 있어서 앞의 행위가 일어나지 않으면 뒤의 행위도 일어날 수 없다. 일본어의 '〜て, 〜で'에 해당한다. '-아/어서'에서 '서'를 생략한 형태로 쓰이기도 한다. 어떤 동사의 경우(가다, 오다, 서다)에는 '서'를 생략하지 않고 사용한다. 어간이 'ㅏ, ㅗ'로 끝나면 '-아서'를 쓰고, 그 외의 모음으로 끝나면 '-어서'를 붙이고, '하다' 동사일 경우에는 '해서'가 된다.

• 과거나 현재, 미래일 때 시제는 앞의 동사에는 쓰지 않고, 뒤의 동사에만 쓴다.

① 시간의 선후 관계를 나타내는 연결어미 '-아/어서'와 비슷한 것으로 '-고'가 있다. '-아/어서'가 주로 앞의 행위와 뒤의 행위가 밀접한 관계에 있을 때 사용되는 반면, '-고'는 앞의 행위와 뒤의 행위가 연관성이 없이 시간적인 선후 관계만을 나타낼 때 사용된다.

② 착용동사(입다, 신다, 쓰다, 들다……)와 함께 쓸 때는 '-아/어서' 대신에 '-고'를 쓴다.

05 N 때, A/V-(으)ㄹ 때

동작이나 상태가 진행되는 때나 진행되는 동안을 나타낸다. 일본어의 '〜とき'에 해당한다. 명사로 끝날 때는 '때'를 쓰고, 동사의 어간이 모음이나 'ㄹ'로 끝나면 '-ㄹ 때', 자음으로 끝나면 '-을 때'를 쓴다.

오전, 오후, 아침, 요일에는 '때'가 붙지 않는다.

'크리스마스에'와 '크리스마스 때'는 어떻게 다를까?

: 일부 명사(저녁, 점심, 방학……)는 'N 때'와 'N에'를 같은 의미로 쓰기도 한다. 그러나 크리스마스, 추석, 명절 …… 같은 일부 명사는 뜻이 달라지는데 'N에'는 그날 당일을 말하고 'N 때'는 그 날을 전후한 즈음을 말한다. 즉, '크리스마스에'는 크리스마스 날인 12월 25일에를 의미하지만, '크리스마스 때'는 크리스마스인 12월 25일을 전후하여 전날이나 다음 날 즉 그 즈음을 포함하여 말하는 것이다.

06 V-(으)면서

• 앞의 동사와 뒤의 동사의 행위나 상태가 동시에 일어나는 것을 나타낸다. 일본어의 '〜ながら'에 해당한다. 동사의 어간이 모음이나 'ㄹ'로 끝나면 '-면서', 그 외 자음으로 끝나면 '-으면서'를 붙인다.

• 선행절의 주어와 후행절의 주어는 같다. 즉 같은 사람이어야 한다.

• 선행절의 동사와 후행절 동사의 주어가 다를 때에는 '-는 동안'을 쓴다.

• '-(으)면서' 앞에 오는 동사에는 과거, 미래 시제는 붙지 않는다. 항상 현재로 쓴다.

07 N 중, V-는 중

동작의 내용을 나타내는 명사와 사용하여 지금 어떤 행위를 하는 도중에 있음을 뜻한다. 일본어의 '〜中, 〜ところ, 〜最中'에 해당한다. 명사 다음에는 '중' 동사 다음에는 '-는 중'을 쓴다.

'-는 중이다'와 '-고 있다'는 비슷하게 사용한다. 그렇지만 '-고 있다'는 주어 제약이 없는 반면 '-는 중이다'는 자연물 주어는 오지 못한다.

08 V-자마자

• 어떤 사건이나 행동이 끝나고 바로 뒤의 행동이 일어남을 뜻한다. 동사의 어간 뒤에 '-자마자'를 붙인다. 일본어의 '〜やいなや, 〜とすぐに, 〜なり'에 해당한다.

• 선행절의 주어와 후행절의 주어는 같아도 되고 달라도 된다.

• 선행절의 동사에는 시제를 표시하지 않고, 후행절의 동사에 표시한다.

⑨ N 동안, V-는 동안

- 어느 한 때부터 어느 한 때까지나 어느 행동을 시작해서 그 행동이 끝날 때까지 시간의 길이를 나타낸다. 일본어의 '~間, ~する間, ~している間'에 해당한다. 명사 다음에는 '동안', 동사 다음에는 '-는 동안'이 온다.
- 'V-는 동안'의 형태로 쓰일 경우 앞 동사의 주어와 뒤 동사의 주어는 같아도 되고 달라도 된다.

どこが違う?
'-(으)면서'와 '-는 동안'은 어떻게 다를까?
: -(으)면서'는 한 사람이 두 개 이상의 동자를 동시에 할 때 쓴다. 그러나 '-는 동안(에)'는 선행절의 주어와 후행절의 주어가 다를 때에도 사용할 수 있다. 즉 선행절의 주어가 어떤 행동을 하는 시간에 후행절의 주어도 어떤 행동을 할 때도 사용할 수 있다.
- -(으)면서: 선행절과 후행절의 주어가 같아야 한다.
- -는 동안에: 선행절의 주어와 후행절의 주어가 달라도 된다.

⑩ V-(으)ㄴ 지

이것은 사건의 발생 시점으로부터 시간이 얼마나 지났는지를 나타낸다. 일본어의 '~てから'에 해당한다. '-(으)ㄴ 지 ~ 되다', '-(으)ㄴ 지 ~ 넘다', '-(으)ㄴ 지 ~ 안 되다' 등으로 사용된다. 동사의 어간이 모음이나 'ㄹ'로 끝날 때는 '-ㄴ 지'를, 자음으로 끝날 때는 '-은 지'를 붙인다.

Unit 6. 능력과 가능

① V-(으)ㄹ 수 있다/없다

능력이나 가능성을 나타낸다. 능력이나 가능성이 있을 때는 '-(으)ㄹ 수 있다'를, 능력이나 가능성이 없을 때는 '-(으)ㄹ 수 없다'를 쓴다. 일본어의 '~ことができる, ~ことができない'에 해당한다. 동사의 어간이 모음이나 'ㄹ'로 끝날 때는 '-ㄹ 수 있다/없다'를 쓰고, 'ㄹ' 이외의 자음으로 끝날 때는 '-을 수 있다/없다'를 쓴다.

ここに注意!
'-(으)ㄹ 수 있다/없다'에 보조사 '-가'를 붙여 '-(으)ㄹ 수가 있다/없다'로 쓰면 '-(으) 수 있다/없다'보다 뜻이 강조된다.

② V-(으)ㄹ 줄 알다/모르다

- 이것은 어떤 행위의 방법을 아는지 모르는지, 또는 능력이 있는지 없는지를 나타낸다. 동사의 어간이 모음이나 'ㄹ'로 끝날 때는 '-ㄹ 줄 알다/모르다'를 쓰고, 자음으로 끝날 때는 '-을 줄 알다/모르다'를 쓴다. 일본어의 '~ことができる, ~ことができない'에 해당한다.

どこが違う?
- -(으)ㄹ 줄 알다/모르다: 어떤 행위의 방법을 아는지 모르는지, 또는 능력이 있는지 없는지를 나타낸다.
- -(으)ㄹ 수 있다/없다: 어떤 일을 할 수 있는 능력뿐만 아니라 그 일을 할 수 있는 상황인지 아닌지를 나타낼 때도 사용한다.

---

① V-(으)세요

- 듣는 사람에게 어떤 일을 할 것을 공손하게 부탁하거나 요청, 지시 혹은 명령할 때 사용하며 일본어의 '~てください'에 해당한다. 이러한 상황에서 '-아/어요'로 표현할 수도 있지만 '-(으)세요'가 '-아/어요'보다 좀더 공손한 느낌을 준다. 어간이 모음으로 끝나면 '-세요'를, 자음으로 끝나면 '-으세요'를 붙인다. 그러나 몇몇 단어의 경우 특별한 형태로 바뀐다. 격식체는 '-(으)십시오'를 사용한다.
- 명령을 나타내는 '-(으)세요'는 '이다'와 '형용사'에는 쓸 수 없고 동사에만 쓸 수 있다.
  그러나 몇몇 '하다'가 붙는 형용사에는 관용적으로 '-으세요'가 붙어서 사용되기도 한다.

② V-지 마세요

- '-지 마세요'는 듣는 사람에게 어떤 행동을 하지 않도록 요청, 설득, 지시, 혹은 명령할 때 사용한다. 이것은 '-(으)세요'의 부정형으로, 일본어의 '~ないでください'에 해당한다. 격식체는 '-지 마십시오'이다. 동사의 어간에 '-지 마세요'를 붙여 사용한다.
- '-지 마세요'는 '이다'와 '형용사'에는 쓸 수 없고 동사에만 쓸 수 있다.

③ A/V-아/어야 되다/하다

어떤 일을 꼭 할 의무나 필요가 있거나 반드시 어떤 조건이 필요하다는 것을 나타낸다. 일본어의 '~なくてはならない'에 해당한다. 어간의 모음이 'ㅏ, ㅗ'로 끝나면 '-아야 되다/하다', 그 외 모음으로 끝나면 '-어야 되다/하다'가 오며, '하다'로 끝난 동사나 형용사는 '해야 되다/하다'로 바뀐다. 과거형은 '-아/어야 됐어요/했어요'이다.

ここに注意!
'-아/어야 되다/하다'의 부정 형태는 할 필요가 없다는 의미의 '-지 않아도 되다'와 어떤 행동에 대한 금지를 나타내는 표현인 '-(으)면 안 되다'가 있다.

④ A/V-아/어도 되다

어떤 행동이나 상태에 대한 허락이나 허용을 나타낸다. 일본어의 '~てもいい'에 해당한다. 어간의 모음이 'ㅏ, ㅗ'로 끝나면 '-아도 되다', 그 외의 모음으로 끝나면 '-어도 되다'가 오며, '하다'로 끝난 동사 · 형용사는 '해도 되다'로 바뀐다. '-아/어도 되다' 대신 '-아/어도 괜찮다', '-아/어도 좋다'로도 쓸 수 있다.

⑤ A/V-(으)면 안 되다

듣는 사람의 특정 행동을 금지하거나 제한함을 나타낸다. 그리고 사회 관습적으로 혹은 상식적으로 어떤 행동이나 상태가 금지되어 있거나 용납되지 않음을 나타내기도 한다. 일본어의 '~てはいけない'에 해당한다. 어간이 모음이나 'ㄹ'로 끝나면 '-면 안 되다'를, 'ㄹ' 이외의 자음으로 끝나면 '-으면 안 되다'를 쓴다.

ここに注意!

'-(으)면 안 되다'를 이중부정하여 '-지 않으면 안 되다'로 말하는 경우가 있는데, 이것은 어떤 행동을 반드시 해야 한다는 뜻을 강조해서 표현하는 것이다.

06 A/V-지 않아도 되다 (안 A/V-아/어도 되다)

어떤 상태나 행동을 꼭 할 필요가 없음을 나타낸다. 어떤 행동에 대한 의무를 나타내는 '-아/어야 되다/하다'의 부정 형태이다. 일본어의 '~なくてもいい'에 해당한다. 어간 뒤에 '-지 않아도 되다'를 붙이거나 '안 -아/어도 되다'로 표현한다. (참고 16. 조건과 가정 03 A/V-아/어도)

Unit 8. 소망 표현

01 V-고 싶다

말하는 사람이 원하거나 바라는 내용을 나타낸다. 일본어의 '~たい'에 해당한다. 동사의 어간에 '-고 싶다'를 붙여서 사용한다. 주어가 1, 2인칭일 경우 '-고 싶다'를 3인칭일 경우에는 '-고 싶어하다'를 쓴다. (참고 ここに注意!).

ここに注意!

① 주어가 3인칭일 때는 '-고 싶어하다'를 쓴다. (참고 18. 품사변화 04 A-아/어하다)

② '-고 싶다'는 형용사와 결합할 수 없으나 형용사 뒤에 '-아/어지다'가 붙어 동사가 되면 '-고 싶다'를 쓸 수 있다. (참고 19. 상태를 나타내는 표현 03 A-아/어지다)

③ '-고 싶다'는 조사 '-을/를'이나 '-이/가'와 모두 결합할 수 있다.

02 A/V-았/었으면 좋겠다

아직 이루어지지 않은 일에 대한 자신의 소망이나 바람을 나타낸다. 또, 현재 상황과 반대되는 상황을 바라는 마음을 가정해서 이야기할 때도 사용한다. 일본어의 '~たらいい'에 해당한다. 어간의 모음이 'ㅏ, ㅗ'로 끝나면 '-았으면 좋겠다', 그 외의 모음으로 끝나면 '-었으면 좋겠다'가 오며, '하다'로 끝난 동사와 형용사는 '-했으면 좋겠다'로 바뀐다. '-았/었으면 좋겠다' 이외에 '-았/었으면 하다'도 사용되는데, '-았/었으면 좋겠다'가 소망과 바람을 더욱 강하게 표현한다.

ここに注意!

'-았/었으면 좋겠다'와 같은 뜻으로 '-(으)면 좋겠다'도 사용되는데 '-았/었으면 좋겠다'는 바람이 아직 이루어지지 않은 상태에서 이미 이루어진 상황을 가정하여 서술하기 때문에 동사를 강조하는 느낌이 있다.

Unit 9. 이유와 원인

01 A/V-아/어서 ②

• '-아/어서'의 앞에 오는 내용이 후행절의 이유나 원인을 나타내는 표현으로 일본어의 '~て, ~ので' 등

에 해당한다. 어간의 모음이 'ㅏ, ㅗ'로 끝나면 '아서', 그 외의 보음으로 끝나면 '어서'가 오며, '하다'로 끝난 동사는 '해서'로 바뀐다. '이다'의 경우 '이어서'가 되지만 대화에서는 '이라서'로 많이 쓰인다.

• '-아/어서'는 명령문이나 청유문에는 쓸 수 없다.

• '-아/어서' 앞에는 '-았/었-'이나 '-겠-' 등의 시제가 올 수 없다.

02 A/V-(으)니까 ①

이유나 원인을 나타내는 표현으로 일본어의 '~から, ~ので'에 해당한다. 어간이 모음이나 'ㄹ'로 끝나면 '-니까'를, 자음으로 끝나면 '-으니까'를 붙인다.

どこが違う?

• -아/어서: ① 명령문이나 청유문에는 쓸 수 없다. ② '-았/었-'이나 '-겠-' 등의 시제가 올 수 없다. ③ 주로 일반적인 이유를 말할 때 쓰인다. ④ '반갑다', '고맙다', '감사하다', '미안하다' 등과 함께 쓰이는 인사말에 쓸 수 있다.

• -(으)니까: ① '-(으)세요', '-(으)ㄹ까요?', '-(으)ㅂ시다' 등 명령문이나 청유문이 올 수 있다. ② '-았/었-'이나 '-겠-' 등의 시제가 올 수 있다. ③ 주관적인 이유를 말하거나 어떤 근거를 제시해서 이유를 밝힐 때 또, 상대방도 알고 있는 내용을 말할 때 주로 쓰인다. ④ '반갑다', '고맙다', '감사하다', '미안하다' 등과 함께 쓰이는 인사말과 쓸 수 없다.

03 N 때문에, A/V-기 때문에

• 후행절의 이유나 원인을 나타내는 표현으로 일본어의 '~ために, ~せいで, ~なので'에 해당한다. '-기 때문에'는 확실한 이유를 표현할 때 쓰이며 '-아/어서'나 '-(으)니까'와 비교했을 때 문어체에서 주로 쓰인다. 앞에 명사가 올 경우 '때문에'와 결합하고 동사나 형용사가 올 경우 '-기 때문에'와 결합한다.

• '-기 때문에'는 명령문이나 청유문에는 쓸 수 없다.

どこが違う?

• N 때문에: 아기 때문에 밥을 못 먹어요. (아기가 잠을 안 자고 계속 우는 등의 이유로 (내가) 밥을 못 먹어요.)

• 학생 때문에 선생님이 화가 나셨어요. (학생이 거짓말을 했어요. 그래서 선생님이 화가 나셨어요.)

Unit 10. 요청하기와 도움 주기

01 V-아/어 주세요, V-아/어 주시겠어요?

다른 사람에게 어떤 행동을 해 줄 것을 요청함을 나타내며 일본어의 '~てください, ~てくださいますか'에 해당한다. '-아/어 주시겠어요?'가 '-아/어 주세요'보다 상대방을 좀 더 배려하는 공손한 느낌의 표현이다. 도움의 행위를 받는 대상이 윗사람이나 공손하게 대해야 할 사람인 경우 '-아/어 드리세요'를 사용한다. 어간의 모음이 'ㅏ, ㅗ'로 끝나면 '-아 주세요/주시겠어요?', 그 외의 모음으로 끝나면 '-어 주세요/주시겠어요?'가 오며, '하다'로 끝난 동사는 '-해 주세요/주시겠어요'로 바뀐다.

'-아/어 주다, 드리다'는 문장의 주어나 화자가 청자 또는 행위를 받는 대상에게 도움이 되는 행동을 할 때 사용하는데 도움을 이미 준 상태에서는 '-아/어 줬어요'나 '-아/어 드렸어요'가 쓰인다.

02 V-아/어 줄게요, V-아/어 줄까요?
다른 사람에게 도움을 주려고 할 때의 표현이며 일본어의 '～てあげます, ～てあげましょうか'에 해당한다. 행위를 받는 대상이 윗사람인 경우 '-아/어 드릴게요'나 '-아/어 드릴까요?'를 사용한다. 어간의 모음이 'ㅏ, ㅗ'로 끝나면 '-아 줄게요/줄까요?', 그 외의 모음으로 끝나면 '-어 줄게요/줄까요?'가 오며, '하다'로 끝난 동사는 '해 줄게요/줄까요?'로 바뀐다.

どこが違う?
- -(으)세요: 단순히 명령하거나 듣는 사람을 위해서 어떤 행동을 할 것을 요구한다.
- -아/어 주세요: 말하는 사람을 위해 어떤 행동을 할 것을 요청한다.

Unit 11. 시도와 경험

01 V-아/어 보다
어떤 행동을 시도하거나 경험함을 나타내는 표현으로 일본어의 '～てみる'에 해당한다. 어간의 모음이 'ㅏ, ㅗ'로 끝나면 '-아 보다', 그 외의 모음으로 끝나면 '-어 보다'를 쓰며, '하다'로 끝난 동사는 '해 보다'로 바뀐다. 보통 현재 시제로 쓰이면 '시도'를, 과거 시제로 쓰이면 '경험'을 나타낸다.

ここに注意!
'-아/어 보다'는 경험의 뜻을 나타낼 때는 동사 '보다'와는 결합하지 않는다.

02 V-(으)ㄴ 적이 있다/없다
- 과거에 어떤 행동을 경험한 일이 있고 없음을 나타내는 표현으로 일본어의 '～ことがある, ～ことがない'에 해당한다. 경험이 있을 때는 '-(으)ㄴ 적이 있다'를 쓰고, 경험한 일이 없으면 '-(으)ㄴ 적이 없다'를 쓴다. 어간이 모음으로 끝나면 '-ㄴ적이 있다/없다'를, 어간이 자음으로 끝나면 '은 적이 있다/없다'를 붙인다. '-(으)ㄴ 일이 있다/없다'도 같은 뜻으로 쓰이나 주로 '-(으)ㄴ 적이 있다/없다'가 많이 쓰인다.
- '-(으)ㄴ 적이 있다'는 '-아/어 보다'와 결합하여 '-아/어 본 적이 있다'의 형태로도 많이 쓰이는데 그 의미는 어떤 시도를 해 본 경험을 나타낸다.

ここに注意!
'-(으)ㄴ 적이 있다'는 항상 반복되거나 일반적인 일에는 쓰지 않는다.

Unit 12. 의견 묻기와 제안하기

01 V-(으)ㄹ까요? ①
말하는 사람이 듣는 사람에게 어떤 것을 같이 할 것을 제안하거나 의향을 물을 때 사용한다. 주어로는 '우리'가 오는데 보통 생략이 많이 된다. 일본어의 '～ましょうか'에 해당한다. 대답은 청유 형태인 '-(으)ㅂ시다'나 '-아/어요'가 온다. (참고 12. 의견 묻기와 제안하기 03 V-(으)ㅂ시다) 어간이 모음이나 'ㄹ'로 끝나면 '-ㄹ까요?', 자음으로 끝나면 '-을까요?'가 온다.

02 V-(으)ㄹ까요? ②
듣는 사람에게 말하는 사람의 의견을 제시하거나 혹은 듣는 사람의 의견을 물어볼 때 사용하는데 주어는 '제가'나 '내가'가 되며 생략할 수 있다. 일본어의 '～ましょうか'에 해당한다. 대답은 명령 형태인 '-(으)세요'나 '-(으)지 마세요'가 온다. 어간이 모음이나 'ㄹ'로 끝나면 '-ㄹ까요?', 'ㄹ' 이외의 자음으로 끝나면 '-을까요?'가 온다.

03 V-(으)ㅂ시다
어떤 일을 같이 하자고 제안하거나 제의할 때 사용하는데 일본어의 '～ましょう'에 해당한다. '-아/어요'로도 말할 수 있다. 어간이 모음이나 'ㄹ'로 끝나면 '-ㅂ시다', 'ㄹ' 이외의 자음으로 끝나면 '-읍시다'를 붙인다. 한편, 어떤 것을 하지 말자고 제안할 때는 '-지 맙시다' 혹은 '-지 마요'로 말한다.

ここに注意!
'-(으)ㅂ시다'는 공식적인 자리에서 여러 사람에게 요청·권유할 때 사용하거나 상대방이 말하는 사람보다 나이나 지위가 손아래이거나 비슷한 경우에 사용할 수 있고, 윗사람에게는 사용할 수 없다. 윗사람에게 사용하면 예의에 어긋난 표현이 된다. 윗사람에게는 '같이 -(으)세요' 정도가 적당하다.

04 V-(으)시겠어요?
정중하게 상대방에게 권하거나 상대방의 의향이나 의도를 물어보는 데 사용한다. 일본어의 '～なさいますか'에 해당한다. '-(으)ㄹ래요?/-(으)ㄹ실래요?'보다 상당히 격식적이고 정중한 느낌을 준다. 동사의 어간이 모음이나 'ㄹ'로 끝나면 '-시겠어요?', 'ㄹ' 이외의 자음으로 끝나면 '-으시겠어요?'를 붙인다.

05 V-(으)ㄹ래요? ①
듣는 사람의 의견이나 의도를 물어보거나 가볍게 부탁할 때 사용한다. 구어에서 많이 쓰이는 말로 친근한 사이에서 많이 사용하며 '-으시겠어요?'보다 정중한 느낌을 주지는 않는다. 일본어의 '～しますか'에 해당한다. '-(으)ㄹ래요?'로 질문을 한 경우 '-(으)ㄹ래요', '-(으)ㄹ게요'로 대답할 수 있으며 '-(으)ㄹ래요?' 대신 '-지 않을래요?(안 -(으)ㄹ래요?)'로도 질문할 수 있는데, 부정 형태이지만 '-(으)ㄹ래요?'와 뜻은 같다. 친근하지만 좀더 공손하게 말을 하고 싶으면 '-(으)ㄹ실래요?'로 하면 좋다. 동사의 어간이 모음이나 'ㄹ'로 끝나면 '-ㄹ래요?', 'ㄹ' 이외의 자음으로 끝나면 '-을래요?'를 붙인다.

01 A/V-겠어요 ①

1 동사 뒤에 붙어서 말하는 사람이 어떤 것을 할 것이라는 의지나 의도를 나타낸다. 일본어의 '〜します'에 해당한다. 동사 어간에 '-겠어요'를 붙여 사용하며 부정 형태는 '-지 않겠어요'나 '안 -겠어요'가 된다. '-겠어요'가 의도나 의지를 나타날 때 주어로 3인칭이 올 수 없다.

2 어떠한 일이 곧 일어날 것이라는 정보를 줄 때 사용한다. 일본어의 '〜します, 〜でしょう'에 해당한다.

ここに注意!

① 아래와 같은 상황에서 관용적으로 '-겠-'이 쓰인다.
: 처음 뵙겠습니다. 이민우입니다. / 잘 먹겠습니다. / 어머니, 학교 다녀오겠습니다.

② 말하는 사람의 생각을 단정적으로 말하지 않고 부드럽고 공손하게 말할 때 쓴다.

02 V-(으)ㄹ게요

• 말하는 사람이 자신의 결심이나 다짐, 의지를 상대방에게 약속하듯 이야기할 때 혹은 상대방과 어떤 것을 약속할 때 사용한다. 또한 말하는 사람이 무엇을 하겠다는 것을 말하기도 한다. 일본어의 '〜します'에 해당한다. 구어에서 쓰며 비교적 친한 사이에서 많이 쓴다. 동사의 어간이 모음이나 'ㄹ'로 끝나면 '-ㄹ게요', 자음으로 끝나면 '-을게요'를 붙인다.

• 주어의 의지를 나타내는 동사와만 쓸 수 있다.

• 일인칭 주어만 가능하다.

• 질문에는 쓰지 않는다.

どこが違う?

• -(으)ㄹ게요: 듣는 사람과 관계가 있어서 상대방을 고려한 주어의 의지와 생각을 말한다.

• -(으)ㄹ 거예요: 듣는 사람과 상관없는 일방적인 주어의 생각이나 의지, 계획을 말한다.

03 V-(으)ㄹ래요 ②

• 말하는 사람이 어떤 일을 하겠다는 의지, 의향, 의사가 있음을 나타낸다. 구어에서 많이 쓰이는 말로 친근한 사이에서 많이 사용하며 정중한 느낌을 주지는 않는다. 일본어의 '〜します, 〜するつもりです'에 해당한다. 의문형으로 쓰면 상대방의 의향을 물어보는 것이다. (참고 12. 의견 묻기와 제안하기 05 V-(으)ㄹ래요? ① 동사의 어간이 모음이나 'ㄹ'로 끝나면 '-ㄹ래요', 'ㄹ' 이외의 자음으로 끝나면 '-을래요'를 붙인다.

1 동사와만 쓸 수 있다.

2 일인칭 주어만 가능하다.

01 A/V-(으)ㄴ/는데 ②

후행절에 대한 배경이나 상황을 나타내거나, 후행절의 소개에 대한 내용을 선행절에서 제시할 때 사용한다. 일본어의 '〜が, 〜ので'에 해당한다. 형용사(현재)와 결합할 때 어간이 모음이나 'ㄹ'로 끝나는 경우는 '-ㄴ데', 어간이 'ㄹ' 이외의 자음으로 끝나는 경우는 '-은데'와 결합한다. 동사의 경우에는 '-는데'와 결합한다.

02 V-(으)니까 ②

• 선행절의 행위를 한 결과 후행절의 사실을 발견하게 됨을 나타낸다. 일본어의 '〜と, 〜たら'에 해당한다. 어간이 모음이나 'ㄹ'로 끝나면 '-니까'를, 어간이 'ㄹ' 이외의 자음으로 끝나면 '-으니까'를 쓴다. 발견의 '-(으)니까'는 동사하고만 결합한다.

• 결과(발견)를 나타내는 '-(으)니까' 앞에는 '-았-'이나 '-겠-' 등이 올 수 없다.

01 V-(으)러 가다/오다

• 앞의 행동을 이룰 목적으로 뒤의 장소에 가거나 오는 것을 나타낸다. 일본어는 '〜しに行く/来る'의 뜻이다. 동사가 모음이나 'ㄹ'로 끝날 때는 '-러 가다/오다'를, 'ㄹ' 이외의 자음으로 끝날 때는 '-으러 가다/오다'를 쓴다.

• '-(으)러'는 항상 뒤에 '가다, 오다, 다니다' 같은 이동동사와 사용한다.

• 앞 문장의 동사로는 '가다, 오다, 올라가다, 내려가다, 들어가다, 나가다, 여행하다, 이사하다' 같이 이동을 나타내는 동사를 쓸 수 없다.

02 V-(으)려고

• 말하는 사람의 의도나 계획을 나타낸다. 선행절의 행동을 할 의도를 가지고 후행절의 행동을 한다는 뜻이다. 일본어의 '〜しようと(思って)'에 해당한다. 동사의 어간이 모음이나 'ㄹ'로 끝날 때는 '-려고'를, 자음으로 끝날 때는 '-으려고'를 쓴다.

どこが違う?

• -(으)러: ① '가다, 오다, 다니다, 올라가다, 나가다' 같은 이동동사와 사용한다. ② -(으)러 다음에 오는 동사에는 현재, 과거, 미래 시제를 다 사용할 수 있다. ③ -(으)ㅂ시다, -(으)세요와 같이 쓸 수 있다.

• -(으)려고: ① 모든 동사와 사용할 수 있다. ② 뒤에 오는 동사에는 현재, 과거와 사용할 수 있지만, 의미상으로 볼 때 미래와 사용하면 어색한 문장이 된다. ③ -(으)ㅂ시다, -(으)세요와 어울리지 않는다.

03 V-(으)려고 하다

주어가 어떤 일을 하고자 하는 의도나 계획이 있으나 아직 행위로 옮기지 않은 상태를 나타낸다. 일본어의 '〜しようと思う'에 해당한다. 동사의 어간이 모음이나

'ㄹ'로 끝날 때는 '-려고 하다', 'ㄹ' 이외의 자음으로 끝날 때는 '-으려고 하다'를 쓴다. 한편 '-(으)려고 했다'는 '-(으)려고 하다'의 과거형인데 어떤 일을 계획했지만 그 계획이 실현되지 않았을 때 사용한다.

❹ N을/를 위해(서), V-기 위해(서)

• 앞의 행위를 목적으로 뒤의 동작을 할 때 사용한다. 명사의 경우에는 '을/를 위해서'라고 쓴다. '위해서'는 '위하여서'의 준말인데 '서'를 빼고 '위해'라고 쓰기도 한다. 일본어의 '〜のために, 〜するために'에 해당한다. 동사일 경우에는 어간에 '-기 위해서'를 붙여 사용한다.

• '-기 위해서'는 형용사와 쓸 수 없다. 그러나 형용사에 '-아/어지다'가 붙어 동사가 되면 '-기 위해서'와 쓸 수 있다.

どこが違う？

• -(으)려고: '-아/어야 해요', '-(으)ㅂ시다', '-(으)세요', '-(으)ㄹ까요?'와 사용할 수 없다.

• -기 위해서: '-아/어야 해요', '-(으)ㅂ시다', '-(으)세요', '-(으)ㄹ까요?'와 사용할 수 있다.

❺ V-기로 하다

1 다른 사람과 약속한 것을 나타낸다. 동사의 어간에 '-기로 했다'를 붙여 사용한다.

2 자신과의 약속 즉, 결심, 결정을 나타낼 때 쓰인다. 동사의 어간에 '-기로 했다'를 붙여 사용한다.

ここに注意！

'-기로 하다'는 주로 같은 '-기로 했어요/했습니다' 같은 과거형으로 쓰이지만 현재형인 '-기로 해요'로 쓰이는 경우가 있다. 이때는 대화에서 어떤 내용을 약속하자는 뜻일 경우이다.

Unit 16. 조건과 가정

❶ A/V-(으)면

• 뒤의 내용이 사실적이고 일상적이고 반복적인 것에 대한 조건을 말할 때나, 불확실하거나 이루어지지 않은 사실을 가정할 때 쓴다. 일본어의 '〜と, 〜たら, 〜ば'에 해당한다. 가정을 나타낼 때는 '혹시', '만일'과 같은 부사와 쓸 수 있다. 동사의 어간이 모음이나 'ㄹ'로 끝나면 '-면', 'ㄹ' 이외의 자음으로 끝나면 '-으면'을 붙인다.

• '-(으)면' 앞에는 과거의 내용을 쓸 수 없다. 그리고 어떤 행동이 한 번 일어나는 경우일 때는 '-(으)ㄹ 때'를 쓴다.

ここに注意！

선행절의 주어가 후행절의 주어와 다를 때 선행절의 주어에는 '은/는' 대신 '이/가'를 쓴다.

❷ V-(으)려면

'-(으)려고 하면'의 준말이다. 동사와 함께 사용하며 앞 문장의 동작을 할 생각이나 의도가 있으면 뒤 문장의 동작이 전제되어야 함을 나타낸다. 그러므로 보통 뒤에

'-아/어야 해요/돼요', '-(으)면 돼요', '-(으)세요', '이/가 필요해요'-는 게 좋아요' 같은 문법 형태가 많이 쓰인다. 일본어의 '〜しようと思うなら'에 해당한다. 동사의 어간이 모음이나 'ㄹ'로 끝나면 '-려면', 'ㄹ' 이외의 자음으로 끝나면 '-으려면'을 사용한다.

❸ A/V-아/어도

• 선행절의 행동이나 상태와 관계없이 후행절의 내용이 나타남을 뜻한다. 일본어로는 '〜ても'의 뜻이다. 어간의 모음이 'ㅏ, ㅗ'로 끝나면 '-아도', 나머지 모음으로 끝나면 '-어도'를 붙이며 '하다'로 끝난 동사나 형용사는 '해도'로 바뀐다.

ここに注意！

'-아/어도' 앞에 '어떻게 해도'의 뜻인 '아무리'를 써서 강조를 하기도 한다.

Unit 17. 추측

❶ A/V-겠어요 ②

말할 때의 상황이나 상태를 보고 추측하는 표현으로 일본어의 '〜そうだ'에 해당한다. 동사와 형용사의 어간에 '-겠어요'을 붙여서 활용한다. 과거 추측의 경우 '-겠-' 앞에 '-았/었-'을 결합하여 '-았/었겠어요'가 된다.

❷ A/V-(으)ㄹ 거예요 ②

• 근거가 되는 것을 보거나 듣거나 경험한 것을 바탕으로 말하는 사람의 추측을 나타내는 표현이다. 일본어로는 '〜と思う'에 해당한다. 형용사와 동사의 어간이 모음이나 'ㄹ'로 끝나면 '-ㄹ 거예요', 'ㄹ' 이외의 자음으로 끝나면 '-을 거예요'를 붙인다. 과거 추측의 경우 '-(으)ㄹ 거예요' 앞에 '-았/었-'을 결합하여 '-았/었을 거예요'를 쓴다.

• 추측을 나타내는 '-을 거예요'는 의문문으로 쓸 수 없다. 의문문으로 나타낼 때는 '-(으)ㄹ까요?'를 사용한다.

❸ A/V-(으)ㄹ까요? ③

아직 일어나지 않은 상태나 행동에 대해 추측하며 질문할 때 쓰는 표현이다. 일본어의 '〜でしょうか'에 해당한다. 대답으로는 '-(으)ㄹ 거예요', '-(으)ㄴ/는 것 같아요'를 많이 쓴다. 형용사와 동사의 어간이 모음이나 'ㄹ'로 끝나면 '-ㄹ까요?', 'ㄹ' 이외의 자음으로 끝나면 '-을까요?'를 붙인다. 과거 추측의 경우, '-(으)ㄹ까요?' 앞에 '-았/었-'을 결합한 형태인 '-았/었을까요?' 쓴다.

❹ A/V-(으)ㄴ/는/(으)ㄹ 것 같다

1 여러 상황으로 미루어 과거에 일어났다고 추측하거나 아직 일어나지 않은 상태나 행동에 대해 추측할 때 쓰는 표현이다. 일본어의 '〜ようだ, 〜みたいだ, 〜そうだ'에 해당한다. 형용사 현재와 동사 과거는 '-(으)ㄴ', 동사 현재는 '-는', 동사와 형용사 미래는 '-(으)ㄹ'과 각각 결합한다.

2 화자의 생각이나 의견을 완곡하게 말하는 표현으로 강하거나 단정적으로 말하지 않고 부드럽고 공손하게 표현할 때 사용한다.

ここに注意!
- '-(으)ㄴ 것 같다'는 '-(으)ㄹ 것 같다'보다 좀 더 직접적이고 확실한 근거가 있을 때 사용하고 '-(으)ㄹ 것 같다'는 간접적이고 막연한 추측일 때 사용한다.
- 오늘 날씨가 더운 것 같아요. (사람들이 더워하는 모습을 보거나 자신이 밖의 더위를 경험하고 나서 말하는 추측)
- 오늘 날씨가 더울 것 같아요. (어제 날씨가 더웠으니 오늘도 더울 것 같다든지 하는 막연한 추측)

どこが違う?
- -겠어요: 근거나 이유 없이 그 상황에서의 직관적이고 순간적인 추측
- -(으)ㄹ 거예요: 근거가 있는 추측으로 화자만 추측에 대한 정보를 가지고 있을 때 사용한다.
- -(으)ㄴ/는/(으)ㄹ 것 같다: 직관적이고 주관적인 추측으로 근거나 이유가 있을 때와 없을 때 모두 사용 가능하다. 어떤 것을 단정적으로 말하지 않고 완곡하게 말할 때 사용한다.

Unit 18. 품사 변화

❶ 관형형 -(으)ㄴ/-는/-(으)ㄹ N
동사나 형용사에 붙어 명사를 꾸며 주는 역할을 한다. 일본어의 '〜い, 〜な, 〜する, 〜した'에 해당한다. 형용사 현재와 동사 과거에는 '-(으)ㄴ', 동사 현재에는 '-는', 동사 미래에는 '-(으)ㄹ'이 각각 온다. 부정형의 경우 형용사는 '-지 않은'과 결합하고 동사의 경우 '-지 않는'과 결합한다.

ここに注意!
형용사를 두 개 이상 연결할 때는 마지막에 나오는 형용사만 관형형으로 바꾼다.

❷ A/V-기
동사와 형용사 뒤에 붙어 명사로 만드는 역할을 한다. 일본어의 '〜こと, 〜の'에 해당한다. 문장 안에서 주어나 목적어 등 다양한 문장 성분으로 쓰일 수 있다. 동사나 형용사 어간에 '-기'를 붙여서 명사형으로 만든다.

ここに注意!
'-기'는 몇몇 조사와 결합하여 문장에서 주어, 목적어, 부사어 등으로 쓰인다.

❸ A-게
뒤에 나오는 행위에 대한 목적이나 기준, 정도, 방식, 생각 등을 나타내며 문장에서 부사의 기능을 한다. 일본어의 '〜く, 〜に'에 해당한다. 형용사 어간에 '-게'를 붙여서 부사로 만든다.

ここに注意!
① 일반적으로 형용사의 부사형은 어간에 '-게'를 붙여 만드는데, '많다'와 '이르다'는 '많게', '이르게'보다는 '많이'와 '일찍'을 주로 쓴다.

② 부사로 만들 때 '-게' 형태와 또 다른 형태 두 가지를 다 사용하는 것도 있다.

❹ A-아/어하다
- 일부 형용사 뒤에 붙어 그 형용사를 동사로 만드는 역할을 하는데 화자의 심리나 느낌이 행동이나 겉모습으로 표현된다. 일본어의 '〜がる, 〜する'에 해당하다. 어간의 모음이 'ㅏ, ㅗ'로 끝나면 '-아하다', 그 외의 모음으로 끝나면 '-어하다'가 오며, '하다'로 끝난 동사는 '-해하다'로 바뀐다.
- 형용사 어간에 '-지 마세요'가 붙는 경우 '-아/어하지 마세요'의 형태가 된다.

ここに注意!
'예쁘다', '귀엽다'에 '-아/어하다'를 결합한 형태인 '예뻐하다', '귀여워하다'는 아끼고 좋아한다는 의미이다.

Unit 19. 상태를 나타내는 표현

❶ V-고 있다 ②
'입다, 신다, 쓰다, 끼다, 벗다' 등의 착용동사에 붙어 그러한 행동이 끝난 결과가 현재 계속되고 있는 상태임을 나타낸다. 일본어의 '〜ている'에 해당한다. 같은 의미로 완료 상태를 나타내는 과거형 '-았/었어요'를 사용하기도 한다.

❷ V-아/어 있다
동작이 끝난 후에 그 상태가 계속되고 있음을 나타낸다. 일본어로는 '〜ている'의 뜻이다. '열리다, 닫히다, 켜지다, 꺼지다, 떨어지다, 놓이다' 등의 피동사와 결합되어 사용되는 경우가 많다.

ここに注意!
① '입다, 신다, 쓰다 ……'와 같은 착용동사일 경우에는 '입어 있다, 신어 있다, 써 있다 ……'라고 하지 않고 이때는 '-고 있다'를 사용해서 '입고 있다, 신고 있다, 쓰고 있다'라고 한다. ② '-아/어 있다'는 목적어가 필요 없는 동사와만 쓴다.

どこが違う?
- -고 있다: 지금 동작이 진행되고 있음을 나타낸다.
- -아/어 있다: 동작이 끝난 후에 그 상태가 계속됨을 나타낸다.

❸ A-아/어지다
시간이 지나면서 어떤 상태로 변화함을 나타낸다. 일본어의 '〜になる, 〜くなる'에 해당한다. 어간의 마지막 모음이 'ㅏ, ㅗ'일 때는 '-아지다'를, 그 외의 모음일 때는 '-어지다'를, '하다'로 끝날 때는 '해지다'를 붙인다.

ここに注意!
① 항상 형용사와 함께 쓴다. 동사와는 같이 사용하지 않는다.
② 과거의 어떤 행동 결과 변화된 현재의 상태를 나타낼 때는 과거형 '-아/어졌어요'를 쓰고, 일반적으로 어떤 행동을 할 경우 변화된다는 뜻일 때는 현재형 '-아/어져요'를 쓴다.

04 V-게 되다

어떤 상태에서 다른 상태로 변화하거나 주어의 의지와 관계없이 다른 사람의 행위나 환경에 의해서 어떤 상황이 됨을 나타낸다. 동사 어간에 '-게 되다'를 붙여 사용한다. 일본어의 '〜になる, 〜くなる, 〜ことになる, 〜ようになる'에 해당한다.

Unit 20. 정보 확인

01 A/V-(으)ㄴ/는지

• 어떤 정보를 필요로 하는 문장과 뒤의 동사를 결합할 때 사용하는 연결어미이다. 이때 뒤에는 주로 '알다, 모르다, 궁금하다, 질문하다, 조사하다, 알아보다, 생각나다, 말하다, 가르치다 ……' 등의 동사가 온다.

• 형용사 현재일 때 어간이 모음이나 'ㄹ'로 끝나면 '-ㄴ지' 'ㄹ'이외의 자음으로 끝나면 '-은지'를 쓴다. 동사 현재일 때는 동사 어간에 '-는지'를 붙인다. 형용사나 동사의 과거일 경우에는 '-았/었는지'를 동사 미래의 경우에는 '-(으)ㄹ 건지'를 붙인다.

> **ここに注意!**
> '-는지'는 다음과 같은 여러 형태로 쓰인다.
> ① '의문사+V-(으)ㄴ/는지'의 형태
> ② 'V1-(으)ㄴ/는지 V2-(으)ㄴ/는지'의 형태
> ③ 'V1-(으)ㄴ/는지 안 V1-(으)ㄴ/는지'의 형태

02 V-는 데 걸리다/들다

동사 뒤에 붙어 어떤 일을 할 때 돈, 시간, 노력이 쓰이는 것을 나타낼 때 사용한다. 일본어의 '〜(する)のにかかる'에 해당한다. 동사의 어간에 '-는 데 들다/걸리다'를 붙여 사용한다. 소요 시간을 나타낼 때는 '-는 데 걸리다', 소요 비용을 나타낼 때는 '-는 데 들다'를 사용한다.

03 A/V-지요?

화자가 알고 있는 사실을 청자에게 다시 물어서 확인하거나 동의를 구하기 위해 물어볼 때 사용하는 표현이다. 일본어의 '〜でしょう, 〜ですよね'에 해당한다. 형용사, 동사 현재일 때는 '-지요?' 형용사, 동사 과거일 때는 '-았/었지요?' 동사 미래일 때는 '-(으)ㄹ 기지요?'를 쓴다. 구어체에서 '-지요?'를 줄여 '죠?'라고 말하기도 한다.

Unit 21. 사실 발견과 감탄

01 A-군요, V-는군요

자신이 직접 경험하거나 다른 사람에게서 들어 새롭게 알게 된 사실에 대해 그 상황에서 감탄이나 놀라움을 표현할 때 사용한다. 일본어의 '〜ですね'에 해당한다. 형용사와 결합할 때는 '-군요'가 오고, 동사와 결합할 때는 '-는군요'가 오며 명사와 결합할 때는 '-(이)군요'가 온다. 과거의 경우에는 '-았/었군요'와 결합한다.

> **ここに注意!**
> '-군요'의 반말 형태로는 형용사일 경우, '-구나/군'을 쓰고 동사일 경우, '-는구나/는군'를 쓴다. 또, 명사일 경우는 '-(이)구나/(이)군'과 결합한다.

02 A/V-네요

• 자신이 직접 경험한 것을 통해 새롭게 알게 된 사실에 대해 감탄이나 놀람을 나타내거나 다른 사람의 이야기를 듣고 동의할 때 나타내는 표현이다. 형용사, 동사 어간에 '-네요'가 결합한다. 일본어의 '〜ですね, 〜ますね'에 해당한다.

> **どこが違う?**
> • -군요: ① 주로 책이나 글 등 문어체에서 사용한다. ② 자신이 직접 경험하거나 다른 사람에게서 들어 새롭게 알게 된 사실에 대해 감탄이나 놀라움을 표현할 때 사용한다.
> • -네요: ① 주로 일상 대화에서 많이 쓰인다. ② 나의 직접 경험을 통하여 새롭게 알게 된 사실이 아닌 경우에는 쓸 수 없다.

Unit 22. 다른 종결 표현

01 A-(으)ㄴ가요?, V-나요?

상대방에게 친절하고 부드럽게 질문할 때 쓰는 표현이다. 일본어의 '〜ですか, 〜ますか'에 해당한다. 형용사의 경우, 형용사의 어간이 모음이나 'ㄹ'로 끝나면 '-ㄴ가요?', 'ㄹ'이외의 자음으로 끝나면 '-은가요?'와 결합하고, 동사의 경우 어간에 '-나요?'를 결합한다.

02 A/V-(으)ㄴ/는데요

1 대화에서 상대방의 말에 대해 동의하지 않거나 반대되는 생각을 나타낼 때 사용한다. 일본어의 '〜ですが, 〜ですけど'에 해당한다. 형용사의 경우, 어간이 모음이나 'ㄹ'로 끝나면 '-ㄴ데요', 'ㄹ'이외의 자음으로 끝나면 '-은데요'와 결합하고, 동사의 경우 '-는데요'와 결합한다.

2 어떤 상황에서 상대방의 반응을 기다리거나 기대하며 말할 때 사용한다. 일본어의 '〜ですが, 〜ですけど'에 해당한다.

3 어떤 장면을 보면서 알게 되거나 느낀 사실에 대해 다소 놀랍거나 의외라는 뜻으로 감탄하듯이 말할 때 사용한다. 일본어의 '〜ですね, 〜ますね'에 해당한다.

Unit 23. 인용문

01 직접 인용

• 직접 인용은 글이나 생각 혹은 누군가의 말을 따옴표(' ' " ") 안에 넣어 그대로 인용하는 것을 말한다. 따옴표 다음에는 '하고/라고 동사'가 온다. 질문을 할 때는 "무엇을 말했어요?, 무엇을 썼어요?"와 같이 '무엇을'이라고 하지 않고 '뭐라고'라고 한다. 즉, "카일리 씨가 뭐라고 말했어요?"와 같이 쓴다.

'하고/라고' 다음에는 '이야기하다, 물어보다, 말하다, 생각하다, 쓰다' 등이 오는데 이와 같은 동사 대신 '하다'나 '그러다'로 쓸 수 있다.

① 따옴표 안의 말이 '하다'로 끝났을 때 뒤에는 '하고 했어요'를 쓰지 않는다. 또한 '하고' 다음에 오는 동사도 '하다'를 피하는 것이 좋다. 이는 '하다'가 여러 번 중복되면 어색하게 들리기 때문이다.
② 인용되는 문장 다음에 오는 '하고'와 '라고'는 같이 쓰이지만 약간의 뉘앙스 차이가 있다. '하고'가 붙은 인용 문장은 '라고'의 경우와는 달리 억양이나 표정, 감정까지 그대로 인용되는 느낌이 있다. 따라서 의성어나 동화 · 옛날이야기와 같이 생생한 느낌을 전달해야 하는 경우 '하고'가 쓰인다. 일상적인 대화나 글에서는 대체로 '라고'가 많이 쓰인다.

② 간접 인용
- 간접 인용은 글이나 생각 혹은 누군가의 말을 따옴표(' ' " ") 없이 인용하는 것으로, 따옴표 안의 문장의 종류, 시제, 품사 등에 따라 형태가 달라진다. 따라서 직접 인용보다 형태가 많고 복잡하다. 인용하고자 하는 문장의 형태를 바꾼 후 '-고'를 붙이고 '말하다, 물어보다, 전하다, 듣다'의 동사를 쓴다. 이때 이들 동사는 '하다'나 '그러다'로 대신할 수 있다.
- 청유형과 명령형의 간접 인용문의 부정형은 각각 '-지 말자고 하다', '-지 말라고 하다'가 된다.
- 1인칭의 '나/내' 혹은 '저/제'는 인용문에서 '자기'로 바뀐다.

인용되기 전의 원래 문장이 '주세요' 혹은 '-아/어 주세요'로 끝나면 간접 인용문은 '달라고 하다', '-아/어 달라고 하다'나 '주라고 하다', '-아/어 주라고 하다'가 된다. 말하는 사람이 자신에게 해 줄 것을 부탁하는 경우에는 '달라고 하다'나 '-아/어 달라고 하다'가 되고 말하는 사람이 듣는 사람에게 제3자를 도와줄 것을 부탁하는 경우 '주라고 하다'나 '-아/어 주라고 하다'가 된다.

③ 간접 인용 준말
간접 인용은 줄어든 형태로도 많이 쓰이는데, 보통 구어에서 많이 사용한다.

Unit 24. 불규칙용언

① '一' 불규칙
어간이 '一'로 끝나는 동사나 형용사는 모음 '-아/어'로 시작하는 어미가 올 때 예외 없이 '一'가 탈락한다. '一'가 탈락하고 나면 '一' 앞의 모음이 무엇이냐에 따라 뒤에 오는 모음도 달라진다. 즉, '一' 앞의 모음이 'ㅏ, ㅗ'이면 'ㅏ'가 오고, 그 외의 모음은 'ㅓ'가 연결된다. 그리고 어간이 한 음절인 경우 '一'가 탈락하고 'ㅓ'가 온다.

② 'ㄹ' 불규칙
- 어간이 'ㄹ'로 끝나는 동사나 형용사는 예외 없이 'ㄴ, ㅂ, ㅅ' 앞에서 'ㄹ'이 탈락한다. 'ㄹ'로 끝나는 동사와 형용사는 '-으'로 시작하는 어미와 결합할 때 'ㄹ'이 받침으로 있지만 'ㄹ'은 자음보다는 모음으로 취급되어 '-으'가 오지 않는다.
- 'ㄹ'로 끝나는 동사 다음에 '-(으)ㄹ 때, -(으)ㄹ게요, -(으)ㄹ래요?' 등과 같이 '-(으)ㄹ'이 올 때, '-(으)ㄹ'이 없어지고 어미가 결합한다.

③ 'ㅂ' 불규칙
- 'ㅂ'으로 어간이 끝나는 일부 동사와 형용사가 모음으로 시작하는 어미를 만나면 'ㅂ'이 '오'나 '우'로 바뀐다. '-아/어'가 올 때 '오'로 바뀌는 동사는 '돕다, 곱다' 두 개만 있고 다른 단어는 모두 '우'로 바뀐다.
- 어간이 'ㅂ'으로 끝나지만 '좁다, 입다, 씹다, 잡다' 등은 규칙 활용을 한다.

④ 'ㄷ' 불규칙
- 어간이 'ㄷ'으로 끝나는 일부 동사 다음에 모음으로 시작하는 어미가 올 경우 'ㄷ'이 'ㄹ'로 바뀐다.
- 어간이 'ㄷ'으로 끝나지만 '닫다, 받다, 믿다'는 규칙이다.

⑤ '르' 불규칙
어간이 르로 끝나는 대부분의 동사와 형용사 다음에 모음 '-아/어'로 시작하는 어미가 오면 '르'의 'ㅡ'가 탈락하고 'ㄹ'이 붙어 'ㄹ ㄹ'이 된다.

⑥ 'ㅎ' 불규칙
- 어간이 'ㅎ'으로 끝나는 형용사가 뒤에 모음으로 시작하는 어미 앞에서 'ㅎ'이 탈락하는 현상이다.
1 'ㅎ' 형용사의 어간이 뒤에 '-으'로 시작하는 어미가 오면 'ㅎ'이 탈락한다.
2 'ㅎ' 형용사의 어간 뒤에 '-아/어'로 시작하는 어미가 오면 'ㅎ'은 없어지고 어간에 'ㅣ'가 덧붙는다. '좋다, 많다, 낳다, 놓다, 넣다' 등은 어간이 'ㅎ'으로 끝나지만 규칙 활용을 한다.

'이렇다, 그렇다, 저렇다, 어떻다' 다음에 '-아/어'로 시작하는 어미가 오면 '이레, 그레, 저레, 어떼'가 되지 않고 '이래, 그래, 저래, 어때'처럼 활용한다.

⑦ 'ㅅ' 불규칙
- 어간이 'ㅅ'으로 끝나는 일부 동사와 형용사 다음에 모음으로 시작하는 어미가 올 경우 'ㅅ'이 탈락한다.
- 어간이 'ㅅ'로 끝나지만 '벗다, 웃다, 씻다' 등은 규칙이다.

한국어에서 모음이 겹쳐질 때는 대부분 축약을 한다. (배우+어요 → 배워요) 그러나 'ㅅ' 불규칙의 경우 'ㅅ'이 탈락하고 나면 모음이 겹쳐지는데 이 경우에는 모음 축약되지 않는다.

文法索引